Ulf Mühlhausen

(unter Mitarbeit von Jan Mühlhausen)

# Unterrichtsmethoden im Widerstreit

Das Verhältnis zwischen aktiv-konstruktivem und rezipierendem Lernen in Didaktik und Unterricht

Online-Zugang zu sechs neuen Web-basierten Hannoveraner Unterrichtsbildern

(via Buchcode – aufgedruckt auf dem Etikett in der Impressumseite)

Schneider Verlag Hohengehren GmbH

**Umschlag:** Verlag

HANUB / WBA-Logo: Sascha Baier

**BUCH-CODE**
zur online-Anmeldung
**M38764445**

Gedruckt auf umweltfreundlichem Papier (chlor- und säurefrei hergestellt).

---

**Bibliografische Information der Deutschen Nationalbibliothek**

Die Deutsche Nationalbibliothek verzeichnet diese Publikation in der Deutschen Nationalbibliografie; detaillierte bibliografische Daten sind im Internet über ›http://dnb.d-nb.de‹ abrufbar.

---

ISBN: 978-3-8340-1709-3

Schneider Verlag Hohengehren, Wilhelmstr. 13,
D-73666 Baltmannsweiler
www.paedagogik.de

Das Werk und seine Teile sind urheberrechtlich geschützt. Jede Verwertung in anderen als den gesetzlich zugelassenen Fällen bedarf der vorherigen schriftlichen Einwilligung des Verlages. Hinweis zu § 52 a UrhG: Weder das Werk noch seine Teile dürfen ohne vorherige schriftliche Einwilligung des Verlages öffentlich zugänglich gemacht werden. Dies gilt auch bei einer entsprechenden Nutzung für Unterrichtszwecke!

© Schneider Verlag Hohengehren, 73666 Baltmannsweiler 2017
Printed in Germany – Druck: WolfMediaPress, D-71404 Korb

**Vorwort**

Der vorliegende Band geht auf die Kontroverse ein, ob Schüler besser lernen, wenn sie ihre Erkenntnisse aktiv-konstruktiv selbst erschließen oder wenn sie diese rezipierend vermittelt bekommen. In den ersten vier Kapiteln wird - ausgehend von einer Präzisierung des Begriffs *Unterrichtsmethoden* - herausgearbeitet, welchen Stellenwert beide unterrichtsmethodische Archetypen für Schulunterricht haben. In den Kapitel 7 bis 12 wird anhand von sechs Unterrichtsvorhaben analysiert, wie beide Formen des Lernens ineinander greifen können. Die Analysekriterien und das zweischrittige Vorgehen bei der Untersuchung werden in den Kapiteln 5 und 6 vorgestellt: Jeweils in einem ersten Schritt wird ermittelt, ob und in welcher Weise eine Verzahnung der beiden methodischen Archetypen bereits im Unterrichtsentwurf vorgesehen ist. In einem zweiten Schritt wird geprüft, wie diese Planung im Unterricht umgesetzt wurde.

Die sechs Unterrichtsvorhaben sind multimedial dokumentiert als Hannoveraner Unterrichtsbilder (HUB – ausführliche Informationen zum HUB-Konzept enthält der Anhang). Sie sind nun durch eine von Jan Mühlhausen neu entwickelte servergestützte Plattform nach einmaliger Registrierung via Code (siehe das Etikett auf der Umschlagseite) auf jedem beliebigen Endgerät mit einem aktuellen Web-Browser online erreichbar. Betrachtet werden können über ein einheitliches Menü zu jedem HUB der Unterrichtsentwurf, das zugrunde liegende Kerncurriculum, der Unterricht in Videoszenen und Wortprotokollen, die eingesetzten Materialien und Medien, exemplarische Arbeitsergebnisse sowie ein Interview mit der Lehrkraft und die Auswertung einer schriftlichen Schülerbefragungen zum Unterricht. Bei Interesse können die sechs HUB mit Angabe des Buchcodes auf einer DVD erworben werden. Nutzen Sie für Ihre Anfrage das Kontakt-Formular: www.um.hanub.de

Mein Dank gilt den sechs Lehrerinnen und Lehrern, die die Videoaufzeichnungen von ihrem Unterricht ermöglicht und die zugehörigen Unterrichtsdokumente zur Verfügung gestellt haben. Bedanken möchte ich mich auch bei den Studierenden, die an der Erstellung der multimedialen Dokumente mitgewirkt haben: Edda Bellmann, Anja Busche, Benjamin Drechsler, Melanie Kaul, Christina Hoffrogge und Marina Kruse.

Frauke Ritzka hat mit ihrer gründlichen redaktionellen Durchsicht des Manuskripts zu diesem Band beigetragen.

Hannover, im Januar 2017    Ulf Mühlhausen

# INHALT

**1 Unterrichtsmethoden – Ein unscharfer Begriff für ein kompliziertes didaktisches Konstrukt ... 11**
    1.1 Was ist eine Unterrichtsmethode? ... 11
    1.2 Das umgangssprachliche Verständnis von *Methode* – ein falscher Freund ... 12
    1.3 Eine verbreitete Definition von Unterrichtsmethoden ... 13
    1.4 Unvollkommene Ordnungsversuche für das Ensemble diverser Unterrichtsmethoden ... 15

**2 Zwölf Aspekte von Unterrichtsmethoden ... 21**

**3 Die Verwobenheit von Unterrichtsmethoden mit Unterrichtszielen ... 31**
    3.1 Vielfältige Unterrichtsmethoden: Ausdruck der Vielfalt von Zielen schulischen Lernens ... 31
    3.2 Lernen als Aneignung vorhandenen Wissens oder Konstruktion neuen Wissens? ... 35
    3.3 Unterrichtsmethoden: Der Schlüssel zum Gegenstand ... 38
    3.4 Unterrichtsmethoden: Der Hebel zur selbstständigen Schülerpersönlichkeit ... 41
    3.5 Zusammenfassung: Das Besondere von Unterrichtsmethoden gegenüber dem umgangssprachlichen Verständnis von *Methode* ... 44

**4 Aktives und rezipierendes Lernen: Zwei unterrichtsmethodische Archetypen ... 47**
    4.1 Schüleraktivierung – ein Begriff mit Präzisierungsbedarf ... 48
    4.2 Aktiv-konstruktives Lernen: Schüler nach Lösungen suchen lassen ... 49
    4.3 Rezipierendes Lernen: Wissen und Fertigkeiten an Schüler vermitteln ... 51
    4.4 Fünf Präzisierungen zum Verhältnis von rezipierendem und aktivem Lernen ... 52
    4.5 Aktiv-konstruktives und rezipierendes Lernen – Zwei komplementäre Ansätze ... 57

**5 Vom didaktischen Konzept zur Umsetzung im Unterricht ... 59**
    5.1 Auslöser für unstetigen Unterricht – ein Systematisierungsversuch 61
    5.2 Umgehen mit Unstetigkeit – Reaktionstendenzen von Lehrkräften 65
    5.3 Situative Planungsfähigkeit – Kernkompetenz für erfolgreichen Unterricht ... 67

**6　Das Analyse-Konzept für die sechs Studien ........................................... 69**
    6.1　Analysekriterien zur Untersuchung der didaktischen Konstruktion　71
    6.2　Analysekriterien zur Untersuchung der Umsetzung im Unterricht .. 73
    6.3　Berücksichtigung der gegensätzlichen Empfehlungen zur Unterrichtsgestaltung ........................................................................... 75
    6.4　Aufruf und Aufbau der sechs Hannoveraner Unterrichtsbilder ....... 76

**7　Gymnasium 5. Klasse – Biologie "Das Skelett des Menschen" (HUB 50) ..................................................................................................................... 81**
    7.1　Kurzporträt des Unterrichtsvorhabens .............................................. 81
    7.2　Geplanter Verlauf und intendierte Ziele für die Doppelstunde laut Entwurf .................................................................................................. 81
    7.3　Die unterrichtsmethodische Ausrichtung der Doppelstunde in der Planungsperspektive ............................................................................ 84
    7.4　Realisierter Verlauf und Abweichungen von der Vorplanung ........ 86
    7.5　Mikroanalyse des Unterrichts ............................................................. 91
    7.6　Resümee ................................................................................................ 94

**8　Gymnasium 5. Klasse – Geschichte "Gesellschaft im alten Ägypten" (HUB 51) ............................................................................................................ 97**
    8.1　Kurzporträt des Unterrichtsvorhabens .............................................. 97
    8.2　Geplanter Verlauf und intendierte Ziele für die Doppelstunde laut Entwurf .................................................................................................. 97
    8.3　Die unterrichtsmethodische Ausrichtung der Doppelstunde in der Planungsperspektive .......................................................................... 101
    8.4　Realisierter Verlauf und Abweichungen von der Vorplanung ...... 102
    8.5　Mikroanalyse des Unterrichts ........................................................... 106
    8.6　Resümee .............................................................................................. 110

**9　IGS 8. Jahrgang – Mathematik "Altindischer Beweis zum Pythagoras-Satz" (HUB 52) ............................................................................................... 113**
    9.1　Kurzporträt des Unterrichtsvorhabens ............................................ 113
    9.2　Geplanter Verlauf und intendierte Ziele für die Doppelstunde laut Entwurf ................................................................................................ 113
    9.3　Die unterrichtsmethodische Ausrichtung der Doppelstunde in der Planungsperspektive .......................................................................... 118
    9.4　Realisierter Verlauf und Abweichungen von der Vorplanung ...... 118
    9.5　Mikroanalyse des Unterrichts ........................................................... 121
    9.6　Resümee .............................................................................................. 124

**10　IGS 6. Klasse – Physik "Elektrospaß" (HUB 53) ................................ 125**
    10.1　Kurzporträt des Unterrichtsvorhabens .......................................... 125

10.2 Geplanter Verlauf und intendierte Ziele für die Doppelstunde laut Entwurf .................................................................................................. 125
10.3 Die unterrichtsmethodische Ausrichtung in der Planungsperspektive ........................................................................... 131
10.4 Realisierter Verlauf und Abweichungen von der Vorplanung ...... 132
10.5 Mikroanalyse des Unterrichts ...................................................... 133
10.6 Resümee ...................................................................................... 135

## 11 IGS 5. Klasse – Biologie "Auswertung von Versuchen mit Bohnensamen" (HUB 55) ............................................................... 137
11.1 Kurzporträt des Unterrichtsvorhabens ......................................... 137
11.2 Geplanter Verlauf und intendierte Ziele für die Doppelstunde laut Entwurf .................................................................................................. 137
11.3 Die unterrichtsmethodische Ausrichtung der Doppelstunde in der Planungsperspektive ........................................................................... 140
11.4 Realisierter Verlauf und Abweichungen von der Vorplanung ...... 141
11.5 Mikroanalyse des Unterrichts ...................................................... 142
11.6 Resümee ...................................................................................... 149

## 12 Gymnasium 6. Klasse – Englisch "Steigerung von Adjektiven" (HUB 56) ............................................................................................ 151
12.1 Kurzporträt des Unterrichtsvorhabens ......................................... 151
12.2 Geplanter Verlauf und intendierte Ziele für die Doppelstunde laut Entwurf .................................................................................................. 151
12.3 Die unterrichtsmethodische Ausrichtung der Doppelstunde in der Planungsperspektive ........................................................................... 154
12.4 Realisierter Verlauf und Abweichungen von der Vorplanung ...... 154
12.5 Mikroanalyse des Unterrichts ...................................................... 156
12.6 Resümee ...................................................................................... 159

## 13 Zusammenfassung ............................................................................ 161

## 14 Literatur ........................................................................................... 167

# TABELLEN

Tab. 1: Phasenschemata – Empfehlungen zur Strukturierung des Unterrichtsverlaufs .................................................................. 19
Tab. 2: Können Lehrer/innen sicher sein, das Richtige zu vermitteln? ..... 37
Tab. 3: Unterschiedliche Zielausrichtung bei aktivem und rezipierendem Lernen ................................................................... 53

| | | |
|---|---|---|
| **Tab. 4:** | Der Stadtplan – aktiv oder rezipierend erarbeitet | 54 |
| **Tab. 5:** | Gegensätzliche Empfehlungen zur Unterrichtsgestaltung | 56 |
| **Tab. 6:** | Aufbau der Hannoveraner Unterrichtsbilder | 71 |
| **Tab. 7:** | *Das Skelett des Menschen* – Verlaufsplanung der Lehrerin | 82 |
| **Tab. 8:** | *Das Skelett des Menschen* - Unterrichtsverlauf | 86 |
| **Tab. 9:** | *Gesellschaft im alten Ägypten* – Verlaufsplanung der Lehrerin | 98 |
| **Tab. 10:** | *Gesellschaft im alten Ägypten* - Unterrichtsverlauf | 103 |
| **Tab. 11:** | *Gesellschaft im alten Ägypten* - Geplanter und tatsächlicher Unterrichtsverlauf | 107 |
| **Tab. 12:** | *Altindischer Beweis des Pythagoras-Satzes* - Unterrichtsentwurf | 114 |
| **Tab. 13:** | *Altindischer Beweis des Pythagoras-Satzes* - Unterrichtsverlauf | 119 |
| **Tab. 14:** | *Elektrospaß* - Unterrichtsentwurf | 126 |
| **Tab. 15:** | *Elektrospaß* - Unterrichtsverlauf | 132 |
| **Tab. 16:** | *Auswertung von Versuchen mit Bohnensamen* – Verlaufsplanung für Abschnitt 1 | 138 |
| **Tab. 17:** | *Auswertung von Versuchen mit Bohnensamen* – Verlaufsplanung für Abschnitt 2 | 139 |
| **Tab. 18:** | *Auswertung von Versuche mit Bohnensamen* - Unterrichtsverlauf | 141 |
| **Tab. 19:** | *Steigerung von Adjektiven* - Verlaufsplanung | 152 |
| **Tab. 20:** | *Steigerung von Adjektiven* - Unterrichtsverlauf | 155 |

# ABBILDUNGEN

| | | |
|---|---|---|
| **Abb. 1:** | Zwei methodische Großformen des Schriftspracherwerbs | 17 |
| **Abb. 2:** | Von Lehrzielen zu Kompetenzen – Der große Wurf? | 34 |
| **Abb. 3:** | Zwei Alleinstellungsmerkmale und zwei gemeinsame Merkmale für aktiv-konstruktives und rezipierendes Lernen | 58 |
| **Abb. 4:** | Auslöser für unstetige Unterrichtssituationen | 61 |
| **Abb. 5:** | Lehrerreaktionen in unstetigen Situationen – Kontroverse Forschungsbefunde | 66 |
| **Abb. 6:** | Kriterien zur Analyse unstetiger Unterrichtssituationen | 74 |
| **Abb. 7:** | Startmenü für die sechs Unterrichtsbilder | 77 |
| **Abb. 8:** | Registrierungsformular zum online-Abruf der Unterrichtsbilder | 78 |
| **Abb. 9:** | Menü zum Aufruf der sechs Unterrichtsbilder (unterer Teil) | 79 |
| **Abb. 10:** | Das HUB-Menü am Beispiel von HUB 50 | 80 |
| **Abb. 11:** | Menü *Unterrichtsverlauf* mit tabellarischer Übersicht, Videoszenen und Wortprotokollen | 80 |

Abb. 12: *Das Skelett des Menschen* - Folien mit Röntgenbildern............83
Abb. 13: *Das Skelett des Menschen* - Arbeitsblatt mit Arbeitsauftrag........83
Abb. 14: *Das Skelett des Menschen* - Arbeitsblatt zur Beschriftung..........84
Abb. 15: Mindmap zum Thema *Muskeln und Skelett des Menschen*.........88
Abb. 16: *Das Skelett des Menschen* - Schülerfragen im Anschluss an die Mindmap..................88
Abb. 17: *Das Skelett des Menschen* - Beschriftetes Arbeitsblatt...............89
Abb. 18: *Das Skelett des Menschen* - Merksätze an der Tafel.................90
Abb. 19: *Gesellschaft im alten Ägypten* - Folie mit Pyramiden-Modell......99
Abb. 20: Arbeitsblatt *Aufbau des Pharaonenstaates*............................100
Abb. 21: Sachtext *Aufbau des Pharaonenstaates*...............................100
Abb. 22: Arbeitsblatt I *Altindischer Beweis*........................................115
Abb. 23: Arbeitsblatt II (als Hilfestellung bei der Partnerarbeit)..............116
Abb. 24: Aufgaben aus der Lehrplanarbeit zum *Pythagoras-Satz*...........117
Abb. 25: Stummer Impuls zum Einstieg an der elektronischen Tafel........127
Abb. 26: *Elektrospaß* - Folie bzw. Arbeitsblatt....................................128
Abb. 27: Folie bzw. Arbeitsblatt *Hilfe zum Heißen Draht*......................129
Abb. 28: Folie bzw. Arbeitsblatt *Hilfe zum Elektro-Quiz*.......................130
Abb. 29: *Elektrospaß* - Reflexionsbogen zum Unterrichtsvorhaben........131
Abb. 30: Ausgefüllte Arbeitsblätter 2.2 und 2.3 zum Unterrichtsvorhaben *Bohnensamen*..................145
Abb. 31: Ergebnisse aus dem vorausgegangenen Versuch mit *Bohnensamen*..................146
Abb. 32: Ausgefülltes Arbeitsblatt 2.6 zum Unterrichtsvorhaben *Bohnensamen*..................148
Abb. 33: Der Dialog von der CD aus dem Lehrbuch Green Line 2..........153
Abb. 34: Tabelle zum Eintragen der Adjektive aus dem Lehrbuch Green Line 2..................154
Abb. 35: Tafelbild *Ausgefüllte Adjektiv-Tabelle*...................................157
Abb. 36: Tafelbild *Drei Steigerungsregeln*.........................................158

# ANHANG - VERZEICHNIS

Anhang 1 *Hannoveraner Unterrichtsbilder (HUB)*: Übersicht - Stand 01/2017..................173
Anhang 2 Publikationen mit HUB-Projekten (Stand 01/2017)................177
Anhang 3 Veröffentlichte Videoszenen aus HUB-Projekten und anderen videografierten Unterrichtsvorhaben..................181

# 1 Unterrichtsmethoden – Ein unscharfer Begriff für ein kompliziertes didaktisches Konstrukt

## 1.1 Was ist eine Unterrichtsmethode?

Diese Frage ist bei weitem nicht so leicht beantwortbar, wie man meinen sollte. Noch heute gilt die vor mehr als 40 Jahren gegebene Einschätzung von Herwig Blankertz (1975, 104):

„Nun gibt es lang anhaltende und weitreichende Kontroversen darüber, was eine Unterrichtsmethode sei. Größtenteils waren und sind diese Auseinandersetzungen fruchtlos, weil aneinander vorbeigeredet wird, insofern verschiedene Gesichtspunkte gemeint sind."

Wolfgang Schulz hat 1965 in seinem über viele Jahre in der Lehrerausbildung einflussreichen (und heute nicht mehr ganz so bekannten) Aufsatz „Unterricht – Analyse und Planung" die Unterrichtsmethodik als einen von vier Bereichen bezeichnet, über die ein Lehrer bei seiner Unterrichtsplanung relativ souverän entscheiden könne (im Rahmen der Lehrplanvorgaben). Zusammen mit den anderen drei Entscheidungsbereichen, der Intentionalität (Unterrichtsziele), der Thematik (Unterrichtsgegenstand bzw. -inhalt) sowie den Medien und Materialien, könne ein Lehrer die Struktur des Unterrichts formen (Schulz nennt sie daher die vier „Strukturmomente"). Diese vier „Strukturmomente" könne ein Lehrer relativ frei nach seinen Vorstellungen gestalten, während andere Faktoren des Unterrichts vorgegeben und vom Lehrer – zunächst einmal – nicht so ohne weiteres änderbar seien (Schulz nennt hier einerseits die einzelnen Schülerpersönlichkeiten mit ihrem biographischen Hintergrund und ihren entwicklungspsychologisch bedingten Eigenarten, andererseits die aufgrund der Zusammensetzung der Klasse gegebenen sozialen Beziehungen sowie die räumlichen Merkmale der Schule und der Unterrichtsräume, die materielle Ausstattung und die Zeitressourcen). Diese vorgegebenen Bedingungen müsse eine Lehrerkraft[1] bei ihrer Planung berücksichtigen, indem sie die vier von ihm entscheidbaren Strukturmomente

---

[1] Da bislang keine befriedigende Konvention etabliert ist, wird im Folgenden ein schematisches Vorgehen bei männlich-/weiblichen Sammelformen ebenso vermieden wie „ideologische Korrektheit": In bunter Mischung werden die weibliche oder männliche Schreibweise ebenso verwendet wie gelegentlich die „/"-Schreibweise und das große „I" oder die androgyne Fassung „Lehrperson" bzw. „Lehrkraft".

darauf abstimmt. Entscheidungen über Unterrichtsmethoden hält Wolfgang Schulz – anders als andere Didaktiker zur damaligen Zeit – für äußerst wichtig, weil mit ihnen über die Art der Herangehensweise an ein Thema und damit auch über die Ziele des Unterrichts mit entschieden wird.

Obwohl diese Auffassung inzwischen in der Didaktik weitgehend Zustimmung findet, ist damit der Stellenwert von *Unterrichtsmethoden* noch nicht genau bestimmt. Zwar ist das Spektrum an Verfahren und Empfehlungen, die alle unter den Begriff *Unterrichtsmethode* subsumiert werden, in den letzten 40 Jahren erheblich breiter geworden, aber noch immer ist ungeklärt, was genau unter *Unterrichtsmethode* zu verstehen ist.

Eine Klärung – so die nachfolgend erläuterte These – ist nicht möglich, solange der Begriff *Unterrichtsmethode* auf ein alltagssprachliches Methodenverständnis aufgepfropft bleibt und damit der Blick auf sechs Besonderheiten von *Unterrichts"methoden"* verstellt wird.

## 1.2 Das umgangssprachliche Verständnis von *Methode* – ein falscher Freund

Unter Methode versteht man umgangssprachlich die Empfehlung für eine Vorgehensweise: Wie macht man etwas? Welchen Weg soll man einschlagen, um zum Ziel zu kommen. Dieses Verständnis entspricht auch der ursprünglichen griechischen Bedeutung als *Gang bzw. Art und Weise einer Untersuchung*.

Im Alltag gibt es gleich mehrere Bezeichnungen für das, was man (auch) als Methode bezeichnen kann, z.B.:
* *Verfahren*: Prozedere einer Gerichtsverhandlung;
* *Anleitung*: Installation eines Computerprogramms, Reifen wechseln;
* *Rezept*: Sauerbraten einlegen;
* *Technik*: Hochsprung mit Straddle-Technik (*Technik* hat also nicht notwendig mit Maschinen zu tun!).

Gemeinsam ist diesen Bezeichnungen, dass sie auf Empfehlungen für Vorgehensweisen abzielen, also einen Weg zu einem vorgegebenen Ziel beschreiben.

Warum aber gibt es gleich mehrere Bezeichnungen dafür? Eine ‚saubere' Abgrenzung von Methode, Verfahren und Technik scheint schwer zu sein. Ein mir bekannter, angehender Volkswirt, der für seine Diplomarbeit an der Universität Münster das Thema erhalten hatte, diese Begriffe mit eindeutigen Definitionen gegeneinander abzugrenzen, war nach viermonatiger Arbeit daran schier verzweifelt. Er kam zu dem für ihn unbefriedigenden Ergebnis, dass sich diese Begriffe in ihren Bedeutungen so stark überlappen, dass eine trennscharfe Abgrenzung nicht möglich ist.

Umgangssprachlich ist mit *Methode* nach obiger Lesart gemeint: Eine einzelne Person macht etwas in empfohlener Weise, um ein Ziel zu erreichen. Dieses Methodenverständnis unterstellt

- ➢ zum Einen, dass ein Ziel unabhängig von der Methode ist und vorab festgelegt werden kann, während über die Methode nachgeordnet entschieden wird. Das stimmt nicht immer, denn in Methodenentscheidungen fließen oft Zielüberlegungen ein. Auch kann die Entscheidung für eine Methode und gegen eine andere Einfluss auf die Zielsetzung haben. Gelegentlich ist eine Methode selbst das Ziel und wird um ihrer selbst willen praktiziert („Der Weg ist das Ziel"). Auch im Alltag ist das Verhältnis von Methode und Ziel daher nicht immer bloß ein reines Mittel-Zweck-Verhältnis.
- ➢ zum Anderen, dass ein Mensch mit der Methode, die er anwenden möchte, so vertraut ist, dass er das, was er machen möchte, auch kann.

Beide Merkmale gelten nicht für Unterricht: Die Akteure dort stehen in einer besonderen Beziehung zueinander: Der Lehrer verfügt (zumindest in der Regel) über Können und Wissen, das seine Schüler/innen noch nicht haben. Das umgangssprachliche Verständnis von *Methode* ist insofern gleich in doppelter Weise unzulänglich, um das Besondere von *Unterrichtsmethoden* herauszustellen.

## 1.3 Eine verbreitete Definition von Unterrichtsmethoden

Eine in vielen schulpädagogischen Kompendien so oder ähnlich anzutreffende Definition lautet:

Unterrichtsmethoden beschreiben *Vorgehensweisen* von Lehrern und Schülern, mit denen Schüler Lehrziele resp. Kompetenzen entsprechend dem schulischen Bildungsauftrag (d.h. Kenntnisse und Einsichten, Haltungen sowie Fertigkeiten) erwerben sollen.

In dieser Definition werden Unterrichtsmethoden verstanden als Empfehlungen, die beschreiben, wie die Akteure im Unterricht tätig sein sollten, um die angestrebten Ziele zu erreichen. Sie verrät immerhin so viel, als dass es bei Unterrichtsmethoden um eine Beschreibung der **Handlungen der Akteure im Unterricht** geht. Formuliert sind sie als **Empfehlungen für Vorgehensweisen (meist gerichtet an den Lehrer, gelegentlich auch an die Schüler), die Lernen ermöglichen** sollen. Der ‚unterrichtsmethodische Blick' reduziert das komplexe Gefüge des Unterrichts auf eine handlungsstrukturelle Betrachtung: Es interessieren nur die Tätigkeiten der Akteure „Was sollten Lehrer bzw. Schüler tun?", „Wie sollten sie miteinander umgehen?", „In welcher Weise sind Lehrer- und Schülerhandlungen aufeinander zu beziehen?"

Nebenbei bemerkt: Dass das **tatsächliche Handeln** der Akteure auch von ganz anderen Motiven geleitet sein kann, steht auf einem anderen Blatt. Z.B. kann sich ein Lehrer nach einem anstrengenden Fünfstundenvormittag bei seinen Überlegungen zur methodischen Gestaltung der letzten Stunde vorrangig davon leiten lassen, dass der Unterricht möglichst wenig belastend ist – gelegentlich durchaus auch im Interesse der Schüler! Empirische Untersuchungen über die Beweggründe für das unterrichtsmethodische Vorgehen im Schulalltag geben ein ernüchterndes Bild (vgl. Altrichter, Posch & Welte 1996).

Bereits die schlichte obige Definition gibt preis, dass Unterrichtsmethoden sich vom alltäglichen Methodenverständnis in dreifacher Hinsicht abheben:

> Besonderheit 1: Im Unterricht geht es nicht um die Handlung einer einzelnen Person, die für sich selbst ein Ziel gesteckt hat und dieses auf eine bestimmte Weise erreichen möchte, sondern um ein Handlungsgeflecht zwischen mehreren Lernenden und einem Lehrer.

> Besonderheit 2: Anders als im Alltag, wo man das geforderte Können bereits erworben hat und bloß noch anzuwenden braucht, ist für Unterricht charakteristisch, dass auf Lernerseite die zu erlernenden Fähigkeiten, Einsichten bzw. Kenntnisse noch nicht vorhanden sind.

> Besonderheit 3: Das Lehrerhandeln ist darauf gerichtet, den Lernenden die aus Lehrersicht wünschenswerten Fähigkeiten, Kenntnisse, Einsichten und Haltungen zu vermitteln. Im Unterschied zum Handeln im Alltag und zu vielen anderen beruflichen Tätigkeiten bestimmt ein Lehrer sein Vorgehen nicht aus den Zielen, die er für sich selbst verfolgt, sondern ausgehend von gesellschaftlich vorgegeben Zielen, die seine Schüler erreichen sollen. Seine Tätigkeit ist ausgerichtet an den unterstellten Erfordernissen eines als förderungsbedürftig angenommenen Gegenübers (ähnlich wie bei Ärzten, Psychologen, Seelsorgern, Therapeuten, Anwälten). Aber anders als bei Ärzten, Psychologen, Seelsorgern, Therapeuten, Anwälten suchen sich Schüler ihre Lehrer nicht aus und sind zur Unterrichtsteilnahme verpflichtet.

## 1.4 Unvollkommene Ordnungsversuche für das Ensemble diverser Unterrichtsmethoden

Wenn man Lehrer/innen z.B. auf Fortbildungskursen darum bittet zu notieren, welche Unterrichtsmethoden ihnen geläufig sind, kommt in kürzester Zeit eine eindrucksvolle Sammlung zustande, z.B. (sie ließe sich mühelos über mehrere Seiten fortsetzen):
Frontalunterricht / Lehrergelenktes Gespräch / Ergebnissicherung / Kugellager / Vortrag / Gruppenarbeit / Partnerarbeit / Lehrgang / Einstieg / Transfer / Stillarbeit / stiller Impuls / Phasierung / Rückmeldung / Rollenspiel / Stationenlernen / Projektarbeit / Differenzierung / Handlungsorientierung / Übungsphase / Sprechmühle / Fishbowl / Verlaufsplanung / Expertentisch / Schreibgespräch / Auswertung / Gruppen-Puzzle / Selbstlerntechniken / .......

Auch in der schulpädagogischen Literatur werden unter dem Stichwort *Unterrichtsmethoden* verschiedenste Gesichtspunkte genannt, mit denen beschrieben wird, in welcher Weise die Akteure im Unterricht vorgehen und miteinander umgehen sollten. Um die Vielfalt der Empfehlungen und Vorgaben, die alle unter dem Oberbegriff *Unterrichtsmethoden* subsumiert werden, überschaubar zu systematisieren, sind in der Vergangenheit vor allem drei Versuche zur Ordnung unternommen worden.

**Versuch 1: Ordnung nach Wirkungsumfang bzw. zeitlicher Dauer**

Ein oft zitierter Ordnungsversuch bemüht sich darum, Methoden nach ihrer 'Reichweite' zu sortieren. Dazu hat u.a. Hilbert Meyer zwei Vorschläge gemacht. 1987 spricht er von fünf Ebenen methodischen Handelns – aufsteigend von ‚klein' nach ‚groß' (Meyer, 2005):
* *Handlungssituationen (z.B. einen Arbeitsauftrag stellen; loben);*
* *Handlungsmuster (Lehrervortrag, Referat );*
* *Unterrichtsschritte (Einstieg, Erarbeitung, Auswertung);*
* *Sozialformen (Frontalunterricht, Gruppenunterricht, Partnerarbeit, Einzelarbeit);*
* *Methodische Großformen (Lehrgang, Projekt, Trainingsprogramm).*

2004a (und auch 2007) führt Meyer eine andere Systematik mit drei Ebenen ein – auch hier aufsteigend von ‚klein' nach ‚groß':
* *Mikromethodik als „Inszenierungstechniken", z.B. verlangsamen, beschleunigen, vormachen, dramatisieren, Impulse geben, provozieren;*

* *Mäsomethodik als „Dimensionen method. Handelns", d.h. Sozialformen, Handlungsmuster i.S. von Arbeitsformen, Verlaufsformen ( ein anderer Ausdruck für Artikulationsstufen bzw. Phasen bzw. Formalstufen);*
* *Makromethodik als „methodische Großformen".*

Einem solchen Ordnungsversuch nach Wirkungsumfang bzw. Zeitdauer steht entgegen, dass eine Festlegung auf eine bestimmte Anzahl von zeitlichen Ebenen relativ willkürlich ist. Das zeigen bereits die beiden obige Versuche mit einer 5-stufigen oder 3-stufigen Einteilung (warum nicht eine vier-, sechs- oder neun-stufige Einteilung?). Die Beliebigkeit solcher Ordnungsversuche wird mit einem kleinen Exkurs in die Handlungstheorie der amerikanischen Kognitionspsychologen Miller, Galanter und Pribram (1960) deutlich. In diesem oft zitierten Buch über die Struktur menschlicher Handlungen führen sie aus, dass sich alle menschlichen Handlungen analytisch als in Teilhandlungen zerlegt beschreiben lassen, die in einer sequentiellen und hierarchisch Beziehung zueinander stehen: Kleinste Handlungsschritte sind in nächst größeren aufgehoben, die wiederum in den darauf folgend größeren u.s.w., so dass eine Hierarchie aus vielen Handlungsebenen unterschiedlicher Reichweite besteht. Wie viele solcher Handlungsebenen bzw. Hierarchiestufen betrachtet werden können, ist jedoch nicht allgemein gültig festlegbar. Ob man eine Handlung in zwei Ebenen oder in 27 Ebenen zerlegt, hängt a) von der Komplexität der Handlung und b) vom Interesse des Betrachters ab, wie differenziert er eine Handlung beschreiben will: Eine Anleitung zum Reifenwechseln in einem PKW-Helferbuch umfasst ca. 6 bis 8 Schritte. Aber sogar das Reifenwechseln kann man sinnvoll in 60 oder mehr Teilschritte zerlegen, wenn es bei Formel-1-Rennen auf optimale Schnelligkeit und Sicherheit ankommt.

Auch beim Unterrichten ergibt sich die Anzahl von sinnvoller Weise zu unterscheidenden Handlungsebenen aus der Komplexität des Lernvorgangs:
* Beim Volleyball geht es zunächst um elementare Abläufe wie Pritschen, Baggern, Schmettern, Blocken am Netz u.s.w.; dann um einfaches Regelbewusstes Spielen bis hin zum Einüben zunehmend komplexere strategischer Spielzüge (wobei die elementaren Abläufe vorausgesetzt werden);
* Im Geometrieunterricht steht die Handhabung eines Zirkels und des Geodreiecks am Anfang, später folgen geometrische Beweise.

Als Lernhandlungen können dabei wenige oder viele Schritte, linear aufeinander folgende oder verschachtelte, kurze oder lang andauernde Handlungen unterschieden werden:

* Wenn ein Lehrer seinen Schülern mithilfe einer Kerze beibringt, das 'gehauchte' „h" im Französischen beim Aussprechen zu vermeiden, so ist das ein sehr kurzer Vorgang, der nur aus wenigen Schritten besteht.
* Das Erlernen einer fremden Sprache ist ein komplexer, sich über einen langen Zeitraum hinziehender Vorgang.
* Dazwischen angesiedelt ist das Erlernen des Mikroskopierens in ca. 2 bis 3 Stunden (Einstellen verschiedener Vergrößerungs-Faktoren; Bezeichnungen wie Objektiv, Okular, Präparate, Objektträger erklären können).

Unterscheiden lassen sich also mal kleinere, mal größere Schritte; mal mehr, mal weniger Stufen bzw. Ebenen. Grundsätzlich ist bei Lehrgängen diese Abfolge von Schritten bzw. Stufen strukturiert vorgegeben, bei anderen unterrichtlichen Großformen (Projektarbeit) dagegen weniger strikt ausgeführt. Ein Beispiel für eine Methode, die sich aus sehr vielen Teilhandlungen und Hierarchieebenen zusammensetzt, die ihrerseits relativ strikt aufeinander aufbauen, ist das Lesen- und Schreibenlernen in einem Fibellehrgang (über die zwei ersten Schuljahre). Ganz anders erfolgt der Schriftspracherwerb nach der Methode „Lesen durch Schreiben" des Schweizers Jürgen Reichen.

---

**Zwei methodische Großformen des Schriftspracherwerbs**

**Die FIBEL als Beispiel für einen stark vorstrukturierten Lehrgang**

Ein Beispiel für die methodische Großform des Lehrgangs, der sich aus relativ vielen Hierarchieebenen zusammensetzt, die ihrerseits relativ strikt aufeinander aufbauen, ist das Lesen- und Schreibenlernen nach einem Fibellehrgang: In der 1. Klasse wird in einer genau vorgegeben Reihenfolge alle 4 bis 5 Tage ein neuer Buchstabe eingeführt (von Fibel zu Fibel etwas variierend). Damit können zuerst nur wenige kurze Wörter und Sätze geschrieben und gelesen werden („Fu ruft Farah."); dann nach und nach unter Verwendung weiterer Buchstaben zunehmend mehr und längere Wörter, bis nach ca. vier bis fünf Monate alle Buchstaben des Alphabets gelernt sind. Die einzelnen Buchstaben werden jeweils in einer recht genau festgelegten Weise eingeführt mit Aussprache-, Lese- und Schreibübungen.

**Die wenig vorstrukturierende Methode LESEN DURCH SCHREIBEN**

Eine vollkommen andere Vorgehensweise des Schriftspracherwerbs ist das „Lesen durch Schreiben" nach Jürgen Reichen (1982), bei der jeder Schüler selbst festlegt, welche Wörter und baldmöglichst auch Sätze er schreiben möchte und sich dann die einzelnen Buchstaben dafür aus einer Anlauttabelle zusammensucht. Für die Schüler steht beim Schreiben die Mitteilungsabsicht im Vordergrund. Das Lesen erlernen sie bei dieser Methode quasi nebenbei durch ihr Schreiben (daher die Bezeichnung).

---

Abb. 1: Zwei methodische Großformen des Schriftspracherwerbs

Diese zeichnet sich dadurch aus, dass keine Mutmaßungen über eine Idealstruktur des Schriftspracherwerbs vorgenommen werden, aus denen ein Schema von aufeinander aufbauenden Lehr- und Lernschritten abgleitet wird (s. Abb. 1 "Zwei methodische Großformen des Schriftspracherwerbs").

Eine Festlegung auf eine immergleiche Anzahl methodischer Handlungsebenen, wie sie z.T. in der Literatur vorgeschlagen wird (s.o.), ist für Unterrichtshandlungen – wie für alle sonstigen menschlichen Handlungen – weder theoretisch sinnvoll noch praktisch möglich.

**Versuch 2: Ordnung nach empfohlenen Verlaufsstrukturierungen**

Als Unterrichtsmethoden werden hierbei nur solche Empfehlungen betrachtet, die vorschreiben, wie eine Unterrichtsepisode (eine zeitlich zusammenhängende Etappe, d.h. meist eine Stunde oder Doppelstunde) idealer Weise in festgelegten Phasen ablaufen sollte. Es gibt ziemlich viele Vorschläge dazu, wie diese 'ideale Abfolge' von Phasen, Stufen oder Abschnitten aussehen sollte. Sie unterscheiden sich z.T. beträchtlich voneinander – sowohl, was die Anzahl der Phasen angeht, als auch in Hinblick auf deren jeweilige Funktion.

Bereits vor gut 200 Jahren hat J.F. Herbart einen vierstufigen Aufbau des Unterrichts vorgeschlagen (1. *Klarheit* über ein zu lösendes Problem / 2. *Assoziation* als Suche nach Lösungen unter Rückgriff auf das Vorverständnis / 3. *System* im Sinne der Erweiterung des eigenen Denkens um die Lösung / 4. *Methode* als systematische Verfügbarkeit der gefundenen Lösung). Dieses sog. *Artikulationsstufen*-Schema (Artikulation deshalb, weil sich Unterricht nach älterer Diktion in dieser Form ausdrücken, also ‚artikulieren' soll) ist im 19. und auch noch in der ersten Hälfte des 20. Jahrhunderts von Pädagogen, die sich auf Herbart berufen haben (sog. Herbartianer) mit mehr oder weniger großen Modifikationen tradiert worden. Seit Mitte des 20 Jahrhunderts sind viele weitere Vorschläge für Verlaufsschemata mit fünf, sechs, acht oder sogar neun Stufen hinzugekommen; einige davon enthält die Tabelle 1 *„Phasen-Schemata"*.[2]

---

[2] Eine gut lesbare Darstellung von mehr als 20 solcher Schemata enthält der Doppelband „Unterrichtsmethoden I und II" von Hilbert Meyer (2005). Von Meyer stammt auch die respektlose Zurückführung aller darin beschriebenen Schemata auf den „Unterrichtsmethodischen Dreischritt", den er dann sarkastisch mit der Gliederung des Deutschen Besinnungsaufsatzes vergleicht. Meyers Warnung, dass kein Artikulationsschema allgemeingültig ist – obwohl jeder Vertreter eines Schemas sein eigenes Schema dafür gehalten hat, dürfte inzwischen nicht mehr ernsthaft widersprochen werden!

# 1 UNTERRICHTSMETHODE - EIN UNSCHARFER BEGRIFF

| J.F. HERBART 1806 | B. BLOOM 1956 | H. ROTH 1957 | H. MEYER "Dreischritt" 1987 | Der Deutsche Besinnungsaufsatz – zeitlos |
|---|---|---|---|---|
| 1. Klarheit<br>2. Assoziation | 1. Erwerb von Erkenntnissen<br>2. Durchdringung | 1. Stufe der Motivation<br>2. Stufe der Schwierigkeiten | 1. Einstieg / Motivation / Problemorientierung | EINLEITUNG |
| 3. System | 3. Benutzung neu erworbenen Wissens<br>4. Analyse | 3. Stufe der Lösungen<br>4. Stufe des Tuns und Ausführens | 2. Verarbeitung / Lösen / Anknüpfen | HAUPTTEIL |
| 4. Methode | 5. Synthese<br>6. Beurteilung der Qualität des erworbenen Wissens<br>7. Transfer auf einen neuen Bereich | 5. Stufe des Behaltens<br>6. Stufe der Bereitstellung, Übertragung, Integration | 3. Anwenden / Beurteilen / Üben / Veröffentlichen | SCHLUSS |

**Tab. 1:** Phasenschemata – Empfehlungen zur Strukturierung des Unterrichtsverlaufs

Eine Gruppierung nach empfohlenen Verlaufsstrukturierungen ist unvollkommen, weil es viele andere Methoden-Aspekte gibt, die keine Empfehlungen für einen bestimmten Ablauf geben und nicht unter diese Kategorie zugeordnet werden könnten.

**Versuch 3: Ordnung nach den Akteuren im Unterricht**

Hierbei wird versucht, Methoden danach zu gruppieren, welche Akteure jeweils im Zentrum der Beschreibung stehen und die Initiative ergreifen: Die Schüler oder der Lehrer. Auch das gelingt nur unzureichend, weil bei vielen Methoden-Aspekten immer alle Unterrichtsteilnehmer angesprochen sind. Selbst wenn bei bestimmten Methoden nur vom Lehrer (etwa Lehrervortrag, Demonstrationsexperiment) die Rede ist, sind dabei jeweils die Schülerhandlungen quasi komplementär mitgedacht. Umgekehrt sind bei solchen Methoden, die Schülertätigkeiten hervorheben (etwa Schülerexperiment, Gruppenarbeit), die Lehrerhandlungen komplementär mitgedacht.

**Fazit:** Als Ergebnis bleibt festzuhalten, dass diese drei Ordnungsbemühungen nicht überzeugen, denn die Vielfalt von Methoden kann nicht anhand eines einzelnen Kriteriums geordnet werden. Die Zeitdauer bzw. der Wirkungsumfang vieler Methoden-Aspekte variiert extrem (von ganz kurzen Instruktionen bis hin zu mehrmonatigen Lehrgängen). Prinzipien lassen sich erst gar nicht zeitlich einstufen. Etliche Methoden-Aspekte sind ineinander verschachtelt (z.B. umfassen Großformen wie Stationenlernen, Wochenplanunterricht oder Lehrgänge immer auch Sozialformen und Arbeitsformen; dasselbe gilt für Phasenschemata). Und schließlich ist bei vielen Methoden-Aspekten keine eindeutige Zuordnung dahingehend möglich, ob sie Vorgaben für Lehrerhandlungen oder für Schülerhandlungen machen. So sind bei Methoden wie dem Unterrichtsgespräch, dem Rollenspiel oder dem Gruppen-Puzzle sowohl bestimmte Lehrerhandlungen als auch bestimmte Schülerhandlungen vorgesehen.

Es gilt auch weiterhin das vor 20 Jahren von Altrichter, Posch und Welte formulierte Resümee, wonach Ordnungsversuche auf der Basis eines Kriteriums zum Scheitern verurteilt sind:

„Das Spektrum von Handlungsmustern, von denen üblicherweise als Methoden gesprochen wird, ist unüberschaubar und heterogen. Einteilungen, die diese verschiedenen "Unterrichtsmethoden" in eine sinnvolle Ordnung bringen wollen, versuchen, das bunte Gemisch der Methoden meist anhand eines Kriteriums zu systematisieren. Dadurch aber scheinen manche der gängigen Unterrichtsmethoden überhaupt nicht auf, sondern sind wiederum nur mit Mühe den Kategorien der jeweiligen Einteilung zuteilbar." (Altrichter, Posch & Welte 1996)

# 2 Zwölf Aspekte von *Unterrichtsmethoden*

Ganz offensichtlich gelingt es nicht, die Vielfalt von Unterrichtsmethoden anhand eines einzigen Kriteriums zu ordnen. Stattdessen wird hier ein anderer Weg vorgeschlagen, um die Vielfalt dessen, was unter Unterrichtsmethoden verstanden wird, mit einer nachvollziehbaren Systematik einzugrenzen und auf eine deutlich geringere und übersichtlichere Anzahl von Methoden-Aspekten zurückzuführen.

Einen ersten Vorschlag für eine solche Systematisierung hat Wolfgang Schulz (1965) vorgenommen, in dem er ausdrücklich fünf, implizit sogar sechs Aspekte unterschieden hat, auf die sich unterrichtsmethodische Entscheidungen beziehen können: „Phasierung des Unterrichts", „Aktionsformen" (in neueren Beiträgen als „Arbeitsformen" bezeichnet), „Sozialformen", „Urteilsformen" und „Methodische Großformen". Aus guten Gründen (s.u.) sollte auch der von Schulz knapp erwähnte, aber nicht als eigener Methodenaspekt aufgeführte „Unterrichtsstil" als sechster Methoden-Aspekt einbezogen werden.

Der Vorschlag von W. Schulz bedarf jedoch der Ergänzung. Zu den o.g. sechs Methoden-Aspekten sind sechs weitere Aspekte hinzufügen, die auch Empfehlungen für Vorgehensweisen darstellen. Zwei ältere Aspekte von Methode: Empfehlungen zur „Gesprächsführung" (der historisch erste und über viele Jahrhunderte einzige Methoden-Aspekt) sowie Empfehlungen zur „Dramaturgischen Inszenierung" von Unterricht. Hinzu kommen vier Aspekte, die in neueren Beiträgen hervorgehoben werden: „Methodische Prinzipien", „Methodische Miniaturen", „Moderationsmethoden zur Förderung des Ideenaustauschs" und eine „Methodenkompetenz auf Schülerseite (Selbstlerntechniken)". Somit können 12 Aspekte recht gut unterschieden werden:

➢ Aspekt 1 „Kunst der Gesprächsführung"
➢ Aspekt 2 „Dramaturgische Inszenierung"
➢ Aspekt 3 „Phasen- bzw. Stufenlehren"
➢ Aspekt 4 „Arbeitsformen" („Aktionsformen" bei Schulz 1965)
➢ Aspekt 5 „Sozialformen"
➢ Aspekt 6 „Urteilsformen"
➢ Aspekt 7 „Unterrichtsstil des Lehrers"
➢ Aspekt 8 „Methodische Miniaturen"

- Aspekt 9 „Unterrichtsmethodische Prinzipien"
- Aspekt 10 „Methodische Großformen"
- Aspekt 11 „Ideenaustausch-fördernde Moderationsmethoden"
- Aspekt 12 „Selbstlerntechniken / Metalernen"

**Methoden-Aspekt 1 „Empfehlungen zur Gesprächsführung, um Lernende mit sprachlichen Mitteln zu neuen Einsichten zu bringen"**

Bereits aus der griechischen Philosophie sind Vorstellungen übermittelt, wie ein Gespräch zwischen einem Lehrer und seinem meist einzelnen Schüler aufzubauen ist und wie der Lehrer durch seine Fragen und Impulse das Nachdenken des Schülers steuern sollte (z.B. *Sokratische Mäeutik*: *Elenchus* als Kunst der Widerlegung und *Anamnesis* als Wiedererinnerung). Das sog. *„Sokratisches Gespräch"* wurde erstaunlicher Weise in der älteren schulpädagogischen Literatur als Vorläufer und Vorbild für die Gesprächsführung im neuzeitlichen Unterricht angeführt, obgleich (sarkastisch könnte man meinen: gerade weil) diese Art der Gesprächs"führung" eine geradezu entmündigende Engführung des Schülers durch direktive, oft suggestive Fragen des Lehrers beinhaltet.[3]

Im Mittelalter wurden weitere Varianten des belehrenden Gesprächs zu verschiedenen Zwecken entwickelt (dazu ausführlicher Hennigsen 1974):

\* die *Abälardsche Dialektik*: Behauptung – sic et non – conclusio (Grundmuster des heutigen Besinnungsaufsatzes);

\* das *Katechisieren*: Zerlegen einer Argumentation in ihre Teilaussagen, die nacheinander durchgegangen und mit engen Verständnisfragen repetitiert werden.

Anfang des 20 Jahrhunderts hat der Göttinger Philosoph Leonard Nelson die sokratische Methode der Gesprächsführung zwischen einem Lehrer und einem Lernenden gänzlich uminterpretiert in eine *Neosokratische Methode* der Moderation von Gruppengesprächen (Nelson 1970). Deren herausragende Merkmale sind, dass der Gesprächsleiter keinerlei inhaltlichen Einfluss auf

---

[3] Eindrucksvoll herausgearbeitet hat Hüne (1996) diese Engführung des Sklaven durch den Lehrer Menon in dem bekannten, von Plato überlieferten Lehrgespräch über die Quadratverdopplung. Amüsant liest sich die Persiflage eines sokratischen Lehrgesprächs zwischen dem Quizmaster Hans Joachim Kuhlenkampf, der eine Teilnehmerin („Fräulein Hildegard") vom dunklen Dachboden unter zwei Paar Socken zwei gleichfarbige Socken holen lässt (in Hennigsen 1974).

das Gespräch der Gruppenmitglieder nimmt (auch nicht durch lenkende Fragen) und vor allem, dass er sich jeglicher bewertender Stellungnahmen enthält. Anders als bei herkömmlichen Unterrichtsgesprächen sollen sich die Schüler nicht damit zufrieden geben, dass der Lehrer ihre Antworten bewertet. Vielmehr sollen sie die Antworten der anderen Teilnehmer selbst hinterfragen und vor allem von sich aus auf Rückfragen, Verständnisschwierigkeiten oder konträre Argumente anderer Teilnehmer eingehen. Ziel ist es, das Unterrichtsgespräch als gemeinsamen Klärungsprozess zu gestalten.

Die *Neosokratische Methode* hat – abgesehen von der mäeutischen Grundintention – nur noch wenig mit dem ursprünglichen sokratischen Lehrgespräch gemeinsam. Sie ist so ziemlich das Gegenteil von der heute in Schulen praktizierten Form eines vom Lehrer gelenkten, die Schüler gängelnden Unterrichtsgesprächs. Obwohl dieser Umstand seit Jahrzehnten als Hauptkritikpunkt am herkömmlichen Unterricht hervorgehoben wird, hat die *Neosokratische Methode* kaum Eingang in die fachdidaktische Diskussion gefunden. Eine Ausnahme sind die Veröffentlichungen des Mathematik- und Physikdidaktikers Martin Wagenschein, der sich vehement dafür eingesetzt hat, es als Gesprächsform zur Deutung naturwissenschaftlicher Phänomene zu etablieren (Wagenschein 1992). Aber ausgerechnet der naturwissenschaftliche Unterricht ist bis heute weit entfernt von einer solchen Praxis. Tradiert wird das *Neosokratische Gespräch* im deutschsprachigen Raum von einem kleinen Kreis von Lehrern in Schulen, Hochschulen und Fortbildungseinrichtungen (z.B. Krohn u.a. 2000).

**Methoden-Aspekt 2 „Empfehlungen zu einer dramaturgischen Inszenierung des Ablaufs"**

Bei diesem Methodenaspekt geht es um Empfehlungen zur Gestaltung des Unterrichtsverlaufs, die inspiriert werden von Prinzipien dramaturgischer Inszenierung. Gottfried Hausmann bezeichnet in seinem Buch „Didaktik als Dramaturgie des Unterrichts" das Dramatische als didaktisches Urphänomen und spricht vom ‚Drama' der Bildung im Unterricht (1959, 75). Er weist nach, dass Auffassungen von Dramatik und dramaturgische Elemente aus der frühzeitlichen, mittelalterlichen und neuzeitlichen Kunst (z.B. die Dramenkonzeption Lessings) eingeflossen sind in ältere und (damals) neuere Didaktikkonzepte. Nach Hausmann konnten das Drama als klassische Form des Bühnenstücks und seine dramaturgische Inszenierung auf der Bühne der Didaktik wichtige Impulse geben, weil es auch bei diesen Kunstformen darum geht, in unterhaltsamer Weise zu belehren. Dramaturgische Mittel wie der **Aufbau eines Spannungsbogens** und die **inszenierte Überraschung** spielen sowohl im Theater, das sich seit jeher als Bildungsstätte verstanden hat, wie auch beim Unterrichten eine wichtige Rolle. Als weiteres Beispiel führt Hausmann die F. Copei zugeschriebene Idee vom „fruchtbaren Moment" im Bildungsprozess an, bei der die Beobachtung eines merkwürdigen Ereignisses Erstaunen auslöst, das dann zum intensiven Nachdenken und Sprechen über dieses Phänomen anregt. Tradiert wird dieses Vorgehen in modernen Sachunterrichtskonzepten, in denen das Erzeugen von „kognitiven Dissonanzen" (Joerger 1980) der Ausgangspunkt für Erkenntnisprozesse ist.

Zwar ist von „Inszenierung des Unterrichts" auch in der neueren didaktischen Literatur häufiger die Rede, wenn die Tätigkeit von Lehrern beschrieben wird; allerdings meist ohne dass auf diesen ideengeschichtlichen Zusammenhang hingewiesen wird.

**Methoden-Aspekt 3 „Empfehlungen zum stufenförmigen Aufbau einer Unterrichtsepisode als immergleiche, ideal gedachte Abfolge von Abschnitten (Phasen bzw. Stufen)"**

Hierzu gehören alle Empfehlungen für den idealen Aufbau einer Unterrichtslektion wie z.B. die in Tabelle 1 (s. S. 19) dargestellten Phasen-Schemata. Die Grundidee, die hinter den meisten dieser Vorschläge steht, ist eine auf den ersten Blick nahe liegende Überlegung: Wenn menschliches Lernen in Phasen bzw. Etappen erfolgt, dann sollte die Gestaltung des Lehr-Lern-Prozesses diesen Phasen bzw. Etappen entsprechen.

Die Lernpsychologie hat ermittelt, dass Lernen in Phasen erfolgt
↓
Die Gestaltung des Lehr-Lern-Prozesses sollte diesen Phasen entsprechen
↓
Benötigt wird ein idealtypisches Schema, um jeden Unterrichtsverlauf in immer gleich Abschnitte zu gliedern

Solche Phasenschemata haben in der Lehrerausbildung über viele Jahrzehnte eine bedeuten Rolle gespielt. Angehende Lehrer/innen wurden genötigt, den Stundenverlauf ihrer Vorführstunden entsprechend einem genau vorgegebenen Ablauf zu strukturieren. Je nachdem, welchem Seminar man zugeteilt war, hatte man sich am sechsstufigen Phasenmodell von Heinrich Roth oder am siebenstufigen Modell von Benjamin Bloom oder an einem anderen der mehr als zwei Dutzend gängigen Phasenschemata oder an einem seminarinternen Misch-Modell zu orientieren.

Durchgesetzt hat sich letztlich keines dieser Schemata. Das dürfte zum Einen darin begründet sein, dass menschliches Lernen sich keineswegs so schematisch vollzieht, wie in diesen Strukturierungsempfehlungen angenommen wird. Noch immer gilt der Satz von Jürgen Hennigsen „Wer behauptet, er wisse, was ein Lernproreß sei und wie er gesteuert würde, ist ein Hochstapler oder ein Schwätzer." (1974, 11). Zum Anderen ist die Abfolge des Unterrichts auch je nach Thema, Materialien und anderen Gegebenheiten zu variieren. Zweifellos ist es sinnvoll, sich über den Aufbau seines Unterrichts Gedanken zu machen und dabei verschiedene (!) Möglichkeiten kennen zu lernen und auszuprobieren. Nicht sinnvoll ist es, eine Unterrichtsstunde in immer gleicher Weise zu gliedern – nach welchem Phasenschema auch immer.

Neuere Publikationen zum Thema „Guter Unterricht" enthalten demnach auch keine Empfehlungen für bestimmte Phasenabfolgen oder Stufenschemata mehr. Als gewissermaßen schlanker Ersatz dafür wird empfohlen, zu Beginn einer Unterrichtsepisode eine Vorschau über das zu Behandelnde zu geben, um für eine klare Strukturierung zu sorgen, und am Ende in einer Rückschau den Ablauf und die Ergebnisse noch einmal zusammenzufassen, um den 'roten Faden' hervorzuheben und damit für inhaltliche Klarheit zu sorgen (z.B. Helmke 2003, Meyer 2004b).

**Methoden-Aspekt 4 „Arbeitsformen" („Aktionsformen" bei Schulz)**

Bei diesem Teilaspekt von Unterrichtsmethode geht es um die Beschreibung der konkreten Tätigkeiten des Lehrers bzw. der Schüler; z.B. Lehrervortrag, Unterrichtsgespräch, Tafelabschrift, Schülerexperiment, Beobachten eines Lehrerexperiments, Bearbeitung eines Arbeitsblatts, Partnerdiktat, Übungsaufgaben am PC, Aufwärmgymnastik, Musizieren in Gruppen, Vorlesen, stilles Lesen im Lehrbuch, Ausspracheübungen im Chor, ein Lied singen, Mikroskopieren, Noten lesen (und viele weitere). Arbeitsformen allein beschreiben eine Unterrichtsmethode nicht hinreichend, aber jede Vorgehensweise im Unterricht impliziert Entscheidungen über Arbeitsformen.

**Methoden-Aspekt 5 „Sozialformen"**

Dieser Teilaspekt von Unterrichtsmethode richtet die Aufmerksamkeit darauf, dass je nach Art des Unterrichts die sozialen Beziehungen zwischen dem Lehrer und den Schüler sowie zwischen den Schülern untereinander in ganz bestimmter Weise ausgerichtet oder unterbunden werden. Unterschieden werden zumeist das Unterrichten der gesamten Klasse als Frontalunterricht (z.B. an den Tischen, im Kinositz vor der Tafel, im Stuhlkreis) sowie die Gruppenarbeit, die Partner- und die Einzelarbeit. Auch Sozialformen allein beschreiben eine Unterrichtsmethode nicht hinreichend, aber jede Vorgehensweise im Unterricht impliziert auch Entscheidungen über Sozialformen.

Die Bedeutung von Sozialformen für den Unterrichtserfolg wurde zeitweise sehr hoch eingeschätzt. In den 50er und 60er Jahren beschäftigte sich die empirische Unterrichtsforschung intensiv mit der Frage, ob Gruppenunterricht besser als Frontalunterricht ist. Viele hundert Untersuchungen – vor allem in den USA – brachten kein klares Ergebnis. In einigen war Gruppenunterricht erfolgreicher, in anderen schnitt Frontalunterricht besser ab und in wieder anderen gab es keine eindeutige Effekte. Studien dieser Art, die versuchen, Unterrichtserfolg auf ein einziges Merkmal zurückzuführen, werden der Komplexität von Unterricht nicht gerecht. Dieser Einwand trifft auch auf die derzeit viel zitierte Meta-Studie des neuseeländischen Unterrichtsforschers John Hattie zu. Sein Plädoyer für Frontalunterricht basiert auf einer widersprüchlichen Befundlage, aus der er recht willkürlich Schlussfolgerungen zieht, die er an anderer Stelle wieder revidiert (s. Mühlhausen 2013).

**Methoden-Aspekt 6 „Urteilsformen"**

Wolfgang Schulz (1965) meint damit die Art und Weise, wie der Lehrer auf Schülerbeiträge eingeht, z.B. mit Lob, Tadel, Kritik, Verbesserungen etc.. Er wäre dann als ein weiterer Methoden-Aspekt von Unterrichtsmethode anzusehen, wenn solche Urteilsformen in derselben Weise vorbereitet und im Unterricht realisiert würden, wie die anderen o.g. Methodenaspekte. Aber anders als bei Sozial- und Arbeitsformen oder Entscheidungen über den Aufbau einer Stunde sind Entscheidungen darüber, wie auf Schülerbeiträge einzugehen ist, vorab vom Lehrer ungleich schwieriger festzulegen; meist ergeben sie sich recht spontan in und aus der Unterrichtssituation – und sind nicht selten pädagogisch fragwürdig (s. Mühlhausen 2016, Kapitel 5).

**Methoden-Aspekt 7 „Unterrichtsstil des Lehrers"**

Lehrer unterscheiden sich ganz erheblich in ihrer Umgangsweise mit Schülern voneinander: Z.B. *kühl-distanziert* oder *einfühlsam-emphatisch*; *kontrollfixiert* oder *vertrauensvoll-großzügig*; *offen* oder *subtil*; *autoritär oder laissez-fair*. Empirische Untersuchungen zum Unterrichtsstil waren (neben der o.g. Frage nach der Bedeutung von Gruppenunterricht) das zweite große Gebiet der Unterrichtsforschung in den 50er und 60er Jahren (z.B. Tausch & Tausch), während in der neueren schulpädagogischen Literatur diesem Methoden-Aspekt kaum noch Aufmerksamkeit geschenkt wird. Auf den ersten Blick scheint es fragwürdig zu sein, den Unterrichtsstil mit „Unterrichtsmethoden" in Verbindung zu bringen (wie Wolfgang Schulz das angedeutet hat). Der Stil gilt als etwas, das zur Persönlichkeit gehört und kaum beeinflussbar ist. M.E. lohnt es sich, darüber nachzudenken, denn erstens beeinflussen solche Stilelemente ganz erheblich die Lehrer-Schüler-Interaktion (bei der Gesprächsführung wie bei allen anderen Arbeitsformen) und zweitens sind Lehrer durchaus in der Lage, bestimmte Stilelemente ganz gezielt einzusetzen – ja sogar zu variieren – mit ihnen zu 'spielen'.

Ein Grenzfall sind einige der von H. Meyer (2007) als „Inszenierungstechniken" erwähnte methodische Finessen wie z.B. das Bluffen und Provozieren oder das Beschleunigen und Verlangsamen bei Unterrichtsgesprächen. Auf den ersten Blick würde man sie als Techniken der Gesprächsführung zum Methoden-Aspekt 1 zählen, andererseits könnte die Vorliebe für solche Inszenierungsvarianten auch Ausdruck eines persönlichen Unterrichtsstils sein.

**Methoden-Aspekt 8 „Methodische Miniaturen"**

Hierunter fallen kurze, vergleichsweise unaufwändige Lehrerdemonstrationen wie das Vormachen einer korrekten Aussprache (z.B. das Nichtaussprechen des ‚H' im Französischen, des sog. {Asch}-aspiré, also des ‚gehauchten H', mit Hilfe einer vor den Mund gehaltenen brennenden Kerze: Die Worte ‚hotel' oder ‚homme' sind dabei so auszusprechen, dass die Flamme nicht flackert). Auch schnell demonstrierbare Bewegungsabläufe im Sportunterricht oder Techniken der Pinselführung beim Zeichnen zählen dazu.

**Methoden-Aspekt 9 „Unterrichtsmethodische Prinzipien"**

In der schulpädagogischen Literatur werden eine Vielzahl solcher Prinzipien genannt, z.B. Anschaulichkeit, Erfahrungsbezug, Differenzierung, Individualisierung, Üben und Wiederholen, Entdeckendes Lernen u.v.a. (vgl. z.B. Wöhler 1979). Es handelt sich um Gestaltungsprinzipien auf einem mittleren Abstraktionsniveau, die selbst wiederum recht unterschiedlich ausgelegt werden können (Meyer, 2007, 181f.). Solche Gestaltungsprinzipien müssen nicht durchgängig in einer Einzelstunde oder in einer Unterrichtseinheit wirksam werden und sie sind auch nicht zwangsläufig bei jedem Thema sinnvoll. Wenn ein Lehrer sich von einem bestimmten Gestaltungsprinzip leiten lässt, bedeutet das, dass es für seinen Unterricht insofern typisch ist, als dass er es über kurz oder lang immer wieder beachten wird.

**Methoden-Aspekt 10 „Methodische Großformen"**

Wolfgang Schulz (1965) betont mit der Bezeichnung „Methodische Großformen", dass es nicht mehr um Empfehlungen zur Gestaltung von Einzelstunden oder überschaubaren Einheiten geht, sondern um größere Zeitspanne von mehreren Wochen oder auch Monaten, in denen nach einem in sich schlüssigen Unterrichtskonzept gearbeitet wird. Schulz nennt als Beispiele den systematisch in Teilschritten aufeinander aufgebauten *Lehrgang*, die strikt organisierte, *programmierte Unterweisung* in Lernlabors und das revisionsoffene, in ständiger Selbstüberprüfung und Umplanung befindliche *Projekt*. Heute würde man weitere, in der Tradition der Reformpädagogik stehende Unterrichtskonzepte hinzuzählen, etwa den Unterricht nach *Wochenplan*, die *Werkstattarbeit*, das *Stationenlernen* und die *Freie Arbeit*. Zwischen diesen Unterrichtskonzeptionen bestehen bemerkenswert unterschiedlichen Vorstellungen über den Zweck schulischen Lernens.

**Methoden-Aspekt 11 „Moderationsmethoden zur Förderung des Ideenaustauschs"**

Vergleichsweise ‚jung' ist dieser Aspekt, bei dem es um ein Zusammentragen und Austauschen von Vorerfahrungen, Wissen und Meinungen, die in einer Lerngruppe vertreten sind, sowie ggfs. auch um die wechselseitige Information über Arbeitsergebnisse geht (z.B. Sprechmühle, Kugellager, Partnerinterview, Standbild, Fishbowl, Themenbörse, Schreibgespräche, Blitzlicht). Solche vorwiegend aus der Erwachsenenbildung stammenden Moderationsmethoden können ohne allzu großen Aufwand im Rahmen herkömmlichen Unterricht eingesetzt werden, um das Vorwissen von Schülern zu einem neuen Thema zu erkunden, sie zu Äußerungen über ein Bild oder Gedicht anzuregen oder über ein kontroverses Thema in ungewöhnlicher Weise beraten zu lassen (Greving & Paradies 1996; Hepting 2004). Zum Einen soll möglichst jeder einzelne Teilnehmer stimuliert werden, seine eigenen Ideen, Interpretationen und Ergebnisse auszudrücken, zum Anderen sollen möglichst viele Teilnehmer Gelegenheit haben, die Ideen möglichst vieler anderer Teilnehmer zumindest kennen zu lernen, besser noch, darüber ins Gespräch zu kommen.

Empirische Untersuchungen dazu, ob der mit diesem Methodenaspekt verbundene Anspruch eines lustvollen und intensiven wechselseitigen Austauschs tatsächlich realisiert werden kann, fehlen zur Zeit noch. Fallstudien zeigen, dass nicht jeder Schüler/jede Lerngruppe für jede dieser ungewöhnlichen Methoden begeistert werden kann und dass der versprochene Kreativitätsgewinn (Janssen 2004) nicht selten dürftig ausfällt. Aber angesichts der oft diagnostizierten Methodenarmut im hiesigen Schulalltag (speziell im Sekundarstufenunterricht) kann es sicher nicht schaden, derartige Methoden zu erproben.

**Methoden-Aspekt 12 „Unterrichtsmethoden mit dem Anspruch, Selbstlerntechniken zu vermitteln"**

Ebenfalls vergleichsweise neueren Datums sind Vorschläge, wie Schüler sich möglichst selbstständig Informationen verschaffen (Benutzung von Lexika, Internet u.a. andere Quellen), daraus eigenständig benötigtes Wissen extrahieren und dieses Wissen so ablegen, dass sie jederzeit wieder darauf zugreifen und es vor Anderen präsentieren können. Z.B. geht es um Techniken zum Vokabellernen, zum Einprägen von Formeln oder zur Entnahme wichtiger Informationen aus Texten mittels Unterstreichen, Gilben, Ausschneiden oder Rausschreiben von Stichworten u.ä (Klippert 2006, Endres 2007). Gruschka & Martin (2002) haben darauf hingewiesen, dass diesen als Selbstlerntechniken oder Techniken zum ‚Meta-Lernen' beworbenen Methoden ein recht eingeschränktes Verständnis von selbstständigem Lernen zugrunde liegt.

# 3 Die Verwobenheit von Unterrichtsmethoden mit Unterrichtszielen

## 3.1 Vielfältige Unterrichtsmethoden: Ausdruck der Vielfalt von Zielen schulischen Lernens

Die im vorigen Abschnitt vorgenommene Reduktion des breiten Spektrums von Vorgehensweisen, die unter dem Oberbegriff *Unterrichtsmethoden* subsumiert werden, auf ein Dutzend relativ gut voneinander abgrenzbarer Methoden-Aspekte, bringt die Bandbreite eindrucksvoll zum Ausdruck.

Die Vielfalt von Methoden-Aspekten hängt vor allem mit dem großen Spektrum dessen zusammen, was unter schulischem Lernen verstanden wird. Schon eine kleine Auswahl an unterrichtsfachlichen und fachübergreifenden Zielen, die in diversen Curricula als Lehrziele formuliert sind, kann dieses beachtliche Spektrum verdeutlichen.

**Schüler lernen z.B. in einzelnen Unterrichtsfächern:**
* beim Schriftspracherwerb in der 1. Klasse, wie man einzelne Buchstaben schreibt (als Groß- und Kleinbuchstaben, in Druck- und Schreibschrift, mit ohne Stützlinien – ein unendlich langwieriger, mühsamer Weg);
* im Kunstunterricht Malfarben aus Farbpigmenten, Wasser und Kleister anzumischen;
* im Englischanfangsunterricht, wie man das ‚th' ausspricht (für einige Schüler eine schwer zu überwindende Klippe);
* im Chemieunterricht der Mittelstufe, was ein Indikator macht und dass z.B. Rotkohlsaft ein Indikator für schwache Säuren und schwache Laugen ist;
* im Sportunterricht beim Volleyball den Bewegungsablauf beim Baggern und Pritschen als zwei Arten der Ballannahme;
* im Deutschunterricht der Oberstufe, was Stilelemente wie Anapher, Hyperbel, Metapher u.a.m. sind und was sie in lyrischen Texten bewirken sollen;
* verschiedene Varianten des *ablativus absolutus* im Lateinunterricht;
* im Kunstunterricht, dass der Popkünstler Keith Haring Komplementärfarben als bildnerisches Gestaltungselement verwendet;
* im Mathematikunterricht, welche Änderungen im Verlauf einer Geraden sich bei einer linearen Gleichung mit Variationen des Multiplikators und des Summanden ergeben;

* im Geographieunterricht den Aufbau verschiedener Arten von Vulkanen und die Ursachen für ihre Entstehung;
* im Geschichtsunterricht, wie sich die Formen politischer Herrschaft im Verlauf der letzten 2500 Jahre verändert haben und welche Grundsysteme politischer Herrschaft unterschieden werden;
* im Werte- und Normenunterricht bzw. im Religionsunterricht, dass Nächstenliebe auch soziale Randgruppen wie Obdachlose einschließt.

**Fachübergreifend lernen die Schüler im Fachunterricht** (die folgenden Spiegelstriche sind Zitate aus den Bildungsaufträgen einiger Länderschulgesetze):
* dass begründete und möglichst diskursiv vereinbarte Regeln für das Zusammenleben und -arbeiten in der Schule notwendig sind;
* die Übernahme von Verantwortlichkeiten für die Klassengemeinschaft (Aufgaben);
* die Thematisierung von Konflikten in einer Klasse und die Suche nach angemessenen Formen der Konfliktlösung,
* sich selbstständig Informationen zu beschaffen und diese kritisch zu nutzen;
* die Gleichstellung von Mann und Frau auch über die Anerkennung der Leistungen der Frauen in Geschichte, Wissenschaft, Wirtschaft, Technik, Kultur und Gesellschaft;
* religiöser, politischer oder weltanschaulicher Intoleranz entgegenzuwirken;
* Minderheiten in ihren Eigenarten zu respektieren;
* der Ausgrenzung behinderter Mitschüler entgegenzuwirken;
* sich für eine Integration ausländischer Mitschüler einsetzen;
* gemeinsam mit anderer Aufgaben zu lösen;
* den eigenen Lernprozess zunehmend selbstständig zu gestalten.

Angesichts der hier bloß angedeuteten Bandbreite dessen, was alles in der Schule vermittelt und gelernt werden soll, überrascht es nicht, dass der Begriff *Unterrichtsmethode* so facettenreich ist. Es ist unmittelbar einleuchtend, dass eine Unterrichtsmethode, mit der Schülern die phonetisch korrekte Aussprache fremdsprachlicher Morpheme beigebracht werden soll, etwas ganz anders ist, als eine Methode, die darauf abzielt, Vorurteile gegenüber Obdachlosen abzubauen.

> **Besonderheit 4: Der Aspektreichtum von Unterrichtsmethoden resultiert aus der Vielfalt der Ziele schulischen Lernens.**

In der aktuellen Diskussion über die Ziele schulischen Lernens wird der Blick auf die große Bandbreite dessen, was in der Schule vermittelt werden soll, durch eine ungenaue Begrifflichkeit zunehmend verstellt. Ein solcher nebulöser Begriff ist „Lernen", wenn es bloß schlicht definiert wird als "Veränderung von Verhaltensdispositionen" oder als "Veränderung in neuronalen Netzwerken" (Singer 2001). Mit derart abstrakten Umschreibungen der vielen Facetten von Lernen wird der Eindruck erweckt, es gäbe jenseits aller Unterschiede etwas Gemeinsames, das bei allen Lernvorgängen identisch ist. Bisher ist es jedoch – abgesehen von Plattitüden – nicht gelungen, ein solches gemeinsames Merkmal zu beschreiben. Das ist angesichts der oben angedeuteten Varianz der Gegenstände des Lernens auch nicht verwunderlich. Meier unterstreicht in seiner Neuauflage vom „Leitfaden zur Unterrichtsvorbereitung", dass Lernen ein unsichtbarer innerer psycho-physischer Prozess ist, von dem niemand genau wisse, wie er vonstatten geht (Meyer 2007, 132 f.). Zwar können äußere Lehr- und Lernhandlungen geplant und durchgeführt werden, von denen man sich erhofft (!), dass sie zu den erwünschten Einsichten, Werthaltungen und Fertigkeiten führen. Aber der durch die äußeren Einwirkungen angestoßene innerpsychische Prozess selbst ist nicht steuerbar.

In Folge von PISA und anderen Vergleichsstudien hat ein weiterer Begriff Konjunktur, der eine präzise Bestimmung des Stellenwerts von Unterrichtsmethoden behindert: die „Kompetenz". Eigentlich heißt Kompetenz nur „Zuständigkeit für" oder „Fähigkeit zu", aber gerade weil dieser Begriff so bedeutungsleer ist, eignet er sich besonders gut, um beliebig gefüllt zu werden. In den letzten 15 Jahren wurden ganze Hundertschaften in den 16 Kultusministerien damit beauftragt, aus alten Lehrplänen neue Kerncurricula zu machen, in denen der Begriff *Lehrziel* durch den Begriff *Kompetenz* ersetzt wurde. Als Vorteil dieser Begriffsänderung wurde verkündet, dass Kompetenzen angeblich inhaltsneutral, also befreit vom 'Belast' konkreter Themen formuliert werden können. Ein grober Irrtum, denn sinnvolle Ziel- resp. Kompetenz-Formulierungen sind nur im Hinblick auf konkrete Inhalten möglich. Dieser Kerngedanke didaktischen Denkens, der zurückgeht auf den von Wolfgang Schulz (1965) so bezeichneten "Implikationszusammenhang von Inhalten, Zielen, Methoden und Medien", wird erstaunlicher Weise von der inzwischen großen Anhängerschaft des Kompetenz-Begriffs ignoriert oder ist in Vergessenheit geraten (s. Abb. 2 aus Mühlhausen & Mühlhausen 2016, 120).

> ## Von Lehrzielen zu Kompetenzen – Der große Wurf?
> In neueren Kerncurricula für einzelne Unterrichtsfächer, die in den letzten Jahren die alten Richtlinien ersetzt haben, ist nicht mehr von „Lehrzielen" die Rede, sondern von "Kompetenzen". Dieser Begriff ist unter Erziehungswissenschaftlern und Fachdidaktikern umstritten. Die (oft als Referenz genannte) Definition von Franz E. Weinert als „die bei Individuen verfügbaren oder durch sie erlernbaren kognitiven Fähigkeiten und Fertigkeiten, um bestimmte Probleme zu lösen, sowie die damit verbundenen motivationalen, volitionalen und sozialen Bereitschaften und Fähigkeiten, um die Problemlösungen in variablen Situationen erfolgreich und verantwortungsvoll nutzen zu können" (Weinert 2001, S. 27 f.) ist als umfassende Charakterisierung der Leistung von Schule unzulänglich, weil damit viele fächerübergreifende Ziele zur Persönlichkeitsbildung ausgeblendet werden, auf die schulisches Lernen (auftragsgemäß!) hinarbeiten soll. Insbesondere die Wertevermittlung und die Gefühlsbildung bleiben ausklammert. Die Beschränktheit dieser Sichtweise von „Schulleistung" zeigt sich in den vom Institut für Qualität im Bildungswesen im Auftrag der Kultusministerkonferenz entwickelten Vergleichsarbeiten, die seit einigen Jahren zur Messung der Leistungsfähigkeit des Schulsystem eingesetzt werden: Schulleistung wird in den VERA reduziert auf wenige Fächer (bislang nur Mathematik und Deutsch, zukünftig auch Englisch und ggfs. noch das eine oder andere Fach) und innerhalb dieser Fächer nur auf solche kognitiven „Kompetenzen", die individuell erbracht werden müssen und schriftlich abgefragt werden können;
> * unberücksichtigt bleiben ‚flüchtige' Aktivitäten mit Prozess-Charakter (z.B. Aussprache des ‚th' im Englischen, betonter Gedichtvortrag, baggern und pritschen, Temperaturkontrolle am Bunsenbrenner);
> * unberücksichtigt bleiben Fähigkeiten, die nur in sozialer Interaktion manifest sind (z.B. Streitschlichtung, gemeinsame Problemlösung und alles, was man nur zu zweit oder in Gruppen machen kann, wie z.B. Rollenspiele, Mannschaftssport, u.v.m..
> 
> Zur Zielformulierung bei der Unterrichtsplanung ist der Kompetenz-Begriff zudem unbrauchbar, weil Lehrziele nur im Kontext von Inhalten konkretisiert werden können (das ist eine Kernidee des Operationalisierungs-Konzepts). Um die Ziele schulischen Lernens präzise auszudrücken, führt kein Weg vorbei an der Lehrzieltaxonomie als einzig überzeugende Systematik, die in der Erziehungswissenschaft etabliert ist.

Abb. 2: Von Lehrzielen zu Kompetenzen – Der große Wurf?

Zur detaillierten Beschreibung der Ziele schulischen Lernens ist die bislang einzige, dafür etablierten Systematik, die Lehrzieltaxonomie (Bloom u.a. 1972; Anderson, Krathwohl u.a. 2001), unentbehrlich. Daher greift selbst das von der KMK-Konferenz eingerichtete zentrale Institut für Qualität im Bildungswesen bei der Entwicklung von Aufgaben für die in allen Bundesländern inzwischen obligatorischen Vergleichsarbeiten auf dieses altbewährte Instrument zurück (Bremerich-Vos 2008). Dass auch einer präzisen Zielformulierung Grenzen gesetzt sind und man oft trefflich darüber streiten kann, was es heißt, dass ein Schüler die Einstellung X erworben hat, zur Analyse von Y fähig ist oder die Fertigkeit Z zeigt, ist kein Manko der Lehrzieltaxonomie, sondern macht gerade ihre Stärke aus: Nach Bremerich-Vos hilft sie dabei, begriffliche Unschärfen, Interpretationsnuancen und Bedeutungsunterschiede beim Versuch einer eindeutigen Beschreibung von Zielen offen zu legen. Diese unvermeidbare begriffliche „Restunschärfe" bei Lehrzielbeschreibungen ist der Vagheit von Sprache geschuldet: Keine Sprache vermag Vorstellungen über menschliche Tätigkeiten völlig eindeutig zu beschreiben.

## 3.2 Lernen als Aneignung vorhandenen Wissens oder Konstruktion neuen Wissens?

Eine Präzisierung des Stellenwerts von Unterrichtsmethoden beim schulischen Lernen wird auch erschwert durch eine Kontroverse über die Art der Beziehung zwischen den Lernenden und dem Lerngegenstand. Bei dieser in der Literatur zum Teil leidenschaftlich ausgefochtenen Kontroverse über die erkenntnistheoretischen Grundannahmen von Lernen werden zwei Auffassungen als jeweils exklusiv richtig gegenübergestellt, die sich bei näherer Betrachtung nicht ausschließen, sondern ergänzen.

Nach *konstruktivistischer* Auffassung ist Lernen kein Einverleiben von unverrückbar feststehenden Wissenstatbeständen, sondern ein Vorgang, bei dem ein Lernender sich das Weltwissen selbsttätig durch Neu- und Umkonstruieren aneignet und dabei individuell zuschneidet (z.B. Reich 2006). Das, was ein Schüler durch Eigenkonstruktion erwirbt, sei nicht identisch mit dem, was ein anderer Schüler aus derselben Stunde mit nach Hause nimmt. Jeder lernt anders und jeder lernt etwas Anderes. Daher dürfe Unterricht Schüler nicht zu passiven Befehlsempfänger der Lehrerinstruktionen machen und nicht zur bloß rezeptiven Aufnahme des dargebotenen Stoffs drängen. Auf den ersten Blick scheint diese Vorstellung von Lernen überein zu stimmen mit dem demokratischen Bildungsauftrag, der den mündigen, selbstständigen Schüler als Ziel vor Augen hat. In den Schulgesetzen einiger (aber längst nicht aller!) Bundesländer wird ausdrücklich gefordert, die Heranwachsenden in die Lage zu versetzen, ihrerseits das Vorgefundene daraufhin zu prüfen, ob es veränderungsbedürftig ist, und sie nach und nach zu befähigen, es nach eigenen Interessen zu verändern. Das bedeutet für den Lernprozess, Schülern

Gelegenheit zu geben, zunehmend unabhängiger von Lehrervorgaben zu arbeiten. Das bedeutet für das Ergebnis des Lernens, dass Schüler sich nicht nur eine bestehende Weltsicht zu eigen machen, wie sie in Lehrbüchern tradiert wird oder nach Lehrerauffassung gültig ist. Dieser Zielsetzung gemäß ist in der neueren didaktischen Literatur oft die Forderung anzutreffen, Unterricht müsse Schülern ermöglichen, sich ihre eigene Sicht auf die bzw. von der Welt zu erarbeiten.

Dem gegenübergestellt wird ein Verständnis von Lernen, bei dem festliegende, genau definierte Wissenstatbeständen von Lehrern zu vermitteln und von Schülern anzueignen sind. Die Rolle des Lehrers als Ver-Mittler umschreibt seine Aufgabe als die eines Paketzustellers der Wissen weiterreicht. Damit korrespondiert die Schülertätigkeit, Pakete entgegenzunehmen und sich deren Inhalt zu eigen machen. Heutige Lehrpläne/Kerncurricula enthalten viele Aussagen, Erkenntnisse und Theorie, die als feststehende Wissenstatbeständen zu lernen sind. Die Schweizer Erziehungswissenschaftler Gallin und Ruf (1999) bezeichnen das als reguläres Wissen, das die singuläre, individuelle Weltsicht von Schülern durch Lernprozesse nach und nach ersetzt. Konstruktivisten unterstellen, ein solcher Unterricht würde Schüler zu passiven Befehlsempfängern der Lehrerinstruktionen machen und zur bloß rezeptiven Aufnahme des dargebotenen Stoffs drängen (z.B. Reich 1996, Kösel 1997). Sie kritisieren auch vehement lernpsychologische Konzepte, die auf behavioristischen Lernmodellen aufbauen, jeglichen Frontalunterricht im Allgemeinen und rezeptives Lernen im Besonderen. Gallin und Ruf entkräften diese Kritik, indem sie in ihren Beiträgen aufzeigen, wie die individuelle Weltsicht des einzelnen Schülers bei der Diagnose von Lernprozessen und einer darauf aufbauenden Gestaltung von Unterricht ins Zentrum der Betrachtung gerückt werden kann.

Die beiden Vorstellungen von Lernen sind nur auf den ersten Blick unvereinbar miteinander. Wenn die Behauptung „Jeder lernt etwas Anderes" so pauschal zutreffen würde, wäre die Erde von lauter Solipsisten bevölkert, die sich nicht untereinander verständigen könnten. Verständigung setzt ein hohes Maß an Übereinstimmung im Denken und Handeln voraus. Um dieses kulturelle Erbe in Sprache, Wissenschaft und Kunst zu tradieren, muss Unterricht auch substantielles Wissen vermitteln. Andererseits ist es eine ebenso bedeutende Aufgabe von Schule, Schüler/innen dazu zu befähigen, tradierte Sichtweisen in Frage zu stellen. Bei vielen Gegenständen schulischen Lernens gibt es keine von der Wissenschaft oder in der Kultur als letztgültig anerkannte Interpretationen, sondern nur vorläufige Hypothesen und umstrittene Deutungen, die über kurz oder lang aufgegeben werden.

In jedem Fach ist bei allen Themen zunächst sehr genau zu prüfen, welches die unumstößlich richtigen Wissensbestände und welches nur vorläufig geltende Konstrukte oder Hypothesen sind. Und auch zwischen diesen beiden Polen gibt es noch Abstufungen. Die in den Unterrichtsfächern behandelte Lerngegenstände können nach fünf Wissenstypen unterschieden werden (siehe Tab. 2 "Können Lehrer/innen sicher sein, das Richtige zu vermitteln?" zit. nach Mühlhausen 2016, 83). Bei vier dieser fünf Typen (a – d) kann ein Lehrer weitgehend eindeutig entscheiden, ob etwas falsch oder richtig ist. Hier bleibt den Schülern nichts anderes übrig, als sich dieses reguläre Wissen so anzueignen, wie es dargeboten wird – ggfs. auf unterschiedlichen Wegen, aber im Ergebnis gleich. Für individuelle Sichtweisen, Deutungsvarianten und Interpretationsspielräume ist bei dieser Art von Wissen kein Platz.

| Weltwissen als Unterrichtsgegenstand | Aussagen über *falsch* und *richtig* sind .... |
|---|---|
| a) axiomatisch aufgebaute Konzepte: Mathematik und Logik | ... eindeutig möglich |
| b) per Konvention vereinbarte Systeme zur wechselseitigen Information: Sprachen und andere Zeichensysteme wie Noten, Zahlen | ... eindeutig möglich (aber gebunden an veränderbare Konventionen, z.B. Aussprache, Rechtschreibung) |
| c) Verfahren und Instrumente zur Gewinnung von Daten: z.B. Messvorschriften, -methoden und Messgeräte; Versuchsanordnungen | ... eindeutig möglich (aber gebunden an Verfahren, die einem kontinuierlichen Wandel unterworfen sind, z.B. Messmethoden) |
| d) Aussagen über Gegenstände vom Typ I: Faktenwissen, technisches Wissen (z.B. Aufbau von Maschinen, geschichtliche Daten) | ... relativ eindeutig möglich |
| e) Aussagen über Gegenstände vom Typ II: Interpretationen von Texten, Bildern – Deutungen von Beobachtungen, Auseinandersetzung mit Konzepten, Theorien | ... nicht eindeutig möglich, sondern einem ständigen Wandel unterworfen |

**Tab. 2:** Können Lehrer/innen sicher sein, das Richtige zu vermitteln?

Dagegen sollte bei „e) Aussagen über Gegenstände vom Typ II", die in der Regel selbst unter Wissenschaftlern strittig sind, Unterricht so angelegt sein, dass kreative Akte des Neuentdeckens oder Uminterpretierens möglich sind. Das gilt z.B. für die Interpretation von Texten und Bildern, bei der Deutung von Beobachtungen, bei der Auseinandersetzung mit vorläufigen theoretischen Konstrukten. Der Geschichtsdidaktiker Klaus Bergmann fordert, dass auch im Schulunterricht drei Prinzipien beachtet werden sollten, die für den wissenschaftlichen Disput in jeder Disziplin konstitutiv sind (Bergmann 2000):

⇒ „Perspektivität": Wissen (i.S. von Aussagen über Wirklichkeit) ist immer eine von einer Perspektive aus interpretierte Wirklichkeit.
⇒ „Multiperspektivität": Es gibt immer mehrere Perspektiven innerhalb einer Disziplin, und diese ändern sich ständig.
⇒ „Kontroversität": Streit über Deutungen sind in der Wissenschaft konstitutiv, nicht akzidentiell.

Bergmann zeigt exemplarisch, wie Geschichtsunterricht gestaltet werden kann, der anhand von historischem Quellenmaterial den Perspektivwechsel übt, die im Zeitverlauf wechselnden Interpretationen von geschichtlichen Ereignisse thematisiert und aktuelle geschichtswissenschaftliche Kontroversen im Unterricht behandelt. Obgleich Bergmann diese Prinzipien ausdrücklich nur in Kritik an und mit Blick auf seine Disziplin, die Geschichtsdidaktik, formuliert, zeigen die vorstehenden Ausführungen, dass auch andere Fachdidaktiken sich angesprochen fühlen sollten. Für jedes Unterrichtsfach wäre herauszuarbeiten, welche Gegenstände als etabliertes Weltwissen weiterzureichen sind und bei welchen Gegenständen Irrwege und Sackgassen als wertvolle Lernerfahrungen zu akzeptieren und alternative Deutungen und Sichtweisen i.S. der Bergmannschen Prinzipien zuzulassen sind.

### 3.3 Unterrichtsmethoden: Der Schlüssel zum Gegenstand

Lehrer müssen bei ihrer Unterrichtsplanung Festlegungen über die Lehrziele, über das Thema bzw. den Inhalt, über Unterrichtsmethoden, über Medien sowie ggfs. auch über Verfahren zur Lerndiagnose treffen. Bei jeder Stundenplanung stehen sie vor der Frage: Welche Entscheidungen sind zuerst zu treffen und welche sind nachgeordnet? In Hinblick auf das hier behandelte Problem ist zugespitzt zu fragen: Wie wichtig sind Unterrichtsmethoden im Verhältnis zu Lehrzielen, Inhalten, zu Materialien und Medien? Sind Entscheidungen über die Vorgehensweise zuerst festzulegen oder ganz zuletzt oder irgendwo dazwischen?

Die Didaktik hat sich lange darum bemüht, grundsätzlich zu klären, ob Unterrichtsmethoden von nur nachrangiger, von gleichrangiger oder von vorrangiger Bedeutung sind. Drei Positionen wurden zeitweise intensiv und kontrovers diskutiert:

**Position 1:** Entscheidungen über Unterrichtsmethoden (sowie über Materialien/Medien) sind nach- d.h. untergeordnet gegenüber den vorrangigen Entscheidungen über Lehrziele und Inhalte („Primat der Didaktik gegenüber der Methodik" nach Wolfgang Klafki 1962). Diese Position hatte über einen längeren Zeitraum viele Fürsprecher, wurde aber von Klafki selbst schließlich aufgeben (Klafki 1977) und findet heute kaum noch Befürworter.

**Position 2:** Unterrichtsmethoden sind gleichrangig, weil es eine Wechselwirkung zwischen Entscheidungen für Lehrziele + Thema + Methoden + Medien gibt („Interdependenz der unterrichtlichen Strukturmomente" nach Wolfgang Schulz 1965). Methoden (und Medien) müssen zur Intentionalität passen. Diese Position ist plausibel, wenngleich ausgerechnet das von Schulz selbst gebrachte Beispiel nicht überzeugt: Schulz hat die Rückwirkung von Methodenentscheidungen auf die Intentionalität am Beispiel des Unterrichtsthemas „Vorzüge von Gruppenarbeit" zu verdeutlichen versucht: Man könne die Vorzüge von Gruppenarbeit nicht durch einen Lehrervortrag vermitteln, sondern dieser sei geradezu kontraproduktiv; vielmehr müsse man im Unterricht selbst Gruppenarbeit durchführen, um Schüler von deren Vorteilen zu überzeugen. Diese scheinbar nahe liegende Argumentation ist nur auf den ersten Blick überzeugend: Eine selbst erlebte Gruppenarbeit führt nicht zwangsläufig zur Erkenntnis der Vorzüge von Gruppenarbeit, sondern kann ziemlich demotivierend sein. Viel überzeugender kann dagegen ein Lehrervortrag sein, in dem die höhere Arbeitsproduktivität und die größere Arbeitszufriedenheit bei der PKW-Produktion (seinerzeit Mitte der 60er Jahre am Beispiel "Volvo" nach dem Wechsel von reiner Fließbandarbeit zu einem Mischmodell mit selbstständiger Gruppenarbeit) mit empirischen Belegen veranschaulicht wird. Auch die folgenden Beispiele sind plausibler:

* *Den Anpreisungen für ein selbstständiges und entdeckendes Lernen zum Trotz sollten Schüler den Umgang mit einem Bunsenbrenner tunlichst nicht durch Ausprobieren mittels ‚trial and error' erlernen; hier ist eine äußerst präzise Instruktion einschließlich Lehrerdemonstration dringend geboten.*
* *Zwar gelten behavioristische Lernkonzepte weithin als verpönt, aber Methoden des Übens und Wiederholens zwecks Automatisieren sind in vielen Fächern bei vielen Gegenständen unverzichtbar (handschriftliches Schreiben, Schreibmaschinenschreiben, Vokabellernen, kleines und großes 1x1; Aussprache fremdsprachlicher Phoneme, Bewegungsabläufe im Sport, Musizieren u.v.m.).*

* *Dagegen dürfte eine Einstellungsänderung gegenüber sog. ‚Pennern' kaum durch wiederholtes Abschreiben eines Merksatzes „Penner sind Obdachlose mit einem bedauerlichen Lebensschicksal und verdienen Mitleid." hervorgerufen werden. Hier sind andere Vorgehensweisen erforderlich.*
* *Zwar lernen die meisten Schüler das Lesen und Schreiben sowohl nach der Fibel-Methode als auch nach der Methode ‚Lesen durch Schreiben', aber mit Blick auf fachübergreifende Ziele im schulischen Bildungsauftrag ist es durchaus nicht gleichgültig, welche Methode angewendet wird.*

**Position 3:** Mit der Wahl des unterrichtsmethodischen Vorgehens wird darüber entschieden, was die Schüler von einer Sache erfahren (und was nicht). Die Unterrichtsmethode bestimmt darüber, was an einem Thema in welcher Weise entdeckt bzw. erkannt werden kann, und was dem Lernenden verborgen bleibt. Einen Unterrichtsgegenstand bzw. ein Thema „an sich" gibt es nicht: *Tuberkulose* ist noch kein Thema und mit diesem Stichwort ist auch noch kein Ziel genannt. Erst die methodische Herangehensweise entscheidet, welche Aspekte erschlossen werden:

* mit der Lektüre und Besprechung des Romans „Der Zauberberg" von Thomas Mann wird die Wirkung dieser Krankheit auf die Psyche eines Erkrankten behandelt;
* eine bakteriologische Untersuchung des Erregers erhellt biologisch-medizinische Aspekte;
* gesundheitspolitische Aspekte werden anhand von Statistiken über Krankheitsentwicklungen besprochen.

Blankertz, von dem das obige Beispiel stammt, nennt das den *Implikationszusammenhang* von Gegenstand und Methode, weil die Methode impliziert, was in welcher Weise vom Gegenstand entdeckt wird (Blankertz 1975). Noch weiter gehen Kaiser und Menck (Kaiser & Menck 1970; Kaiser 1972), die von der *gegenstandskonstituierenden Funktion von Methoden* sprechen.[4]

---

[4] Auch außerhalb des Unterrichts wird mit der Entscheidung für eine Methode zugleich über die Art der Annäherung an die Sache entschieden. Eine Methode legt die Herangehensweise an den Gegenstand und damit die Perspektive fest, aus der man den Gegenstand sieht; sie schließt gleichzeitig andere Perspektiven aus, die man mittels anderer Methoden erfahren könnte. Einem Arzt eröffnen verschiedene Untersuchungsmethoden ganz unterschiedliche Erkenntnisse über die Befindlichkeit eines Patienten: Abhören und Abtasten / Blutbild / Röntgen / Kernspintomografie – mit jeder dieser Methoden hat ein Arzt einen anderen Zugang, mit dem er jeweils Anderes entdecken kann. Oft sind Ärzte auf mehrere Untersuchungsmethoden angewiesen, deren Ergebnisse erst zusammen einen relativ sicheren Befund ermöglichen. Oder ein ganz banales Alltagsbeispiel: Wenn man vorhat, in der Innenstadt einzukaufen, ist es durchaus nicht egal, ob man mit dem eigenen Auto, mit der U-Bahn oder mit dem Fahrrad in die Innenstadt gelangt. Jedes dieser Verkehrsmittel eröffnet und verhindert gleichzeitig Einkaufsmöglichkei-

Die Methode selbst ‚erschafft' den Gegenstand: Für die im Unterricht anwesenden Akteure ist vom Gegenstand nur das sichtbar, was aufgrund der methodischen Herangehensweise enthüllt wird.

Mit Position 3 wird die Bedeutung der Unterrichtsmethode gegenüber Position 2 noch einmal beträchtlich aufgewertet: Die Methode hat einen maßgeblichen Einfluss darauf, was Schüler in welcher Weise von einem Gegenstand erfahren.

> Besonderheit 5: Unterrichtsmethoden entscheiden ganz wesentlich mit darüber, was von einem Gegenstand fachlich erschlossen werden kann und was verborgen bleibt.

Diese Position hat inzwischen in der neueren schulpädagogischen Literatur viele Befürworter (vgl. Raufuß 2008).

## 3.4 Unterrichtsmethoden: Der Hebel zur selbstständigen Schülerpersönlichkeit

Die im vorausgehenden Abschnitt paraphrasierten Positionen zum Stellenwert von Unterrichtsmethoden im Gesamtensemble der Unterrichtsplanung behandeln ausschließlich die Bedeutung von Unterrichtsmethoden für die Erarbeitung unterrichtsfachlicher Gegenstände. Unbeachtet lassen alle drei Positionen die Bedeutung von Unterrichtsmethoden für das Erreichen fachübergreifender Ziele von Persönlichkeitsbildung. Unterrichtsfachliche Bildung ist zwar **ein** wichtiger Stützpfeiler, macht aber allein noch keine Persönlichkeitsbildung aus.

Der staatliche Bildungsauftrag in den Schulgesetzen aller deutschen Bundesländer verlangt, dass der Unterricht an allgemeinbildenden Schulen langfristig dazu beitragen soll, Schüler zu selbstständigen, mündigen, demokratisch verantwortlich handelnden Bürger zu erziehen[5]. Das würde dafür spre-

---

ten, weil sich andere Wege und Wegzeiten ergeben, Öffnungszeiten und Parkgelegenheiten zu bedenken sind etc..

[5] Ich beziehe mich auf Hilbert Meyers Zusammenfassung der in den 16 deutschen Bundesländern per Landesschulgesetz vorgesehenen Bildungsaufträge, wonach Unterricht eine Persönlichkeitsbildung von Schülern anzustreben habe, damit diese als zukünftig mündige Bürger am Leben in einer demokratischen Gesellschaft teilhaben können, wie es das Grundgesetz vorgibt (Meyer 2004b, 13). Es lohnt sich, einen Blick darauf zu werfen, wie unterschiedlich die „Operationalisierung" dieses vom Grundgesetz vorgesehenen Bildungsauftrags zur Demokratiefähigkeit in den 16 Bundesländern erfolgt (s. Mühlhausen 2016, Kapitel 3).

chen, einem Lernen in eigener Initiative, bei dem Umwege gegangen werden und selbst Sackgassen nicht ausgeschlossen sind, einen hohen Stellenwert einzuräumen. Dem steht entgegen, dass Unterricht faktisch so angelegt ist, dass die Einflussmöglichkeiten von Schülern recht beschränkt erscheinen. Sie müssen an ihm teilnehmen (Schulpflicht!), haben aber auf den ersten Blick nur geringe Möglichkeiten der Einflussnahme. Die „Gesellschaft" scheint mit Hilfe der Lehrpläne recht genau vorzuschreiben, was sie von der Schule bzw. vom Lehrer erwartet. Und die Lehrer geben ihrerseits meist vor, wie zu lernen ist. Diese Spannung zwischen dem langfristigen Ziel „Mündigkeit" und der alltäglichen Erziehungspraxis ist mit dem ‚Programm' der Aufklärung für die staatliche Bildung konstitutiv geworden. *„Wie kultiviere ich die Freiheit bei dem Zwange?"* formulierte der Königsberger Philosoph Immanuel Kant dieses Dilemma prägnant, das seither unter dem Begriff *Pädagogisches Paradoxon* in der erziehungswissenschaftlichen Literatur behandelt wird:

„Das Paradoxe liegt schon darin, daß jede Erziehung sich zuletzt überflüssig machen und in die Selbsterziehung übergehen soll. Das Befremdliche tritt noch mehr zutage, wenn man die Formel wählt: Die Erziehung soll den Werdenden zu seiner Selbständigkeit 'hinführen'!" (Spranger 1962, 78)

Dieses Paradoxon offenbart sich in der durch die Unterrichtsmethode definierten Beziehung zwischen Lehrer und Schülern:

„Das methodische Handeln des Lehrers steht in dem unaufhebbaren Widerspruch, die Schüler mit Fremdbestimmung zur Selbständigkeit führen zu sollen. Das methodische Handeln der Schüler lebt von dem Widerspruch, selbständig handeln zu wollen, aber doch auf die Hilfe des Lehrers angewiesen zu sein." (Altrichter, Posch & Welte 1996).

Das muss jedoch auf längere Sicht kein Widerspruch sein: Unterrichtsmethoden bieten einen Hebel, um an diesem Paradoxon anzusetzen. Lehrer bestimmen mit dem unterrichtsmethodischen Vorgehen darüber, in welchem Umfang die didaktischen Entscheidungen über Lehrziele, Unterrichtsinhalte und Medien von ihrer Seite aus festgelegt werden. Komplementär ergibt sich damit, welche Entscheidungs- und Handlungsspielräume Lehrer ihren Schülern einräumen, um ihnen ein selbstständiges Lernen zu ermöglichen[6].

---

[6] Auf die Zielimplikationen bei der Entscheidung für Unterrichtsmethoden hat schon der amerikanische Erziehungsphilosoph John Dewey in seiner Begründung für die Projektmethode hingewiesen (Dewey 1963, 48). Sein Plädoyer ist auch heute noch hochaktuell:
"Es ist jedoch keine leichte Aufgabe, zu lernen, wie man der Demokratie zum Erfolg verhilft. Die moderne Erziehungstheorie sagt, daß wir nicht lernen, was wir nicht üben. Wenn wir die Demokratie lernen wollen, müssen wir sie üben. Möglicherweise ist ein

Die im Hinblick auf den schulischen Bildungsauftrag wichtigste Eigenschaft von Unterrichtsmethoden liegt demnach quer zu den in Kapitel 2 herausgearbeiteten 12 Aspekten: **Methoden legen fest, in welchem Umfang Schüler/innen über die Unterrichtsgestaltung mitentscheiden können.** Ganz egal, für welche unterrichtsmethodische Ausrichtung ein Lehrer sich entscheidet, immer trifft er dabei u.a. auch eine Entscheidung über das Verhältnis von „Fremdsteuerung" und „Partizipation", das seinen Unterricht kennzeichnet.

Unterrichtsmethoden können die Abhängigkeit der Schüler, die Asymmetrie in der Lehrer-Schüler-Beziehung, abbauen helfen oder sie noch verstärken. Z.B. räumen die unter Methodenaspekt 10 angesprochenen *Methodischen Großformen* den Schülern – mehr oder weniger umfangreiche – Entscheidungsspielräume ein. Während bei der *Programmierten Unterweisung* nahezu alles vorgegeben ist und auch im *Lehrgang* vieles vorab festgelegt ist, ist der Grad an Festgelegtheit bei den methodischen Großformen, die als Alternativen zum herkömmlichen, nicht-differenzierenden Frontalunterricht entwickelt wurden, kleiner.

Grad der Festgelegtheit didaktischer Entscheidungen von Seiten des Lehrers bzw. des Curriculum

Sehr hoch                                                               sehr gering

→

Programmierter Unterricht – Lehrgang – Wochenplanunterricht – Werkstattarbeit – Projekt

Im Wochenplanunterricht lernen Schüler/innen, vorgegebene Aufgaben möglichst selbstständig und im eigenen Lerntempo zu lösen. Bei der Werkstattarbeit geht es um ein weitgehend lehrerunabhängiges selbstständiges Arbeiten – mal allein, mal zu zweit, mal in kleinen Gruppen – wobei die Schüler sich im Idealfall selbst Aufgaben stellen. Bei der Projektmethode wird problemlösendes und kooperatives Lernen in einer Weise angestrebt, dass die Schüler den gesamten Lernprozess möglichst weitgehend mitplanen, wobei sie über die meisten der o.g. Methodenaspekte selbst oder zumindest mitbestimmen.

---

Grund für die Enttäuschungen mit der Demokratie darin zu suchen, daß wir sie niemals richtig gelernt haben. Selbstverständlich, wenn die Welt demokratisch sein soll, muß unser Volk lernen, es zu sein, und irgendeine Art von Erziehung muß es lehren, irgendwo, irgendwie. Es gibt einen Weg für die Schule, es zu lehren, und der besteht darin, daß sie es übt."

Bereits am Anfang der Grundschulzeit entscheidet ein Lehrer darüber, wie der Schriftspracherwerb erfolgen soll, auch darüber, wie er seine Schüler in die „Welt der Schriftkultur" einführt: Alle gleichschrittig und im gleichen Tempo nach strikter Fibel-Vorgabe oder über eine individuelle, hochgradig selbstständige Produktion von Eigentexten mithilfe der Anlauttabelle.

Auch einige Varianten von Gesprächsführung (wie das neosokratische Gespräch), einige „Moderationsmethoden" und „Selbstlerntechniken" sowie einige methodische Prinzipien (z.B. „Entdeckendes Lernen") zielen ausdrücklich darauf, dass die Selbstständigkeit von Schülern gefördert wird.

Damit wird die wohl bedeutsamste Eigenschaft und Besonderheit von Unterrichtsmethoden gegenüber dem alltagssprachlichen Verständnis von *Methode* deutlich: Obwohl die Beziehung zwischen Lehrer und Lernenden prinzipiell unsymmetrisch ist – in etwa so wie die Beziehung zwischen Ärzten, Psychologen, Seelsorgern, Therapeuten und Anwälten zu ihren Klienten – soll die pädagogische Intervention dazu beitragen, das Kompetenz- und Machtgefälle nach und nach abzubauen und letztlich zum Verschwinden zu bringen.

> Besonderheit 6: Gemäß dem schulischen Bildungsauftrag in einer demokratischen Gesellschaft sollten Unterrichtsmethoden der Hebel zur Aufhebung der unsymmetrischen Beziehung zwischen dem Lehrer und seinen Schülern sein.

## 3.5 Zusammenfassung: Das Besondere von Unterrichtsmethoden gegenüber dem umgangssprachlichen Verständnis von *Methode*

Unterrichtsmethoden unterscheiden sich vom umgangssprachlichen Methodenverständnis in sechsfacher Hinsicht:

1. Im Unterricht geht es nicht um die Handlung einer einzelnen Person, die für sich selbst ein Ziel gesteckt hat und dieses auf eine bestimmte Weise erreichen möchte, sondern um ein **Handlungsgeflecht** zwischen (einem, meist mehreren) Lernenden und einem Lehrer. Unterrichtsmethoden beschreiben empfohlene Handlungsweisen von Lehrern; sie beschreiben für Schüler empfohlene Handlungsweisen; und sie beschreiben, in welcher Weise Lehrer- und Schülerhandlungen aufeinander zu beziehen sind.

2. Anders als im Alltag, wo man das geforderte Können bereits erworben hat und bloß noch anzuwenden braucht, ist für Unterricht charakteristisch, dass **auf Lernerseite die zu erlernenden Fähigkeiten, Einsichten bzw. Kenntnisse noch nicht (im erwünschten Umfang) vorhanden sind**.
3. Das Lehrerhandeln ist darauf gerichtet, den Lernenden Fähigkeiten, Kenntnisse, Einsichten und Haltungen zu vermitteln. Im Unterschied zum Handeln im Alltag und zu vielen anderen beruflichen Tätigkeiten **bestimmt ein Lehrer sein Vorgehen nicht aus den Zielen, die er für sich selbst verfolgt, sondern ausgehend von gesellschaftlich vorgegebenen Zielen, die seine Schüler erreichen sollen**. Anders als Klienten von Ärzten, Psychologen, Seelsorgern, Therapeuten, Anwälten können sich Schüler ihre Lehrer nicht aussuchen.
4. Der **Aspektreichtum von Unterrichtsmethoden** resultiert aus der **Vielfalt der Ziele schulischen Lernens**.
5. Unterrichtsmethoden sind der **Schlüssel zum Gegenstand**: Sie entscheiden ganz wesentlich mit darüber, was von einem Unterrichtsinhalt erschlossen werden kann und was verborgen bleibt.
6. **Unterrichtsmethoden sind der Hebel zur selbstständigen Schülerpersönlichkeit:** Obwohl Unterrichtsmethoden zunächst eine unsymmetrische Lehrer-Schüler-Beziehung konstituieren, haben sie das Potential, auf die Aufhebung dieser Asymmetrie hinzuwirken. Das ist ihre bemerkenswerteste Besonderheit und gemäß dem schulischen Bildungsauftrag ihre vorrangige Funktion.

Was als *Unterrichtsmethode* bezeichnet wird, hat wenig gemein mit dem, was im Alltag unter *Methode* verstanden wird. Das Ensemble der sog. Unterrichtsmethoden unterscheidet sich durch diese sechs Besonderheiten erheblich von dem, was umgangssprachlich als Methode bezeichnet wird. Daher ist es irreführend, die diversen Empfehlungen für Vorgehensweisen im Unterricht unter einem *Methode*-Begriff zu subsumieren, der durch ein alltagssprachliches Vorverständnis belastet ist. Benötigt wird ein neuer, nicht vorbelasteter Begriff, der diese Besonderheiten zum Ausdruck bringt.

# 4 Aktives und rezipierendes Lernen: Zwei unterrichtsmethodische Archetypen

Das in Kapitel 3 dargestellte Spannungsverhältnis zwischen einem Verständnis von Lernen als Aneignung feststehender Wissensbestände respektive als individuelle Konstruktion neuen Wissens findet seinen Ausdruck in zwei unterrichtsmethodischen Grundformen:
- ➢ einerseits in einem Unterricht, der auf Informationsvermittlung zielt, auf Instruktion (Vormachen und Nachahmen) beruht und Schüler/innen zum Üben und Wiederholen veranlasst;
- ➢ andererseits in einem Unterricht, der Schüler/innen zur aktiven, weitestmöglich selbstständigen Auseinandersetzung mit einem vorgegebenen Problem anregt.

Diese beiden Grundformen werden nicht selten als unvereinbar gegenübergestellt, wobei mal der eine, mal der andere als Königsweg zum guten Unterricht favorisiert wird:

* das aktiv-konstruktive Lernen, weil es wegen des höheren Grades an selbstbestimmtem Arbeiten angeblich eine höhere Lernmotivation bewirkt (was keinesfalls garantiert ist);

* das rezipierende Lernen, weil es angeblich mit weniger Aufwand mehr Lernertrag bringt (eine These, die u.a. in der Hattie-Studie (2009 / dt. 2013) vertreten, aber auch von dieser nicht schlüssig belegt wird – vgl. Mühlhausen 2013; Rolff 2013).

Wenn beide Grundformen für Unterricht unverzichtbar sind, dann stellt sich die Frage, in welchem Umfang das rezipierende Lernen bzw. das aktive, selbst organisierte Lernen jeweils zum Tragen kommen sollte. Dieser Frage nach dem richtigen Verhältnis, der angemessenen 'Dosierung' dieser beiden grundverschiedenen Lernangeboten wird in der schulpädagogischen Literatur wenig Aufmerksamkeit geschenkt – so Hilbert Meyers Resümee vor mehr als 10 Jahren (Meyer 2005, 411). Welchen Stellenwert *rezeptives Lernen* im Unterricht haben sollte und in welcher Beziehung es zu *aktivierendem Lernen* steht, ist unterrichtstheoretisch noch immer ungeklärt. In vielen Beiträgen wird ein aktivierender Unterricht als einzig mögliche Variante für guten Unterricht herausgestellt (z.B. Bauer 1997; Mattes 2002; Butzkamm 2003; Meyer 2004b; Gonschorek & Schneider 2005; Brüning & Saum 2006; Helmke 2009). Diese Gleichsetzung von aktivierendem mit gutem Unterricht ist besonders dann überraschend, wenn in einigen dieser Beiträge gleichzeitig von verschiedenen Lernertypen die Rede ist, denen der Lehrer durch unterschiedliche Arrangements Rechnung tragen sollte. Trotzdem wird von Befürwortern eines aktivierenden Unterrichts inkonsequenter Weise unterstellt, dass alle Schüler grundsätzlich diese Art des Lernens bevorzugen.

Frontalunterricht wird dabei oft als Negativschablone herangezogen, um daran aufzuzeigen, was mit *Schüleraktivierung* nicht gemeint ist: Ein Lernen, das Schüler zu bloß rezeptiver Aufnahme des dargebotenen Stoffs nötigt. Im Umkehrschluss wird allen nicht-frontalen Methoden die magische Fähigkeit zugesprochen, Schüler umstandslos zu aktivieren. Diese schlichte Polarisierung steht offenkundig im Widerspruch mit Erfahrungen, wonach ein spannender Lehrervortrag oder kontroverse Unterrichtsgespräche für Schüler durchaus interessant sein können (Meyer 2004b, 40). Umgekehrt haben differenzierende Unterrichtskonzepte oder Gruppenarbeit nicht automatisch aktivierende Wirkung.

Das Loblied auf die Vorzüge aktivierenden Unterrichts korrespondiert mit einer eklatanten begrifflichen Unschärfe. Die große Mehrheit von Buchpublikationen und Internet-Beiträgen, die eine stärkere Aktivierung von Schülern im Unterricht fordert, macht sich gar nicht erst die Mühe herauszuarbeiten, was *Schüleraktivierung* auszeichnet und woran man sie erkennt.

## 4.1 Schüleraktivierung – ein Begriff mit Präzisierungsbedarf

Der Empfehlung, aktiv zu sein, begegnet man im Alltag ständig: Man solle "sportlich aktiv sein", "sich aktiv für Frieden einsetzen", "ein aktives Senioren-Leben führen", "aktiv zuhören", verfügt über einen "aktiven Wortschatz" u.v.m.. Offenbar soll mit "aktiv" eine besondere Qualität des Handelns zum Ausdruck gebracht werden, wobei jeweils ganz unterschiedliche Aspekte gemeint sind. Eine ausgeprägte begriffliche Unschärfe kennzeichnet einige in der didaktischen Literatur referierte Auslegungen für *aktives Lernen* bzw. *aktivierenden Unterricht*. Drei Auslegungsversuche sind untauglich, weil unklar bleibt, was jeweils mit "aktivierend" bzw. "aktiv" gemeint ist:

➢ Empfohlen werden **„aktivierende Methoden"** (z.B. Gruppenarbeit, Stationenlernen, Projektunterricht) ohne zu verraten, in welcher Weise sie "aktivieren".

> Gesprochen wird von **„aktiver Lernzeit"** als der Teil von der laut Lehrplan vorgesehenen Unterrichtszeit, die tatsächlich für Lernen genutzt wird – eine offensichtliche Tautologie.
> Mit der Behauptung, **Aktivierung zeige sich am Schülerverhalten** (z.B. häufiges Melden, viele Beiträge, Befolgen von Lehreranweisungen), wird das Pferd von hinten aufgezäumt: Ohne eine präzise Definition von "Aktivierung" gibt es keine schlüssigen Indikatoren.

Drei andere Auslegungen von *Aktivierung* gehen zwar auf Aspekte ein, die bei jedem Lernen bedeutsam sind, benennen aber keine spezifischen Merkmale, die das Besondere eines "aktivierenden Unterricht" gegenüber einem "nicht-aktivierenden Unterricht" hervorheben (den es ja auch geben muss, wenn das Attribut "aktivierend" einen Sinn haben soll):

> **Kognitive Aktivierung** als intensive geistige Anteilnahme ist für jeden Unterricht wünschenswert (Zuhören beim Lehrervortrag; engagierte Diskussion über mögliche Interpretationen eines Gedichts; Konzentration bei einem Laufdiktat; sich beim szenischen Spiel in eine Rolle hineinversetzen).
> **Neurologische Aktivierung** als hohes Erregungspotenzial des Großhirns (z.B. zur Mustererkennung bei Wahrnehmungsvorgängen wie Sehen, Hören, Riechen): Auch Großhirnaktivitäten sind für jeden Unterricht eine unerlässliche Voraussetzung.
> **Physiologische Aktivierung** als Intensivierung von Körperfunktionen (höherer Puls, steigender Blutdruck; Schweißausbrüche; gerötete Wangen): Im Sportunterricht ist diese Art der Aktivierung eine unvermeidbare Begleiterscheinung. Sie ist auch zweckmäßig, wenn z.B. mit Bewegungsspielen einem Konzentrationsmangel entgegengewirkt wird. Als Anzeichen für Angst und Stress ist sie jedoch kontraproduktiv für Lernen.

## 4.2 Aktiv-konstruktives Lernen: Schüler nach Lösungen suchen lassen

Vor fast 60 Jahren hat der Schulpädagoge Karl Stöcker ein „Aktivitätsprinzip" formuliert, wonach Unterricht eine aktivierende Beziehung der Schüler zum Gegenstand fördern kann, wenn er ihnen eine selbstständige Auseinandersetzung mit dem vorgegebenen Stoff ermöglicht (Stöcker 1960, 56):

„Der Schüler selbst soll mit Hilfe seiner Arbeitsmittel die Schwierigkeiten möglichst allein zu meistern versuchen, er soll lernen sich durchzubeißen, soll mit dem Stoff ringen, soll Irrwege gehen und Niederlagen erleiden, weil gerade auch darin der bildende Wert dieser Methoden liegt, daß nicht alle Steine von vornherein aus dem Wege geräumt werden."

Im Kern versteht Stöcker darunter ein Lernen, bei dem Schüler nach Lösungen auf eigenen Lernwegen in selbst bestimmtem Tempo suchen, während der Lehrer auf inhaltliche Impulse verzichtet, keine Bewertungen vornimmt und sich auf eine moderierende Rolle beschränkt.

Die Grundidee für einen solchen Unterricht ist sogar noch älter: Bereits 70 Jahre vor Stöcker forderte der Germanist und Sprachwissenschaftler Rudolf Hildebrand für den Deutschunterricht (Hildebrand, 1890, S.21, Hervorhebung im Original; zit. nach Funk, 1993, S.138):
„Der Lehrer des Deutschen sollte nichts lehren, was die Schüler selbst aus sich finden können. Nichts befördert das rechte Lernen und die Lust zum Lernen (und beim Lehrer die Lust zum Lehren) mehr, als dieses Selbstfindenlassen der Schüler, und in keinem Lehrfache ist das leichter zu haben als im deutschen Unterrichte."

Konkretisierungen dieser Grundidee wurden in vielen Ansätzen in oder im Anschluss an die Reformpädagogik entwickelt: z.B. das "learning by doing" der Projektmethode nach Kilpatrick und Dewey, die "Lernateliers" bei Freinet, das "Problemlösende Lernen" im Anschluss an den Psychologen Wertheimer, das "Entdeckende Lernen" Bruners, die "Originale Begegnung" von Heinrich Roth.

Einige Beispiele:

❖ In Partnerarbeit wird im Sinn des Konzepts *Grammatik-Werkstatt* (Menzel 2010) ermittelt, wie viele Möglichkeiten zur Pluralbildung es gibt.

❖ Jeder Schüler notiert mögliche Handlungsmotive der Protagonisten eines Gedichts (Bredella 1987) oder schreibt zu einem Roman sein eigenes Schlusskapitel (Spinner 2005).

❖ Im *Neo-sokratischen Unterrichtsgespräch* [7] (Krohn, Neißer & Walter 2000) wird ergründet, wie oft Hände geschüttelt werden, wenn jeder Schüler der Klasse (der Schule, aller Schulen einer Stadt) jedem anderen genau einmal die Hand schüttelt.

---

[7] Bei dieser vom Göttinger Philosophen Leonard Nelson Anfang des 20 Jahrhunderts entwickelten und inzwischen in der Lehrerfortbildung etablierten Methode sorgt der Leiter dafür, dass die Teilnehmer wechselseitig auf Argumente, Fragen, Verständnisschwierigkeiten und konträre Sichtweisen der Anderen eingehen (Nelson 1970).

❖ Nach Lektüre der Geschichte „Peter und der Wolf" überlegen Schüler, welche Musikinstrumente die einzelnen Figuren klanglich gut repräsentieren (ohne vorher die Oper Prokofievs gehört zu haben).

Ein solches Lernen bedarf zweifellos einer kognitiven Aktivierung, aber "aktiviert" werden die Schüler hier außerdem in besonderer Weise, weil sie gefordert sind, selbst Antworten zu finden. Bei dieser Art von Unterricht sind Arbeitswege nicht im Detail vorgegeben; oft sind mehrere Lösungen vertretbar. Das Lernen ist dann **ergebnisoffen** und erfüllt die Prinzipien der „Multiperspektivität" und der „Kontroversität", die wissenschaftliches Arbeiten auszeichnen und auch für Unterricht gelten sollten (vgl. Bergmann 2000). Diese Auslegung von "*aktivem Lernen*" macht eine Abgrenzung gegenüber einem Unterricht möglich, der in ganz anderer Weise zum Lernen anregt.

## 4.3 Rezipierendes Lernen: Wissen und Fertigkeiten an Schüler vermitteln

Wenn im Unterricht Wissen und Fertigkeiten vermittelt werden, indem Schüler festgelegte Lernwege beschreiten und genaue Arbeitsanweisungen befolgen, sind sie nicht im obigen Sinn aktiv tätig, sondern lernen rezipierend. Die detaillierten Vorgaben dazu kommen i.d.Regel von der Lehrkraft, die damit gewissermaßen einen *pro-aktiven* Part übernimmt, während die Schülern eine *re-aktive* Rolle einnehmen. Einige Beispiele:

❖ Informierender Unterricht mittels Lehrervortrag, Folien, Filmen o.ä. (z.B. zum Beweis des Pythagoras-Satzes, über den Aufbau des Periodensystems, die Chronologie der französischen Revolution);

❖ Darstellend-demonstrierender Unterricht (z.B. Bewegungsfolgen im Sport nachmachen; mittels Lautieren eine korrekte Aussprache des englischen erlernen; Einweisung in die Handhabung eines Mikroskops; das Anrühren von Kleisterfarbe im Kunstunterricht demonstrieren; Klangcharakteristika von Musikinstrumenten vorführen);

❖ Übend-wiederholender Unterricht (z.B. das Einüben des Bewegungsablaufs beim Felgenumschwung; der *pattern drill* zur Automatisierung der richtigen Aussprache, das Auswendiglernen des kleinen *Einmaleins*).

Ein solcher Unterricht ist **ergebnisdeterminiert**, denn das Ergebnis entspricht genau definierten Vorstellungen.

## 4.4 Fünf Präzisierungen zum Verhältnis von rezipierendem und aktivem Lernen

Die beiden unterrichtsmethodischen Archetypen werden nicht selten als unvereinbar gegenübergestellt. Je nach Präferenz wird mal der eine, mal der andere als Königsweg zum guten Unterricht favorisiert. Noch vor wenigen Jahren überwog in vielen Publikationen die Behauptung, ein schüleraktivierendes, konstruktiv-produktives Lernen sei in jedem Fall besser als ein Unterricht, der Schülern rezipierendes Lernen abverlangt. In der aktuellen schulpädagogischen Diskussion hat das rezipierende Lernen – nicht zuletzt auch unter Berufung auf die Metastudie von John Hattie (2009) – wieder mehr Befürworter gefunden. Diese antagonisierende Polarisierung ist jedoch unfruchtbar. Beide Archetypen sind für schulisches Lernen unverzichtbar und wechselseitig aufeinander angewiesen: So können sich beim aktiv-konstruktiven Lernen Fragen ergeben, die dann mit gezielter Informationsvermittlung geklärt werden. Andererseits kann rezipierendes Lernen die Voraussetzungen für ein aktiv-konstruktives Lernen schaffen.

Sofern man dieser Feststellung zustimmt, ergibt sich daraus eine Frage, die bereits vor mehr als 50 Jahren von Karl Stöcker (1960) aufgeworfen wurde, aber bislang noch nicht beantwortet werden konnte: In welchem Umfang sollte im Unterricht das aktiven Lernen zum Zug kommen und welchen Anteil sollte das rezipierende Lernen haben? Diese Frage schiebt die Unterrichtstheorie vermutlich deshalb noch immer als ungeklärtes Problem vor sich her, weil sie so allgemein nicht zu beantworten ist. Zum Einen haben die Lernenden selbst gewisse Präferenzen, wie in der neueren didaktischen Literatur mit dem Verweis auf verschiedene Lernertypen herausgestellt wird. Einige Schüler bevorzugen aktivierende unterrichtsmethodische Arrangements, andere präferieren Unterricht, bei dem sie rezipierend tätig sind. Ob solche Präferenzen tatsächlich als feste Persönlichkeitsmerkmale ausgeprägt sind oder auch von situativen Faktoren (z.B. Fach, Lehrer, Thema, Bedeutung der Note) beeinflusst werden, bedarf noch genauer Untersuchung.

Die im Folgenden vorgestellten fünf Präzisierungen tragen dazu bei, das Verhältnis zwischen diesen beiden unterrichtsmethodischen Archetypen genauer zu klären.

**1. Präzisierung: Aktivierendes und rezipierendes Lernen bedingen einander**

Bei Lernprozessen jeglicher Art greifen Phasen aktivierenden Lernens und Phasen rezipierenden Lernens im Idealfall ineinander. Unterricht kann nicht allein auf aktivierendes Lernen bauen, sondern bedarf auch Phasen der Instruktion, des Nachmachens sowie des Übens und Wiederholens.

Auch wenn Unterrichtskonzepte das Gegenteil suggerieren: Es gibt keinen realen Unterricht, der ausschließlich in eine Rubrik gehört. Immer sind Lernvoraussetzungen unentbehrliche Grundlage für aktivierendes Lernen, die zuvor mittels gründlicher Instruktion sowie intensiven Übens und Wiederholens gelegt werden mussten. Wenn z.B. Schüler/innen selbst Musikinstrumente auswählen sollen, um damit die Figuren in „Peter und der Wolf" klanglich auszudrücken, dann sind die verschiedenen Musikinstrumente zuerst vorzustellen und vorzuführen, bevor die Schüler überlegen können, welches Instrument für welche Figur besonders gut passt. Gelegentlich wechseln in derselben Stunde Phasen aktiven Lernens mit Phasen rezipierenden Lernens ab. So erhalten die Schüler in einem Kunstunterricht, in dem Poster ohne Themenvorgabe mit Kleisterfarbe bemalt werden sollen, zunächst genauen Anweisungen, um eine streichfähige Kleisterfarbe herzustellen.

## 2. Präzisierung: Aktives und rezipierendes Lernen befördern verschiedene Ziele

Beide Archetypen von Unterricht greifen nicht nur häufig ineinander, sondern sie ergänzen sich, indem sie verschiedenen Zielsetzungen zuarbeiten.

| Aktives Lernen | Rezipierendes Lernen |
|---|---|
| ... ist ergebnisoffen<br>* Ergebnisse werden selbstständig erarbeitet<br>* Arbeitswege nicht genau vorgegeben<br>* Ergebnisse entsprechen nicht unbedingt bestimmten Vorgaben und unterscheiden sich u.U. voneinander | .... ist ergebnisdeterminiert<br>* die Aufgabe/Darbietung nimmt das Ergebnis vorweg<br>* der Lernweg ist weitgehend vorgegeben<br>* das Ergebnis entspricht genau definierten Vorstellungen |
| ... strebt vorrangig fächerübergreifende/ prozessuale Ziele an, wie z.B.:<br>* eigenständiges Problemlösen<br>* selbstständige Lerntechniken<br>* mit Anderen zusammenarbeiten<br>* Problemsichten Anderer würdigen<br>* exploratives und kreatives Arbeiten | ... strebt vorrangig inhaltlich-materiale Ziele an, z.B.:<br>* Pragmatische Fertigkeiten<br>* spezielle Kenntnisse und substantielles Wissen<br>* Automatisierte Fähigkeiten wie Schreiben, Lesen, Kopfrechnen, (fremd-)sprachliche Artikulation |

Tab. 3: Unterschiedliche Zielausrichtung bei aktivem und rezipierendem Lernen

Während mit aktivem Lernen vorrangig prozessuale Fähigkeiten gefördert und fächerübergreifende Ziele angestrebt werden sollen, stehen beim rezipierenden Lernen materiales fachspezifisches Wissen und Können im Vordergrund.

### 3. Präzisierung: Themen können sowohl aktiv-konstruktiv als auch rezipierend erarbeitet werden

Es gibt Unterrichtsthemen, die auf beiden Wegen bearbeitet werden können. So kann z.B. beim Thema *Stadtpläne* (im Grundschulunterricht ein verbindliches Thema im 3. oder 4. Jahrgang) die Lehrkraft entweder einen herkömmlichen Stadtplan erklären oder die Schüler einen eigenen Stadtplan entwerfen lassen.

| Einen Stadtplan 'lesen' lernen | Einen eigenen Stadtplan erstellen |
|---|---|
| In einer 4. Klasse erhalten alle Schüler ein Arbeitsblatt mit einem Kartenausschnitt ihres Stadtteils. | In einer 4. Klasse beginnen die Schüler damit, ihren Stadtteil zunächst zu erwandern, nehmen dabei Messungen vor und notieren markante Punke. |
| Der Lehrer erläutert, wie die Karte zu lesen ist, geht auf die Himmelsrichtung und auf den Maßstab ein, erläutert die Bedeutung der Symbole in der Legende und überprüft das Kartenverständnis mit Aufgaben („Wir suchen den kürzesten Weg von der Schule zum Schwimmbad." „Wir suchen einen autofreien Fahrradweg von der Schule zum Schwimmbad." „Wie weit ist es von der Schule zur Post – Luftlinie und auf Fußwegen?"). | Dann basteln sie ein dreidimensionales Modell ihres Stadtteils auf einer Pappe, das sie aus der Vogelperspektive fotografieren. Dieses Foto dient als Basis, um daraus eine Stadtteil-Karte zu zeichnen. Dabei ist Wichtiges von Unwichtigem zu unterscheiden (nicht jeder Hund, Spaziergänger, Baum oder jedes parkende Auto muss in der Karte erscheinen, aber Straßen, Fußwege, Häuserzeilen, Kirchen und Schulen schon). |
| Sobald die Schüler sich mit Karten besser auskennen, bekommen sie die Aufgabe, sich in einem Orientierungsgang zurecht zu finden – nur mit einem Stadtteilplan ausgestattet. | Sie rechnen Maßstäbe um, suchen verständliche Symbole für Häuser, Straßen, Wiesen, Fußwege etc., und erläutern sie in einer ‚Lesehilfe' (quasi eine Legende). |

Tab. 4: Der Stadtplan – aktiv oder rezipierend erarbeitet

Beide Vorgehensweisen, sowohl der Rückgriff auf die "stellvertretende Erfahrung" der Kartenfirma als auch die mit der Eigenkonstruktion erworbene "Primärerfahrung"[8] können für Schüler/innen wertvolle Lernerfahrungen

---

[8] Diese von John Dewey und William Heard Kilpatrick 1918 in dem Buch "The Project Method" geprägten Begriffe sind in der schulpädagogischen Literatur seither etabliert.

vermitteln. Welches Vorgehen bevorzugt wird, kann nur d. Lehrer/in mit Blick auf die jeweils vorrangig anzustrebenden Ziele (siehe die 2. Präzisierung) entscheiden.

### 4. Präzisierung: Aktives Lernen kann in verschiedenen Sozialformen gelingen

Aktives Lernen ist mitnichten gebunden an bestimmte Sozialformen (z.B. Gruppenarbeit), wie gelegentlich suggeriert wird. Ein im obigen Sinn aktivierender, ergebnisoffener Frontalunterricht wird beim *Neo-Sokratischen Unterrichtsgespräch* nach Leonard Nelson praktiziert (Krohn, Neißer & Walter 2000). Dabei ist es die hervorragende Aufgabe des Lehrers, dafür Sorge zu tragen, dass alle Schüler, die das möchten, sich mit ihren Ideen, Fragen oder Einwänden in das Gespräch einbringen können. Die Schüler lernen auf diese Weise, dass es lohnt, über Beiträge ihrer Mitschüler nachzudenken. Selbst fehlerhafte oder verwirrende Beiträge von Mitschülern können dabei helfen, die eigenen Überlegungen zu klären. Anders als im fragend-entwickelnden Unterrichtsgespräch tritt der Lehrer nicht als andauernder Zensor von Schülerbeiträgen auf. Vielmehr enthält er sich jeglichen bewertenden Kommentars; weder lobt er Beiträge, noch weist er sie zurück. Auch gibt er keinerlei Informationen zur Sache sondern beschränkt sich ausschließlich darauf, das Gespräch zu moderieren. Die Schüler erhalten keinerlei Rückmeldung, ob und welche Beiträge das Gespräch vorangebracht haben oder ob sie unpassend waren. Das zu beurteilen, obliegt nicht dem Lehrer, sondern zunächst einmal jedem einzelnen Gesprächsteilnehmer und ist dann gemeinsam einzuschätzen. Gefördert wird auf diese Weise ein eigenständiges Denken jedes einzelnen Gesprächsteilnehmers, indem jeder gefordert ist, auf die Beiträge der Anderen einzugehen, sie mit der eigenen Auffassung abzuwägen und so letztlich zu einer selbst verantworteten Position zu gelangen. Im Idealfall nehmen so alle Mitwirkenden aktiv am Gespräch teil.

### 5. Präzisierung: Beide Archetypen stellen unterschiedliche Anforderungen an Lehrer/innen

Für Lehrer/innen ist es wichtig, sich klar zu machen, welchen Typ von Unterricht sie gerade inszenieren, weil die beiden Archetypen unterschiedliche Vorgehensweisen verlangen, um Schüler zur Mitarbeit anzuregen.

Beim rezipierenden Lernen ist durch die Vorgehensweise festgelegt, in welchem Umfang und Tempo die Schüler Informationen aufnehmen und verarbeiten müssen. Beim Unterrichten ist deshalb auf eine angemessene Balance zwischen Phasen anstrengender Informationsaufnahme und Phasen einer weniger stark fordernden Verarbeitung zu achten. Einer solchen Rhythmisierung bedarf es beim aktiven Lernen nicht. Vielmehr sind von Lehrerseite Geduld und Zurückhaltung gefordert, damit Schüler sich in einen Gegenstand vertiefen können (Stöcker aaO, 44): „Anschaulich unterrichten heißt ... mit Anspannung aller Sinne, im Zustand gespannter Aufmerksamkeit, ja innerer Erregtheit fixierend betrachten ... heißt *verweilend betrachten, aufsuchend oder abwartend beobachten.* Anschauen in dem Sinne kostet Zeit und Energie ... .".

Auch in Hinblick auf drei sog. *Basiskompetenzen für Guten Unterricht* (so die Überschrift zu einer Beitragreihe in der Zeitschrift PÄDAGOGIK im Jahr 2015) ergeben sich gegensätzliche Empfehlungen (Mühlhausen 2015b):

| Empfehlungen zur Förderung ..... ||
|---|---|
| **eines aktiv-konstruktiven Lernens** | **eines rezipierenden Lernens** |
| **Sachverhalte erklären:** ||
| Vorgegeben wird eine 'weite' Aufgabenstellung; die zur Klärung/Lösung notwendigen Informationen sind von den S. zu beschaffen; Vorgehensweisen sind von den S. auszuprobieren und auf ihre Bewährung zu prüfen. | Sachverhalte werden verständlich erklärt, Informationen nachvollziehbar vermittelt, Vorgehensweisen genau demonstriert. |
| **Sachdienliche Strukturierung:** ||
| Die Lehrkraft gibt weder einen bestimmten Lernweg noch inhaltliche Impulse vor; sie vermeidet eine Lenkung und lässt Umwege, selbst Irrwege zu. | Der Lernweg wird anfangs vorgezeichnet ('roter Faden'); die S. orientieren sich an einer klaren Struktur; d. L. macht verbindliche Vorgaben zum Vorgehen und kontrolliert deren Einhaltung. |
| **Feedback:** ||
| Kein Feedback während der Erarbeitung: Lob oder Kritik werden vermieden, Fehler nicht korrigiert. | Unmittelbares Feedback: Lob bzw. Kritik; Fehler werden sofort verbessert, richtige Beiträge bestätigt. |

**Tab. 5:** Gegensätzliche Empfehlungen zur Unterrichtsgestaltung

Schließlich erfordert auch die Unterrichtsauswertung ein unterschiedliches Vorgehen: Beim rezipierenden Lernen ist darauf zu achten, dass ein einheitliches Ergebnis erzielt wird (z.B. bei der Übersetzung eines englischen Textes). Dagegen sind beim aktiven Lernen verschiedene Ergebnisse denkbar (z.B. mehrere Erklärungen für ein verblüffendes Chemieexperiment) oder sogar im Hinblick auf das Lehrziel ausdrücklich erwünscht (z.B. bei einer Gedichtinterpretation oder der Deutung eines historischen Quellentextes).

## 4.5 Aktiv-konstruktives und rezipierendes Lernen – Zwei komplementäre Ansätze

Die beiden unterrichtsmethodischen Archetypen schließen einander nicht aus, sondern ergänzen sich komplementär. Mit ihnen werden unterschiedliche Zielaspekte schulischen Lernens angestrebt, die eine reziproke Rollenverteilung zwischen Lehrkraft und Schülern verlangen. Beim aktiv-konstruktiven Lernen gibt der Lehrer einen weiten Aufgabenrahmen vor, der von den Schülern selbst auszudifferenzieren ist. Innerhalb dieses Rahmens übernehmen die Schüler die Initiative. Sie suchen nach Lösungen, ringen um Einsichten auf eigenen Lernwegen in selbst bestimmtem Tempo, ‚konstruieren' eigene Ergebnisse. Die Lehrkraft hält sich bei der weiteren Strukturierung des Lernprozesses zurück. Sie vermeidet eine inhaltliche Lenkung und jegliche Bewertung. Demgegenüber macht die Lehrkraft beim rezipierenden Lernen vergleichsweise detaillierte Vorgaben und übernimmt die Initiative, um Lernprozesse anzustoßen. Sie bewertet und korrigiert Fehler unmittelbar. Die Schüler erwerben Wissen und eignen sich Fertigkeiten an, indem sie imitieren, üben und reproduzieren.

In Abbildung 3 werden diese Unterschiede in Form von zwei Alleinstellungsmerkmalen dargestellt (A1 und A2 bzw. R1 und R2).

Die Erfüllung der beiden Alleinstellungsmerkmale rechtfertigt es allerdings noch nicht, den jeweiligen Unterricht als gelungen zu bewerten. Dieses Urteil ist nur dann gerechtfertigt, wenn zwei weitere Merkmale hinzukommen, die bei beiden Archetypen erfüllt sein müssen: Wenn die Schüler aus eigenem Antrieb mit Interesse an der Sache lernen (M3) und wenn das Lernen bildungswirksam ist (M4).

**A1** ... baut darauf, dass d. Lehrkraft lenkende inhaltliche Eingriffe vermeidet, Umwege oder Irrwege zulässt und keine Bewertungen vornimmt.

**A2** ... ist ein mühsames Ringen um Einsichten und Erkenntnisse, bei dem die Schüler eigene Lernwege in selbst bestimmtem Tempo gehen.

**M3** ... ist bildungswirksam im Sinne des schulischen Bildungsauftrags.

**R1** ... baut auf richtigen Vorgaben, die durch verständliches Referieren bzw. Instruieren nachvollziehbar vermittelt werden.

**R2** ... gibt Schülern ausreichend Gelegenheit, das rezeptiv Aufgenommene zu verarbeiten, zu reproduzieren und anzuwenden.

**M4** .... zeigt sich in einem Lernen aus Interesse an der Sache, mit eigenem Antrieb.

Gelungenes aktiv-konstruktives Lernen

Gelungenes rezipierendes Lernen

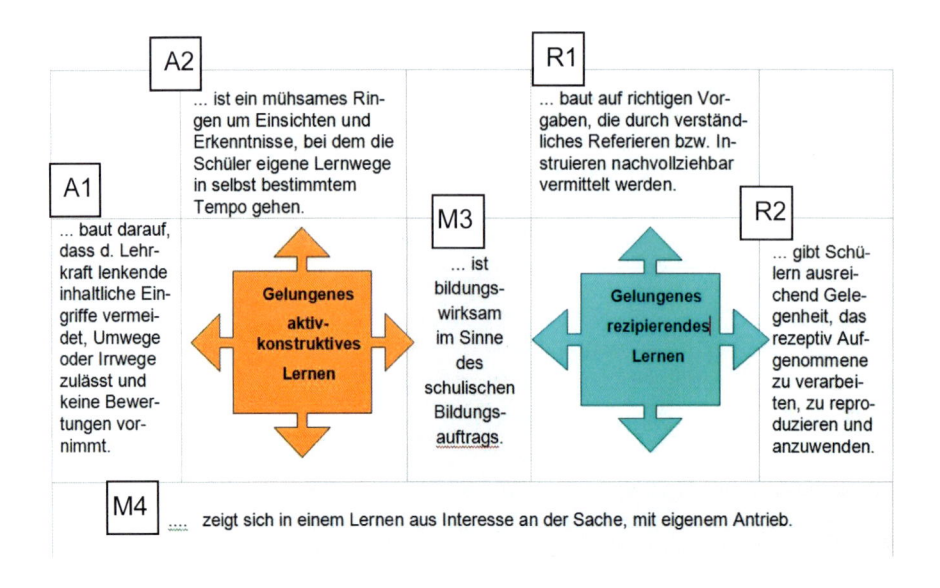

Abb. 3: Zwei Alleinstellungsmerkmale und zwei gemeinsame Merkmale für aktiv-konstruktives und rezipierendes Lernen

Auch wenn einige Verfechter des aktiven Lernens dem heftig widersprechen: Ein „Lernen mit Interesse an der Sache und aus eigenem Antrieb" sowie ein „Bildungswirksames Lernen" sind durchaus auch mit einem Unterricht zu erreichen, in dem d. Lehrer/in Informationen vermittelt, instruiert und demonstriert und die Schüler/innen rezipierend, nachahmend, wiederholend und übend tätig sind (vgl. dazu auch die Ausführungen von Hilbert Meyer zum "Intelligenten Üben": Meyer 2004b).

# 5 Vom didaktischen Konzept zur Umsetzung im Unterricht

Vom Anspruch eines didaktischen Konzepts zur erfolgreichen Realisierung dieses Anspruchs im Unterricht ist es ein langer Weg. Das gilt für beide unterrichtsmethodische Archetypen: Weder aktives noch rezipierendes Lernen findet ‚automatisch' statt, nur weil die Schülern ein entsprechendes Lernarrangement angeboten bekommen. Beim Unterrichten kommt manches anders als gedacht – egal, nach welchem Konzept unterrichtet wird. Auch erfahrene Lehrkräfte werden trotz guter Vorbereitung in Klassen, die sie zu kennen meinen, ein um's andere Mal mit unerwarteten Ereignissen konfrontiert. Das Moment des Unerwarteten hat viele Facetten und nötigt Lehrer/innen aus unterschiedlichsten Gründen zu Reaktionen, die vorab nicht bedacht werden konnten:

> Schüler stellen scheinbar skurrile Fragen, machen erstaunliche Vorschläge, sorgen mit einfallsreichen Umdeutungen für Missverständnisse. Mal arbeiten sie ungewöhnlich engagiert mit, mal sind sie lethargisch. Sie haben dringende Anliegen, sind zu Streichen aufgelegt, durch Nebentätigkeiten abgelenkt, verweigern die Mitarbeit oder sind wegen einer emotionalen Ausnahmesituation (Todesfall, Liebeskummer) nicht ansprechbar. Probleme mit technischen Medien oder Unfälle erzwingen Unterbrechungen. Gelegentlich hält der Unterrichtsgegenstand Überraschungen bereit (das erwartungswidrige Experiment, die verschwundene Maus). Auch haarsträubende Fehler im Schulbuch können für Irritationen sorgen. Und manchmal sind es Ereignisse von außen (der erste Schnee, eine Wespe im Klassenraum, ein "Hitzefrei" des Rektors über den Lautsprecher). [9]

Solche „unstetigen" Entwicklungen (Bollnow 1959) unterbrechen einen als stetig antizipierten Unterrichtsablauf und verlangen vom Lehrer Entscheidungen über das weitere Vorgehen, für die das Konzept bzw. der darauf basierende Entwurf keine Empfehlung bereit hält. Überraschende Ereignisse erfordern vom Lehrer, blitzschnell zu überlegen, wie auf ein unerwartetes Ereignis einzugehen ist, ohne dabei die Ausgangsplanung aus dem Blick zu verlieren: Ist sie trotz erforderlicher Abweichungen in ihren Grundzügen noch umsetzbar? Oder ist das nicht erstrebenswert, weil die unerwartete Entwicklung ein Anzeichen dafür ist, den Ausgangsplan besser aufzugeben? Das

---

[9] Im Band "Abenteuer Unterricht" (Mühlhausen 2016) werden überraschende Unterrichtssituationen beschrieben und die Lehrerreaktionen analysiert. Die 44 videografierten Szenen auf der Begleit-DVD eignen sich als Anschauungsmaterial in der Lehrerausbildung.

erfordert auch beim Unterrichten eine Art von Planung, um das vorab Antizipierte in Einklang zu bringen mit unvorhergesehenen Entwicklungen.

Wie Lehrer/innen in unstetigen Situationen reagieren, ist für die Lehrer-Schüler-Beziehung höchst bedeutsam, weil hier für die Schüler das Berufsverständnis, das Schülerbild und das Selbstbild eines Lehrer unverstellt sichtbar werden. Prägnant formuliert hat das der kanadische Erziehungswissenschaftler van Manen (1995, S. 68): „Die Substanz des pädagogischen Handelns vollzieht sich auf dem Niveau des Augenaufschlags." Diese konkrete pädagogische Unterrichtsdimension werde jedoch übersehen, wenn Unterricht nur im Hinblick auf längerfristige Konzepte und Methoden analysiert wird. Van Manen hebt mit dieser These pointiert eine Eigenart pädagogischen Handelns hervor, die bereits J.F. Herbart in seiner Göttinger Antrittsvorlesung im Jahr 1802 als Spannungsverhältnis zwischen (Unterrichts-) Theorie und (Unterrichts-) Praxis charakterisiert hat: *Pädagogischer Takt* sei erforderlich, um unerwartete Situationen mit geschultem Blick einzuschätzen und sie dann, geleitet von theoretischen Grundsätzen, aber auch mit Gespür für den Einzelfall, zu bewältigen (Herbart 1903).

Konzepte sind daher bloß eine Seite der Medaille 'Guten Unterrichts', ihre situationsangemessene Umsetzung in wechselhaften, oft unübersichtlichen Unterrichtssituationen ist die andere Seite. Ob ein Unterrichtsvorhaben mit Erfolg umgesetzt werden kann, ist nicht ausschließlich – ja nicht einmal in erster Linie – eine Frage des zugrunde liegenden Unterrichtskonzepts. Mindestens genauso bedeutsam ist, wie Lehrer/innen *unstetige* Unterrichtssituationen bewältigen.

Dabei kann sich auch die unterrichtsmethodische Ausrichtung mehr oder weniger stark verschieben. In einem zunächst ausschließlich für aktives Lernen konzipierten Unterricht kann es erforderlich werden, Phasen rezipierenden Lernens einzuschieben. Umgekehrt kann ein Unterricht, in dem zunächst ausschließlich das rezipierenden Lernen vorgesehen war, unerwartet Fragen aufwerfen, denen dann erstmal in einem Einschub von aktivem Lernen nachzugehen ist.

In den nachfolgenden Kapiteln wird am Beispiel von sechs Unterrichtsvorhaben analysiert, mit welcher unterrichtsmethodischen Ausrichtung der Unterricht jeweils konzeptionell angelegt worden ist und ob diese Ausrichtung bei der Inszenierung beibehalten wurde. Sofern dabei Veränderungen gegenüber der Ausgangsplanung festgestellt werden, wird jeweils untersucht, wodurch diese Veränderungen ausgelöst wurden, in welcher Weise die Lehrkräfte darauf reagiert haben und wie diese Reaktionen die unterrichtsmethodische Ausrichtung beeinflusst hat. Zurückgegriffen wird dabei auf ein Analyseraster, das an anderer Stelle ausführlicher vorgestellt ist (Mühlhausen 2014) und im Folgenden kurz paraphrasiert wird.

## 5.1 Auslöser für unstetigen Unterricht – ein Systematisierungsversuch

Eine phänomenologische Betrachtung möglicher Auslöser von überraschenden Entwicklungen führt zur Klassifikation von vier Ursachenbündeln (Abb. 4):

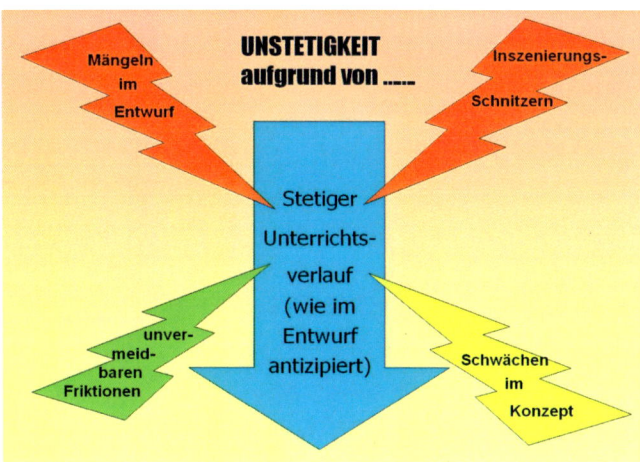

Abb. 4: Auslöser für unstetige Unterrichtssituationen

➔ **Mängel im Entwurf**

führen nahezu unausweichlich zu unerwarteten und unerfreulichen Verwicklungen während des Unterrichts, z.B. wegen
- überfordernder Ziele
- einer unrealistischen Zeiteinteilung
- eines nur vage durchdachten Arbeitsauftrags
- eines fehlerhaften Arbeitsblatts
- Medienüberfrachtung

➔ **Eine ungeschickte Inszenierung des Entwurfs im Unterricht**

löst unweigerlich ungünstige Entwicklungen aus, von denen der Unterrichtende dann überrascht wird, obwohl er sie selbst verursacht hat; z.B. aufgrund:

- einer zu leisen oder zu lauten Stimme
- Unleserlichkeit oder Unübersichtlichkeit der Tafelanschrift
- eines ungenau gestellten Arbeitsauftrags
- irritierender Gestik und Mimik der Lehrkraft
- des Nichtaufgreifens von Schülerbeiträgen

Solche handwerklichen Schnitzer sind typische Novizen-Probleme angehender Lehrer/innen. Sie sind häufiges Thema bei Unterrichtsnachbesprechungen und werden im Laufe der Ausbildung zumeist behoben.

### ➔ Überraschungen aufgrund von Mängeln im Unterrichtskonzept

Nicht so leicht aufzudecken und ungleich schwerer zu beheben sind Mängel im Konzept, die erst beim Unterrichten offenbart werden. Solche konzeptionellen Schwächen treffen nicht nur angehende Lehrer, sondern schlagen auch auf den Unterricht berufserfahrener Lehrkräfte durch. Nicht wenige Unterrichtskonzepte, für die in der schulpädagogischen und fachdidaktischen Literatur geworben wird, haben Schwachstellen, die einer erfolgreichen Umsetzung entgegenstehen; z.B.:

- Beim Schriftspracherwerb nach dem Ansatz *Lesen-Durch-Schreiben* ist die Anlauttabelle für Migrantenkinder mit nicht-deutschsprachigem Hintergrund meist verwirrend und letztlich nutzlos (vgl. Brinkmann & Kuhle 1998).
- Schülerexperimente im naturwissenschaftlichen Unterricht sollen selbstständiges Problemlösen fördern, müssen aber mit so strikten Vorgaben konzipiert und vorbereitet werden, dass die Selbstständigkeit zwangsläufig auf der Strecke bleibt (vgl. Mühlhausen 2011).
- Wagenscheins auf dem Papier überzeugende *genetisch-sokratisch-exemplarische Methode* setzt Bedingungen voraus, die im Schulalltag in der Regel nicht gegeben sind (vgl. Engelbrecht 2003).
- Im fremdsprachlichen Unterricht ist das Ziel 'Vermittlung von Grammatikregeln' schwer zu vereinbaren mit dem Ziel 'Förderung kommunikativer Kompetenz' – auch wenn einige fachdidaktische Konzepte Gegenteiliges versprechen (vgl. Mühlhausen 2011).

### ➔ Überraschungen aufgrund von fünf unvermeidlichen Friktionen

Auch berufserfahrene Lehrer sind gelegentlich mit Überraschungen konfrontiert, die sie trotz bewährtem Konzept, gründlicher Vorbereitung und geschickter Inszenierung nicht vorhersehen und erst recht nicht vermeiden konnten. Fünf unvermeidliche Friktionen garantieren, dass Unterricht nicht reibungslos verläuft (ausführlicher dazu Mühlhausen 2014, Kapitel 4; 97f.):

**\* Friktionen aufgrund von Zielirritationen**

Unterricht soll unterrichtsfachliche und fachübergreifende Ziele in Hinblick auf ganz verschiedene Ebenen und Dimensionen anstreben. Diese Vielfalt von Zielen lässt sich nicht immer harmonisch miteinander vereinbaren; vielmehr müssen Lehrer divergierende Anforderungen berücksichtigen, die sich ganz plötzlich ergeben. Eine latente Zielkonkurrenz kann während des Unterrichts aufgrund eines unerwarteten Anlasses entstehen (ein Streit zwischen Schülern; eine unerwartete Assoziation). Dann muss ein/e Lehrer/in blitzschnell entscheiden, welches Ziel Priorität hat. Diese situativ aufspringende Zielkonkurrenz ist nicht selten verbunden mit Auslegungsunsicherheit, denn in der Unterrichtssituation kann es schwierig sein auszuloten, welches Potenzial das Verfolgen der einen oder anderen Zielperspektive bietet.

**\* Friktionen aufgrund von Missverständnissen in der Kommunikation**

Unterricht ist besonders anfällig für Missverständnisse. Nicht nur Schülern, sondern gelegentlich auch Lehrern misslingt es, eigene Gedanken verständlich auszudrücken und Äußerungen Anderer so zu interpretieren, wie vom Sprecher gewünscht. Das Ausräumen von Missverständnissen ist mühsam und beansprucht unvorhergesehen einen erheblichen Teil der Unterrichtszeit.

**\* Friktionen aufgrund der ‚Sperrigkeit' von Schülern**

Sperrigkeit äußert sich zum Einen als Reaktanz von Schülern gegenüber unvermittelten, nicht nachvollziehbaren Anforderungen. Schüler haben einen eigenen Willen und sind durchaus nicht immer bereit, sich bilden (also verändern) zu lassen. Sie verweigern sich – mal subversiv, mal mit gezielter Konfrontation. Günstigenfalls verlangen sie nachvollziehbare Begründungen, warum sie bestimmte Inhalte in festgelegter Weise lernen sollen. Gelegentlich wollen sie darüber mitbestimmen, ob und wie sie erzogen und gebildet werden – und vor allem wie nicht.

Zum Anderen äußert sich die Sperrigkeit der Lernenden aufgrund von nicht ‚anschlussfähigen' Denkgewohnheiten und Vorerfahrungen. Schüler haben zu vielen Unterrichtsthemen bereits eigene Sichtweisen. Darauf einzugehen, wäre für erfolgreichen Unterricht unabdingbar, weil – so eine didaktische Binsenweisheit – Vermittlungsbemühungen, die nicht an Vorhandenem anknüpfen, fruchtlos sind. Ein solches Anknüpfen an Denkgewohnheiten und Vorerfahrungen der Lernenden wird zwar in fast allen Didaktikkonzepten gefordert, fällt aber Lehrern aus verschiedenen Gründen schwer. Gelegentlich erweisen sich die Vorerfahrungen aus Lehrersicht als so unzulänglich, dass es Lehrern kaum möglich erscheint, sie aufzugreifen, ohne die Fortführung des Unterrichts zu gefährden. Die Varianz von Deutungsmustern und Meinungen innerhalb einer Klasse kann derart ausgeprägt sein, dass es mehrerer thematisch-methodischer Stränge bedürfte, auf sie einzugehen. Und manchmal ist es nicht einmal möglich, überhaupt herauszubekommen, was Schüler sich vorstellen, weil sie Schwierigkeiten haben, ihre Vorstellungen zu artikulieren (s. Friktion 2 „Missverständnisse in der unterrichtlichen Kommunikation").

### * Friktionen aufgrund der ‚Sperrigkeit' des Unterrichtsgegenstands

Lehrer/innen sind nicht immer die Experten für „ihr" Fach, die sie gern wären – oder für die sie sich halten. Ihr fachliches Wissen ist lückenhaft und nach der Ausbildung auch bald überholt. Ihr eigenes Studium liegt z.T. lange zurück, dort haben sie den sog. Stand der Wissenschaft allenfalls exemplarisch gestreift. Und Wissenschaft schreitet fort, verändert ihre Theorien. Wissenschaftler sind sich innerhalb ihrer Disziplin durchaus nicht immer einig. Entsprechend gibt es bei einigen Unterrichtsgegenständen auch keine allgemein akzeptierten Lösungen.

### * Friktionen aufgrund einer ‚Sperrigkeit' des Unterrichtenden gegen seine Instrumentalisierung

Lehrer/innen sind nicht immer ‚Herr bzw. Frau des Geschehens', sondern haben zeitweise arge Probleme damit, die während des Unterrichts entstehende, schwer durchschaubare Gemengelage im Blick und erst recht im Griff zu behalten. Sie sind nicht immer gut vorbereitet, sondern treten mit ‚Mut zur Lücke' an. Sie kommen häufiger als ihnen lieb ist an die Grenzen ihrer Belastbarkeit. Sie sind durch die Gleichzeitigkeit von Ereignissen überfordert, haben schlechte Laune – kurz: Sie stehen sich selbst im Weg.

Die vier idealtypisch gut unterscheidbaren Auslöser für unstetige Entwicklungen können in einem Unterrichtsverlauf so ineinander greifen, dass ein einzelner Auslöser nicht eindeutig als ursächlich für eine unstetige Entwicklung identifiziert werden kann. Mängel im Entwurf und Inszenierungsschnitzer bei der Umsetzung sind für erfahrene Ausbilder leicht zu erkennen und können in der Ausbildung so angesprochen werden, dass es den meisten Berufsanfängern nach und nach gelingt, sie zu vermeiden. Unstetige Entwicklungen, die aus Schwächen im Konzept resultieren, sind weniger offensichtlich und können während des Unterrichts ungleich schwerer aufgefangen werden. Verhindert werden können sie nur durch Änderungen im Konzept oder — falls das nicht gelingt — durch einen zukünftigen Verzicht auf das Konzept. Die fünf unvermeidbaren Friktionen begleiten Lehrer/innen ihr Berufsleben lang, sind schwierig zu handhaben und provozieren die unterschiedlichsten Reaktionstendenzen.

## 5.2 Umgehen mit Unstetigkeit – Reaktionstendenzen von Lehrkräften

Überraschende Ereignisse erfordern vom Lehrer, blitzschnell zu überlegen, wie auf ein unerwartetes Ereignis einzugehen ist, ohne dabei die Ausgangsplanung aus dem Blick zu verlieren: Ist sie trotz erforderlicher Abweichungen in ihren Grundzügen noch umsetzbar? Oder ist das nicht erstrebenswert, weil die unerwartete Entwicklung ein Anzeichen dafür ist, den Ausgangsplan besser aufzugeben?

Wie Lehrer/innen in *unstetigen* Unterrichtsituationen reagieren, ist in der erziehungswissenschaftlichen Forschung ein randständiges Thema. Forschungsbefunde hierzu gibt es nur wenige, sie basieren auf kleinen Fallzahlen und kommen zu widersprüchlichen Ergebnissen (s. Abb. 5 und Mühlhausen 2016, Kap. 5). Einige Studien resümieren, Lehrer/innen würden auf unerwartete Ereignisse pädagogisch angemessen reagieren: Sie entwickeln eine Sensibilität für die Befindlichkeit ihrer Schüler und handeln intuitiv richtig. Sie stellen Rückfragen, um Zeit zum Überlegen zu gewinnen. Sie bauen unerwartete Fragen und Ideen von Schülerseite geschickt in ihr ursprüngliches Vorhaben ein. Sie reagieren auf Provokationen und Streiche schlagfertig. Sie können im Unterricht plötzlich mit «implizitem Wissen» ein Verständnisproblem von Schülern ausräumen, hätten ihr Vorgehen aber – vor dem Unterricht befragt – nicht erläutern können. Dagegen heben andere Studien hervor, Lehrer würden in Situationen, die ihrer Vorplanung zuwider laufen, generell fragwürdig agieren. Je nach Studie werden andere defizitäre Reaktionsmuster als typisch herausgestellt: Lehrer folgen ihren naiven subjektiven Theorien, spulen schematisch Routinen ab, agieren wütend-impulsiv, leben Vorurteile aus, verstoßen gegen ihre pädagogischen Prinzipien oder verwickeln sich in Entscheidungsdilemmata, die sie handlungsunfähig machen.

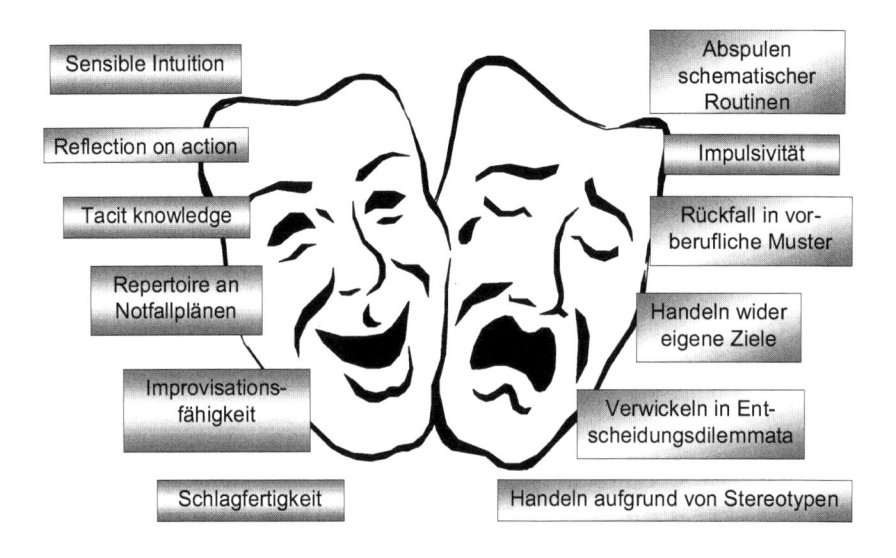

**Abb. 5:** Lehrerreaktionen in unstetigen Situationen – Kontroverse Forschungsbefunde

Die auf den ersten Blick plausible Annahme, mit längerer Berufstätigkeit fiele es leichter, in unstetigen Situationen flexibel vom Geplanten abzuweichen (z.B. Neuweg 2007), kann nicht verallgemeinert werden. Unter ungünstigen Bedingungen bewirkt langjähriges Unterrichten eine *deformation professionelle*, die Routinen und Stereotype 'kultiviert' (was schon Herbart als Schlendrian eines 90jährigen Dorfschulmeister-Daseins karikiert hat). Diese Ambivalenz korrespondiert mit Ergebnissen psychologischer Forschung:

➤ Einerseits verweist die Psychotherapie-Forschung darauf, dass Menschen gelegentlich von ihren Emotionen so in Anspruch genommen sind, dass sie gegen eigene Prinzipien verstoßen (z.B. ein Wutausbruch nach einer Beleidigung). Solche "*impliziten Emotionsreaktionen*" (Grawe 2000) laufen unwillkürlich ab. Man kann sie selbst dann nicht vermeiden, wenn man von sich weiß, in welchen Situationen man zu unangebrachten Reaktionen neigt. Zwar sei das Wissen um das eigene Reagieren als Kognition präsent, aber der erlernte Auslöser im „impliziten emotionalen Gedächtnis" sei einer bewussten Kontrolle nicht zugänglich. Daher gelänge es nicht, Auslöser und Reaktionstendenz mit Hilfe von Supervisionsmethoden ('darüber sprechen', 'sich dessen bewußt werden, darüber reflektieren') zu entkoppeln.

➤ Andererseits hat die These von Miller, Galanter und Pribram (1960), dass Menschen auch beim Handeln planen, in psychologische Handlungstheorien Eingang gefunden. Insbesondere Überraschungen veranlassen zum Nachdenken darüber, wie man die Diskrepanz zwischen einer antizipierten Situation und dem unerwarteten Ereignis verringern kann.

Lehrer/innen sind demnach nicht zwangsläufig ihren unbewussten Antriebskräften ausgeliefert, wenn sie vom vorgeplanten Unterrichtsarrangement abweichen müssen. Professionelles Lehrerhandeln kann und sollte sich gerade dann durch überlegte, also *planvolle* Reaktionen auszeichnen.

## 5.3 Situative Planungsfähigkeit – Kernkompetenz für erfolgreichen Unterricht

Diese Fähigkeit zur *Stegreifplanung* ermöglicht es, auf unstetige Situationen pädagogisch angemessen einzugehen, ohne das vorab geplante Vorhaben aus den Augen zu verlieren. Dabei kann ein Abwägen möglicher Vorgehensweisen auch dazu führen, dass der ursprüngliche Plan zugunsten eines aus dem Stand entwickelten Plans B aufgegeben wird. Im Idealfall greifen vier Reaktionsweisen ineinander (ausf. in Mühlhausen 2014).

* **Strategien des Zeitgewinnens** entschleunigen das Geschehen, um über Handlungsoptionen nachdenken zu können (Schön 1983).
* **Improvisationsfähigkeit** zeichnet sich dadurch aus, eine ungewöhnliche Überraschung aufzugreifen und mit dem vorgeplanten Ablauf in Beziehung zu setzen (Muth 1962).
* Mit einem **Repertoire an 'Reserveplänen'** kann man auf häufig wiederkehrende Anforderungen variantenreich reagieren. Dazu gehören Vorsätze (‚Wenn X passiert, dann mache ich Y'), z.B. wenn Schüler zu spät kommen, die Arbeit verweigern oder Hausaufgaben vergessen haben. Auch Erklärungsalternativen für unverstandene Arbeitsaufträge oder Vermeidungs-Imperative gegen Aussprache-Fehler oder ungünstige Routinen (Lehrerecho) gehören dazu.
* Mit **Schlagfertigkeit** gelingt es, auf tatsächliche oder vermeintliche Provokationen gewitzt zu reagieren und dabei Frau/Herr der Lage zu bleiben. Anders als beim Improvisieren wird die Situation nicht thematisch 'eingebaut', sondern ist mit der schlagfertigen Antwort abgehakt. Schlagfertigkeit von Lehrerseite darf Schüler nicht beleidigen oder herabwürdigen. Das unterscheidet sie von Ironie oder Sarkasmus, die beide meist auf Kosten von Schülern gehen.

In welcher Weise Versuche zur Bewältigung unerwarteter Situationen Einfluss nehmen können auf die Umsetzung eines vorab geplanten Unterrichtsarrangements, wird beispielhaft anhand von sechs Vorhaben analysiert.

# 6 Das Analyse-Konzept für die sechs Studien

Ob es im Unterricht gelingt, Schüler/innen zu einem erfolgreichen aktiven oder rezipierenden Lernen anzuregen, kann nicht allein aus der vorab angestrebten unterrichtsmethodischen Ausrichtung erschlossen werden, sondern ist anhand einer Analyse der unterrichtlichen Inszenierung des zugrunde gelegten Konzepts zu ermitteln.

Das wird am Beispiel von sechs Unterrichtsvorhaben, die hier erstmals als multimediale Dokumente in der Reihe *Hannoveraner Unterrichtsbilder* (HUB) veröffentlicht sind, in den Kapiteln 7 bis 12 untersucht [1]:

Kapitel 7  Gymnasium 5. Klasse – Biologie "Das Skelett des Menschen" (HUB 50)

Kapitel 8  Gymnasium 5. Klasse – Geschichte "Gesellschaft im alten Ägypten" (HUB 51)

Kapitel 9  IGS 8. Klasse – Mathematik "Altindischer Beweis zum Pythagoras-Satz" (HUB 52)

Kapitel 10 IGS 6. Klasse – Physik "Elektrospaß" (HUB 53)

Kapitel 11 IGS 5. Klasse – Biologie "Auswertung von Versuchen mit Bohnensamen" (HUB 55)

Kapitel 12 Gymnasium 6. Klasse – Englisch "Steigerung von Adjektiven" (HUB 56)

Das Vorgehen bei dieser Untersuchung knüpft an die Unterrichtsanalysen an, die im Doppelband "Schüleraktivierung im Schulalltag" am Beispiel von jeweils 10 Unterrichtsvorhaben aus dem Primarunterricht (Mühlhausen 2008) bzw. dem Sekundarunterricht (Mühlhausen 2011) publiziert sind.

Im vorliegenden Band werden die sechs o.a. Unterrichtsvorhaben zunächst daraufhin untersucht, wie das Verhältnis der beiden unterrichtsmethodischen Archetypen in der Planungsperspektive von Seiten der Lehrkraft konzipiert wurde (siehe Abschnitt 6.1): Welche Bedeutung wurde bei der Anlage des Unterrichts (d.h. im Entwurfsstadium) einem aktiven bzw. einem rezipieren-

---

[1] Die multimedialen Unterrichtsdokumentationen basieren auf Videoaufzeichnungen und Unterrichtsdokumenten, die an der Leibniz Universität Hannover im Rahmen von Masterarbeiten (Lehramt Gymnasium) in den Jahren 2012 bis 2016 zusammengestellt worden sind.

den Lernen zugemessen? Wenn beide unterrichtsmethodischen Archetypen zum Zug kommen, ergibt sich die Frage in welchem 'Mischverhältnis' sie stehen? Kann eine *Leitmethode* ausgemacht werden, die in dem Unterrichtsvorhaben dominiert und für der andere unterrichtsmethodische Archetyp eine Art Zubringerdienst leistet? Aufschluss über die methodische Ausrichtung geben der geplante Ablauf, die intendierten Zielen sowie die eingesetzten Medien und Materialien. Aus diesen Dokumenten kann erschlossen werden, in welchem Verhältnis aktives und rezipierendes Lernen in der Planung vorgesehen ist.

In einem zweiten Schritt (siehe Abschnitt 6.2) wird untersucht, was passiert, wenn diese didaktischen Konstruktionen im Unterricht umgesetzt werden. Gelingt es dem Lehrer/der Lehrerin dann, die in der didaktischen Konstruktion vorgesehene methodische Ausrichtung zur Geltung zu bringen oder ergeben sich Veränderungen, die auch Rückwirkungen auf die ursprünglich vorgesehene methodische Ausrichtung haben? Für die Analyse der Inszenierung der didaktischen Konstruktion sind die Videoszenen, Wortprotokolle sowie die im Unterricht entstandenen Ergebnisse heranzuziehen. Zu prüfen ist, ob der Unterricht wie geplant umgesetzt werden konnte und ob die gewünschten Resultate erzielt wurden. Besonderes Augenmerk ist dabei auf unerwartete Ereignisse zu legen: In welcher Weise nehmen sie Einfluss auf die Umsetzung? Tragen sie dazu bei, dass mal weniger, mal mehr vom intendierten Verlauf abgewichen werden muss? Anhand der in Kapitel 5 vorgestellten Analysekriterien ist zu prüfen, was das unerwartete Ereignisse jeweils ausgelöst hat, welche Friktionen dabei vermutlich durchschlagen und wie es dem Lehrer bzw. der Lehrerin gelingt, die Situation zu bewältigen.

Bei dieser aufwändigen zweischrittigen Unterrichtsanalyse kann auf eine umfassende multimediale Unterrichtsdokumentation in Gestalt der Hannoveraner Unterrichtsbilder (HUB) zurückgegriffen werden. Jedes HUB dokumentiert eine abgeschlossene Unterrichtsepisode (meist eine Einzel- oder Doppelstunde) in ihren Entwicklungsstadien. Aus einem einheitlichen Menü können Unterrichtsdokumente zu vier Stadien aufgerufen werden (s. Tab. 6). Gegenüber 'nackten' Unterrichtsvideos hat diese multimediale Unterrichtsdokumentation vier Vorzüge, die für die hier angestrebte Analyse essentiell sind:

1. Nachvollzogen werden kann, welche Vorgaben und Intentionen den Unterrichtenden veranlasst haben, seinen Unterricht so anzulegen (z. B. Lehrplan, fachdidaktischer Ansatz oder zugrunde gelegtes Unterrichtswerk).

2. Beurteilt werden kann die Qualität eingesetzter Arbeitsblätter, Schulbuchtexte, Overheadfolien, Versuchsskizzen, um z. B. Ursachen für Schülerprobleme mit Arbeitsaufträgen richtig einzuschätzen.

3. Mit den zu den Videoszenen einblendeten Wortprotokollen können Unterrichtsgespräche im Detail nachvollzogen werden, die im Video nur in flüchtiger Form und oft in ungünstiger Tonqualität vorliegen und bestenfalls nach mehrfachem Abspielen zu verstehen sind.

4. Eingeschätzt werden kann der Lernzuwachs der Schüler anhand der dokumentierten Ergebnisse.

| **Stadium 1:** Worauf basiert der Unterricht? | **Didaktisches Konzept:** z.B. Lehrplanvorgaben, Schulbuchanregungen, zugrunde gelegter fachdidaktischer Ansatz, leitende pädagogische Ideen |
|---|---|
| **Stadium 2:** Wie wurde der Unterricht geplant? | **Unterrichtsentwurf** einschl. aller eingesetzten Medien (Arbeitsblätter, Buchauszüge, Folien, Lieder, Fotos) |
| **Stadium 3:** Wie ist der Unterricht abgelaufen? | **Unterrichtsverlauf** in Videoszenen mit detailgetreuen Wortprotokollen |
| **Stadium 4:** Welche Resultate hat der Unterricht? | **Schülerarbeiten** (z.B. schriftl. Ergebnisse, Zeichnungen); unmittelbar nach dem Unterricht erfragte **Einschätzungen** von Lehrern und Schülern |

**Tab. 6:** Aufbau der Hannoveraner Unterrichtsbilder

## 6.1 Analysekriterien zur Untersuchung der didaktischen Konstruktion

Schwerpunkt dieses ersten Analyseschritts ist die Klärung der Frage, welche unterrichtsmethodische Ausrichtung bei der Planung vorgesehen wurde. Das erfordert eine Untersuchung des Unterrichtsentwurfs in Hinblick darauf, welche Alleinstellungsmerkmale bei diesem Vorhaben im Vordergrund stehen (s. Abb. 3, S. 58):

→ Sofern der Unterricht *vorrangig aktives Lernen* zu befördern beansprucht, dominieren die beiden Alleinstellungsmerkmalen A1 und A2:

A1 Schüler/innen lernen aktiv-produktiv, suchen Lösungen, ringen um Einsichten auf eigenen Lernwegen in selbst bestimmtem Tempo, ‚konstruieren' eigene Ergebnisse.

A2 Die Lehrkraft ist zurückhaltend, reagiert und vermeidet dabei eine inhaltliche Lenkung und jegliche Bewertungen; sie lässt Umwege, selbst Irrwege zu.

➔ Sofern der Unterricht *vorrangig rezipierendes Lernen* zu befördern beansprucht, dominieren die beiden Alleinstellungsmerkmalen R1 und R2:

R1 D. Lehrer/in macht verbindliche inhaltliche Vorgaben mittels Information bzw. Instruktion.

R2 Schüler nehmen Wissen rezipierend auf, imitieren, üben und reproduzieren. Irrwege und Umwege sind ungünstig. Korrekturen und Bewertungen erfolgen unmittelbar.

Besonders deutlich wird die unterrichtsmethodische Ausrichtung anhand der Lehrziele – speziell dann, wenn für die Ziele Prioritäten angegeben sind.

➔ *Aktives Lernen* ist ergebnisoffen, d.h.
* Ergebnisse werden selbstständig erarbeitet;
* Arbeitswege sind nicht genau vorgegeben;
* Ergebnisse entsprechen nicht unbedingt bestimmten Vorgaben und unterscheiden sich u.U. voneinander.

Vorrang haben fächerübergreifende prozessuale Ziele, wie z.B.:
* eigenständiges Problemlösen
* selbstständige Lerntechniken
* mit Anderen zusammenarbeiten
* Problemsichten Anderer würdigen
* exploratives und kreatives Arbeiten

➔ *Rezipierendes Lernen* ist ergebnisdeterminiert, d.h.
* die Aufgabe/Darbietung nimmt das Ergebnis vorweg
* der Lernweg ist weitgehend vorgegeben
* das Ergebnis entspricht genau definierten Vorstellungen

Vorrang haben fachbezogene, inhaltlich-materiale Ziele, wie z.B.:
* pragmatische Fertigkeiten
* spezielle Kenntnisse und substantielles Wissen
* automatisierte Fähigkeiten wie Schreiben, Lesen, Kopfrechnen, (fremd-)sprachliche Artikulation

Ungünstiger Weise tendieren Lehrer/innen mit zunehmender Berufserfahrung dazu, ihre Lehrziele nicht mehr so präzise anzugeben, wie das in der Ausbildung vermittelt wurde und wie es für eine Zielanalyse wünschenswert wäre. Auch zu den sechs hier analysierten Unterrichtsvorhaben liegen nur in Ausnahmefällen ausführlichere Entwürfe vor. Überwiegend wurde die grobe Unterrichtsplanung in einer knappen Skizze zusammengefasst oder bloß vor dem Unterricht mitgeteilt. Falls überhaupt mehrere Ziele angeben wurden, wurden sie ohne Priorisierung aufgelistet. Anhand solcher knappen Lehrzielangaben allein ist es nicht möglich zu ermitteln, ob der Unterricht eher auf fachübergreifende Ziele oder auf fachliche Ziele ausgerichtet ist. In diesen Fällen werden die mutmaßlichen Ziele auch anhand der anderen Angaben im Entwurf sowie anhand der zum Einsatz vorgesehenen Materialien rekonstruiert.

## 6.2 Analysekriterien zur Untersuchung der Umsetzung im Unterricht

Anhand der Videoszenen und Wortprotokolle ist der tatsächliche Unterrichtsablauf daraufhin durchzugehen, welche unerwarteten Ereignisse die Inszenierung beeinflusst haben, wodurch diese Ereignisse ausgelöst worden sind und in welcher Weise der Lehrer bzw. der Lehrerin darauf reagiert hat (s. Abb. 6 auf der folgenden Seite):

## Auf unerwartete Entwicklungen .....

... ausgelöst durch

☺ Mängel im Entwurf

☺ Inszenierungsschnitzer

☺ verborgene Schwächen im Konzept

☺ unvermeidbare Friktionen aufgrund

* von Zielirritationen
* von Missverständnissen in der Kommunikation
* der ‚Sperrigkeit' von Schülern
* der ‚Sperrigkeit' des Unterrichtsgegenstands
* der ‚Sperrigkeit' des Unterrichtenden

## .... reagiert d. überraschte Lehrer/in

| mit fragwürdigen Bewältigungsversuchen | durchdacht und situationsangemessen |
|---|---|
| - schematisch-routinehafte Reaktionen | - intuitiv die Besonderheit einer Situation/ Schülerbefindlichkeit berücksichtigen |
| - unkontrollierte emotionale Ausbrüche | - auf implizite Wissensbestände zurückgreifen (tacit knowledge) |
| - vorprofessionelle Bewältigungsmuster | |
| - Handeln entgegen eigene Leitziele | - Nutzen von Entschleunigungstechniken, um über Reaktionsmöglichkeiten nachzudenken |
| - handlungsunfähig, weil verwickelt in Zielkonflikte und Entscheidungsdilemmata | |
| | - Rückgriff auf Reservepläne |
| - aufgrund stereotyper Zuschreibungen | - mit Improvisationen |
| | - mit schlagfertigen Antworten |

Abb. 6: Kriterien zur Analyse unstetiger Unterrichtssituationen

## 6.3 Berücksichtigung der gegensätzlichen Empfehlungen zur Unterrichtsgestaltung

Sowohl die didaktische Konstruktion als auch der videografierte Unterricht sind daraufhin zu überprüfen, ob die jeweils gegensätzlichen(!) Empfehlungen zur Unterrichtsgestaltung (s. Tabelle 5, S. 56) vom Lehrer bzw. der Lehrerin beachtet werden:

➔ Eine Förderung *aktiven Lernens* zeichnet sich durch folgende Merkmale aus:
  * eine 'weite' Aufgabenstellung wird vorgegeben;
  * die zur Klärung/Lösung notwendigen Informationen werden von den Schülern beschafft;
  * die Schüler erhalten Gelegenheit, verschiedene Vorgehensweisen auszuprobieren und auf ihre Eignung für die Problemlösung zu prüfen;
  * d. Lehrer/in gibt keine Empfehlung für einen bestimmten Lernweg und keine inhaltlichen Impulse;
  * d. Lehrer/in vermeidet eine Lenkung und lässt Umwege, selbst Irrwege zu;
  * d. Lehrer/in gibt während der Erarbeitung kein Feedback; Lob oder Kritik werden vermieden, Fehler nicht korrigiert;
  * unterschiedliche Ergebnisse werden akzeptiert (z.B. mehrere Erklärungen für ein verblüffendes Chemieexperiment) oder sind sogar ausdrücklich erwünscht (z.B. bei einer Gedichtinterpretation oder der Deutung eines Quellentextes).

➔ Eine Förderung *rezipierenden Lernens* zeichnet sich durch folgende Merkmale aus:
  * der Lernweg wird anfangs als 'roter Faden' vorgezeichnet, so dass die Schüler/innen sich an einer klaren Struktur orientieren können;
  * Sachverhalte werden verständlich erklärt, Informationen nachvollziehbar vermittelt und Vorgehensweisen im Detail vorgemacht;
  * d. Lehrer/in macht verbindliche Vorgaben zum Vorgehen und kontrolliert deren Einhaltung;
  * d. Lehrer/in gibt ein unmittelbares Feedback, d.h. lobt bzw. kritisiert, verbessert Fehler sofort und bestätigt richtige Beiträge;
  * d. Lehrer/in achtet darauf, dass am Ende ein einheitliches, von allen Schülern nachvollzogenes Ergebnis erzielt wird.

## 6.4 Aufruf und Aufbau der sechs Hannoveraner Unterrichtsbilder

Die in den Kapiteln 7 bis 12 vorgestellten und analysierten Hannoveraner Unterrichtsbilder können nach einer Registrierung mit dem Buch-Code (auf dem Etikett in der Innenseite des Buchumschlags) online in aktuellen Webbrowsern (z.B. Mozilla Firefox, Internet Explorer) aufgerufen werden:

www.um.hanub.de

Zunächst erscheint eine Nutzungsvereinbarung mit Hinweisen zum Nutzungsrahmen, Copyright, Datenschutz, Haftungsausschluss sowie der folgenden Selbstverpflichtung:

---

**Konstruktive Kritik statt Beckmesserei**

Da den Betrachtern dieser Videos die unterrichtenden Lehrkräfte nicht bekannt sind, können sie sich mit dem Unterricht in kritischer Distanz und ohne falsch verstandene Rücksichtnahme auseinandersetzen. Sie sollten dabei jedoch anerkennen, dass die aufgenommenen Lehrer/innen und Schüler/innen ihren Unterricht für fremde Blicke geöffnet haben. Respektieren Sie diesen Mut, der keinesfalls selbstverständlich ist! Vermeiden Sie Häme und Besserwisserei! Tragen Sie als Dozent/in dazu bei, solchen Affekten bei der Besprechung im Seminar entgegen zu wirken.

Äußern Sie konstruktive Kritik in fairer Weise im Sinne des abgewandelten Prinzip von Kant:

*"Kritisiere so, wie Du selbst von anderen kritisiert werden möchtest."*

---

Nach Bestätigung der Nutzungsbedingungen erscheint das Start-Menü (siehe Abb. 7), von dem aus nach einer einmaligen Registrierung (Menü "Registrierung") die sechs Hannoveraner Unterrichtsbilder auf einer gesicherten Webseite abrufbar sind. Im Registrierungsformular (siehe Abb. 8, S. 78) füllen Sie fünf Felder aus und erhalten dann nach dem Abschicken unverzüglich Ihre Zugangsdaten per E-Mail.

Das Start-Menü enthält darüber hinaus Informationen zur Entwicklungsgeschichte der Hannoveraner Unterrichtsbilder, zum HUB-Konzept sowie einen Link zu einer ständig aktualisierten PDF-Datei mit ausführlichen Angaben zu den einzelnen Hannoveraner Unterrichtsbildern.

## 6 DAS ANALYSE-KONZEPT

Das Recht zur Nutzung der sechs Hannoveraner Unterrichtsbilder hat nur die Person des Lizenznehmers – ausgewiesen durch den Buchcode. Anderweitige Nutzungsarten bedürfen einer ausdrücklichen schriftlichen Genehmigung seitens des Autors.

**Abb. 7:** Startmenü für die sechs Unterrichtsbilder

### Eine Alternative: Erwerb einer DVD mit den sechs HUB

Da inzwischen Endgeräte wie Tablets oder Ultrabooks ohne DVD-Laufwerk zunehmend verbreitet sind, haben sich Verlag und Autor darauf verständigt, diesem Band – anders als bei den bislang erschienenen Büchern mit Hannoveraner Unterrichtsbildern und Web-basierten Unterrichtsanalysen – keine Begleit-DVD beizulegen.

Käufer dieses Buches haben aber die Möglichkeit, eine 8,5 GB DVD zu erwerben, von der die sechs Unterrichtsbilder genauso aufgerufen werden können, wie in der online-Version. Zur Bestellung nutzen Sie bitte das Kontaktformular im Menü "Kontakt" für Ihre Anfrage.

**Registrierung zum online-Aufruf der sechs Hannoveraner Unterrichtsbilder zum Band**

**"Unterrichtsmethoden im Widerstreit" 2017**

| | |
|---|---|
| Um Ihren persönlichen online-Zugang zu den Hannoveraner Unterrichtsbildern 50, 51, 52, 53, 55 und 56 zu erhalten, melden Sie sich bitte hier an. ||
| Nachname: | |
| Vorname: | |
| Institution: | |
| E-Mail-Adresse: | |
| Buchcode (siehe das Etikett auf Seite 2 im Buch): | |
| Abschicken ||
| Nach der Anmeldung erhalten Sie die Zugangsdaten per E-Mail. ||

**Abb. 8:** Registrierungsformular zum online-Abruf der Unterrichtsbilder

Nach der Registrierung können die sechs Hannoveraner Unterrichtsbilder mit den per E-Mail verschickten Zugangsdaten aufgerufen werden (s. Abb. 9).

## 6 DAS ANALYSE-KONZEPT

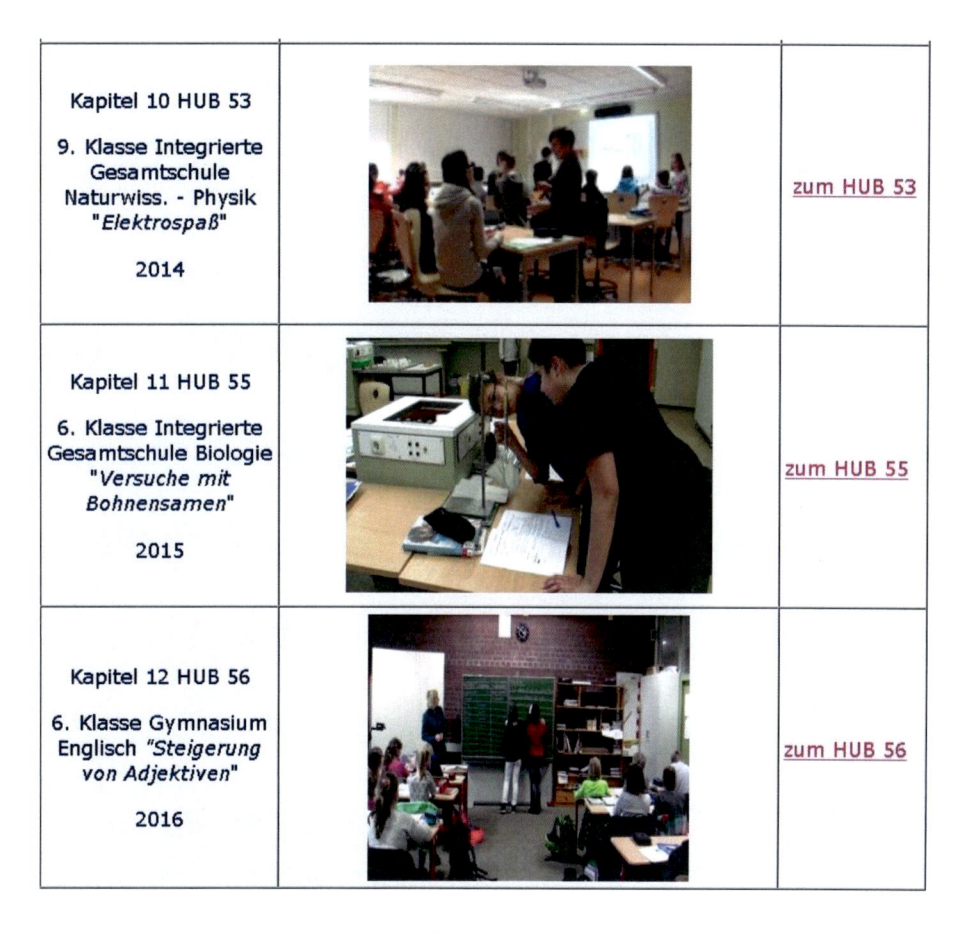

| | | |
|---|---|---|
| Kapitel 10 HUB 53<br><br>9. Klasse Integrierte Gesamtschule Naturwiss. - Physik *"Elektrospaß"*<br><br>2014 | | zum HUB 53 |
| Kapitel 11 HUB 55<br><br>6. Klasse Integrierte Gesamtschule Biologie *"Versuche mit Bohnensamen"*<br><br>2015 | | zum HUB 55 |
| Kapitel 12 HUB 56<br><br>6. Klasse Gymnasium Englisch *"Steigerung von Adjektiven"*<br><br>2016 | | zum HUB 56 |

**Abb. 9:** Menü zum Aufruf der sechs Unterrichtsbilder (unterer Teil)

Nach Aufruf eines Hannoveraner Unterrichtsbilds gibt die jeweilige HUB-Startseite einen Überblick über das Unterrichtsvorhaben; die Menü-Punkte am linken Rand führen zu den Dokumentationsbereichen mit den einzelnen Unterrichtsdokumenten (s. Abb. 10).

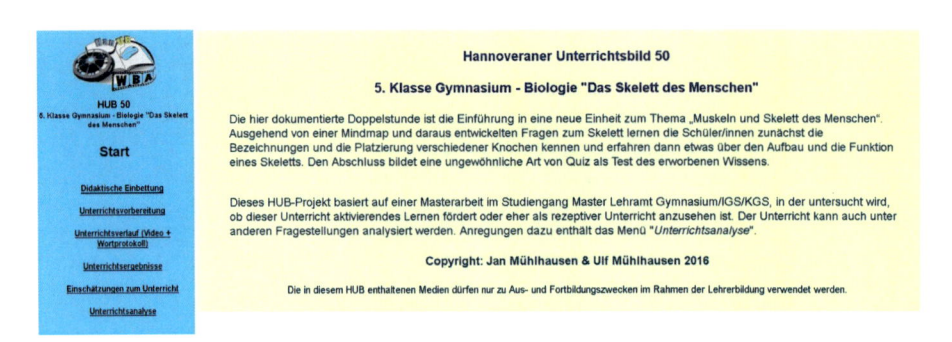

**Abb. 10:** Das HUB-Menü am Beispiel von HUB 50

So erreicht man z.B. im Dokumentationsbereich "Unterrichtsverlauf (Video- und Wortprotokoll)" das Untermenü, in dem die einzelnen Videoszenen mit zugehörigem Wortprotokoll betrachtet werden können (s. Abb. 11).

**Abb. 11:** Menü *Unterrichtsverlauf* mit tabellarischer Übersicht, Videoszenen und Wortprotokollen

Der oberste Menüpunkt "Die Szenen im Überblick" gibt eine tabellarische Übersicht über den Unterrichtsverlauf mit Kurzbeschreibungen zu den einzelnen Unterrichtsszenen, ihrer Dauer und der Länge der Videoszenen.

# 7 Gymnasium 5. Klasse – Biologie "Das Skelett des Menschen" (HUB 50) [11]

## 7.1 Kurzporträt des Unterrichtsvorhabens

Die Doppelstunde dient als Einführung in eine neue Einheit zum Thema *Muskeln und Skelett des Menschen*. Ausgehend von einer Mindmap und daraus entwickelten Fragen zum Skelett lernen die Schüler/innen zunächst die Bezeichnungen und die Platzierung verschiedener Knochen kennen und erfahren dann etwas über den Aufbau und die Funktion eines Skeletts. Den Abschluss bildet eine ungewöhnliche Art von Quiz als Test des erworbenen Wissens. Offensichtlich überwiegen bei dieser auf Wissensvermittlung ausgerichteten Anlage des Unterrichts rezipierende Formen des Lernens. Allerdings sind die dazu von der Lehrerin vorgesehenen Erarbeitungsformen eher ungewöhnlich und entsprechen nicht klassischen Vermittlungsmethoden. Zudem eröffnen zwei Abschnitte durch die Art der Aufgabenstellung für die Schüler/innen die Möglichkeit, den Unterricht mit eigenen Erfahrungen, Vermutungen und Fragen zum Thema zu ergänzen. Inwieweit dieses Potenzial zur Akzentuierung von den Schülern genutzt und von der Lehrerin zugelassen wird, ist Gegenstand der Analyse.

## 7.2 Geplanter Verlauf und intendierte Ziele für die Doppelstunde laut Entwurf

Die Lehrerin hat am Vorabend eine Verlaufsskizze angefertigt, in der sie von der Doppelstunde 75 bis maximal 80 Minuten für den von ihr geplanten Unterrichtsablauf vorgesehen hat (s. Tabelle 7). Die letzten 10 bis 15 Minuten sind für die schriftliche Schülerbefragung zum Unterricht sowie für ein Interview der Kamerafrau mit ihr reserviert.

---

[11] Die Aufzeichnung und Dokumentation dieses Unterrichtsvorhabens hat im Rahmen einer Masterarbeit (Studiengang Lehramt Gymnasium) Edda Bellmann vorgenommen.

| Dauer (Min.) | Inhalt |
|---|---|
| 2 | Begrüßung etc. |
| 3 | offener Einstieg in das Thema Skelett des Menschen: Folie mit Röntgenbild auflegen - Schüler äußern sich |
| 5 | Mindmap: Skelett und Muskeln des Menschen |
| 5 | Fragen zum Thema sammeln auf Folie. |
| 30 | Arbeitsphase: Arbeitsblätter werden erklärt und sollen dann in 2er oder 3er Gruppen bearbeitet werden. (Arbeitsblätter 1 und 2 mit einem Skelett von Mensch sowie von Hund und Katze; auf dem Lehrerpult liegen Zettel mit Knochennamen). Das Skelett soll beschriftet werden. Dabei sollen die Schüler bei jedem Knochen:<br>1. Überlegen, ob sie den Namen des Skelettteils kennen<br>2. Beim Lehrerpult nachsehen, ob er richtig ist<br>3. Am eigenen Körper prüfen, ob sie den Knochen fühlen können<br>4. Zum Skelett gehen und dort den Knochen ansehen<br>5. Wenn das gesamte Skelett beschriftet ist, sollen die Schüler sich gegenseitig je 7 Begriffe abfragen. Für jeden nicht gewussten Begriff sollen sie 5 Hoch-Streck-Sprünge machen. |
| 5-10 | Anhand von Folien von Knochenbrüchen werden Knochennamen des Menschen wiederholt und gefestigt. |
| 10 | Schultergürtel, Beckengürtel etc. werden farblich auf dem Skelett gekennzeichnet. |
| 5 | Tafelabschrieb. |
| 10 | Kleines Quiz zum Thema Knochen des Menschen. 3 Schüler schlagen die Lösung vor und schreiben sie an die Tafel, die anderen Schüler ordnen sich der nach ihrer Meinung richtigen Lösung an der Tafel zu. |

**Tab. 7:** *Das Skelett des Menschen* – Verlaufsplanung der Lehrerin

Als Lehrziele hat die Lehrerin in ihrer Entwurfsskizze angegeben:
1. Die Schüler sollen die einzelnen Knochen des menschlichen Skeletts benennen können.
2. Sie sollen die Funktion des menschlichen Skeletts (Haltung, Festigkeit, Schutz, Beweglichkeit) erkennen.
3. Das Interesse am Knochenaufbau soll geweckt werden.

Als Materialien sollen genutzt werden:
* Röntgenbilder mit verschiedenen Knochenabbildungen (s. Abb. 12)

# 7 Skelett des Menschen (HUB 50)

* zwei Arbeitsblätter (s. Abb. 13 und 14)
* diverse Zettel mit Bezeichnungen von Knochen
* ein Skelett-Modell in Originalgröße

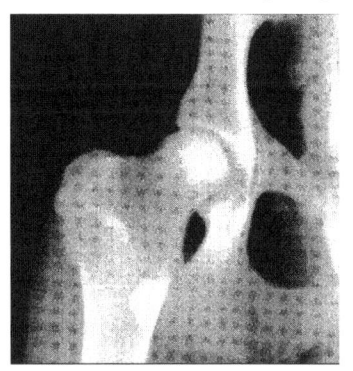

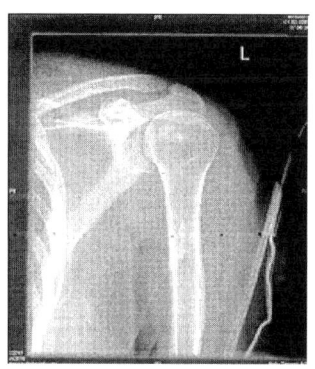

*Folie 1: Becken*  *Folie 2: intakte Schulter*

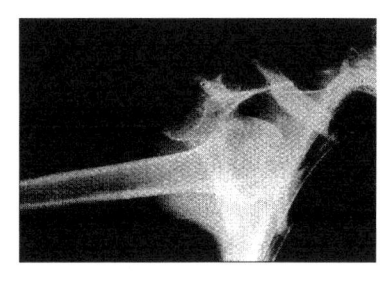

*Folie 3: ausgekugelte Schulter*  *Folie 4: Finger*

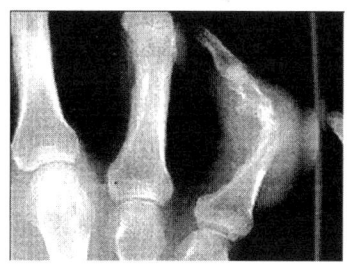

**Abb. 12:** *Das Skelett des Menschen* - Folien mit Röntgenbildern

**Das menschliche Skelett soll beschriftet werden.**

Dabei sollt ihr bei jedem Knochen (immer nur ein Knochen auf einmal!):

1. überlegen, ob ihr den Namen des Knochens kennt.
2. beim Lehrerpult nachsehen, ob der Name richtig ist. Den Namen eintragen.
3. beim eigenen Körper erfühlen, ob ihr den Knochen fühlen könnt.
4. Zum Skelett gehen und dort den Knochen ansehen.
5. Wenn das gesamte Skelett beschriftet ist sollt Ihr Euch gegenseitig abfragen: Beschriftung abdecken, gegenseitig abwechselnd abfragen. Für jeden nicht gewußten Begriff: 5 Hock-Streck-Sprünge. Je 7 Begriffe.

**Abb. 13:** *Das Skelett des Menschen* - Arbeitsblatt mit Arbeitsauftrag

## Das Skelett des Menschen

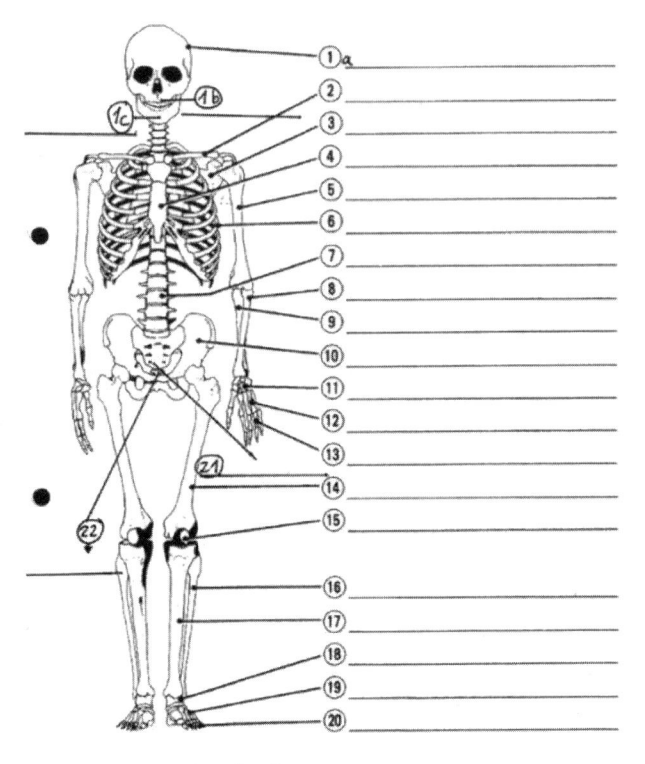

Benenne die Skelettteile des Menschen.

**Abb. 14:** *Das Skelett des Menschen* - Arbeitsblatt zur Beschriftung

## 7.3 Die unterrichtsmethodische Ausrichtung der Doppelstunde in der Planungsperspektive

In diesem Unterricht überwiegen rezipierende Formen des Lernens: Im Vordergrund steht die Erarbeitung von Fachwissen (Bezeichnungen, Schreibweise und Platzierungen verschiedener Knochen; Aufbau und Funktion eines Skeletts; Gemeinsamkeiten und Unterschiede zwischen dem Skelett vom Mensch, Hund und Katze). Die Aufgabenstellung und die genutzten Materialien sind auf genau vorbestimmte Ergebnisse ausgerichtet. Der Lernweg ist vorgegeben und lässt bei der Erarbeitung wenig Spielraum:

## 7 Skelett des Menschen (HUB 50)

Um den jeweils beschrifteten Knochen kennen zu lernen, erfühlen die Schüler ihn an ihrem eigenen Körper und schauen sich ihn danach am Skelett-Modell an. Dann widmen sie sich dem nächsten Knochen, etc.. Die SuS beschäftigen sich so in dreifacher Weise mit den Knochen. Anschließend vertiefen sie ihr erworbenes Wissen, indem sie die Knochen des menschlichen Skeletts mit denen von Hund und Katze vergleichen. Der Input wird nur durch die Arbeitsblätter und das Skelett-Modell gegeben, die Lehrerin hält sich in der Erarbeitungsphase zurück und gibt den SuS keine weiteren Informationen. Sie sollen die Knochennamen selbständig herausfinden. Ob sie sich geirrt haben, können sie anhand der auf dem Pult vorhandenen Lösung sofort feststellen und ggfs. korrigieren. Mithilfe dieser Selbstkontrolle sollen die SuS letztlich alle auf das gleiche, richtige Ergebnis (die Knochennamen) kommen. Ein mühsames Ringen um Erkenntnisse ist offensichtlich nicht vorgesehen – und wäre bei dieser Aufgabe auch nicht sinnvoll. Zwar kann es beim Erfühlen der eigenen Knochen Fehler geben, da man nicht alle Knochen ertasten kann und Verwechslungen möglich sind, die von der Lehrkraft oft unbemerkt bleiben dürften. Solche Fehler sind aber keine erwünschten Irrwege.

Eine methodische Besonderheit ist die Art der Vermittlung: Zwar ist das zu erarbeitende Wissen vorgegeben, aber es wird nicht einfach vermittelt durch Vortrag oder Textlektüre. Vielmehr sollen sich die Schüler/innen zur Aneignung dieses Wissens gedanklich und räumlich zwischen dem Text auf dem Arbeitsblatt, den Bezeichnungen auf den Zetteln und dem Skelett hin- und herbewegen. Diese Akzentuierung einer physiologischen Aktivierung durchzieht die gesamte Doppelstunde. Die Aufgabe, bestimmte Knochen im eigenen Körper zu ertasten, ist auch eine Art von physiologischer Aktivierung. Sie ist ebenfalls vorgesehen, wenn beim wechselseitigen Abfragen Begriffe nicht einfallen: Zur 'Strafe' sind dann Bocksprünge zu machen. Und auch beim bewegungsintensiven Wissensquiz zum Abschluss erfolgt die Abstimmung quasi mit den Füßen durch den Lauf zur Tafel.

Ansätze von aktivem Lernen könnten sich aus der Mindmap und den daraus abgeleiteten Fragen sowie aus dem Gespräch über mögliche Funktionen des Skeletts ergeben. Zwar hat die Lehrerin nicht geplant, die Überlegungen aus der Mindmap und die daraus resultierenden Schülerfragen unmittelbar aufzugreifen, sondern gibt für diese Doppelstunde selbst die Fragen und Aufgaben vor. Es ist jedoch denkbar, dass in den Folgestunden auf die Schülerfragen eingegangen wird. Auch für das Gespräch über mögliche Funktionen des Skeletts hat die Lehrerin bereits vorab entschieden, wie das Ergebnis aussehen soll (von ihr auf Folie vorgefertigte Merksätze, die abzuschreiben sind). Allerdings kann sich in diesem Abschnitt während des Unterrichts eine 'Tür' in Richtung aktives Lernen öffnen, wenn Schüler plausible Hypothesen äußern, die – auch wenn sie nicht den Merksätzen entsprechen – von der Lehrerin als beachtenswert festgehalten werden (siehe dazu Abschnitt 7.4).

Von der Lehrerin in ihrer Planungsskizze nicht erwähnt sind fachübergreifende Ziele, die aber in der Anlage des Unterrichts unschwer zu erkennen sind. Legt man die Zielvorgaben aus dem niedersächsischen Schulgesetz (§2 Bildungsauftrag) zugrunde, so ist der geplante Verlauf auch darauf ausgerichtet, die folgenden fachübergreifenden Ziele anzustreben:
- das Gefühl für den eigenen Körper zu erweitern (Bedeutung von Knochen) und so das Gesundheitsbewusstsein zu entwickeln
- für sich allein wie auch gemeinsam mit anderen zu lernen
- eine vernunftgemäße Konfliktbewältigung (bei der Partnerarbeit)

## 7.4 Realisierter Verlauf und Abweichungen von der Vorplanung

Wie ein Vergleich der Verlaufsplanung (Tab. 7) mit der Übersicht über den tatsächlichen Ablauf (Tab. 8) zeigt, sind die Abschnitte in der geplanten Reihenfolge und weitgehend auch zeitlich planungsgemäß realisiert worden.

| Dauer (Min.) | Inhalt |
|---|---|
| 3 | Stundeneröffnung |
| 2 | Unterrichtseinstieg: stiller Impuls mit einer Folie eines Röntgenbildes |
| 3 | Erstellen einer Mindmap zum Thema „Skelett und Muskeln des Menschen" |
| 5 | Sammeln von Fragen zum Thema auf Folie |
| 7 | Erklären des Arbeitsauftrags der Arbeitsphase |
| 32 | Durchführung der Arbeitsphase mit vierminütiger Trinkpause |
| 7 | Unterrichtsgespräch über Folien mit Röntgenbildern |
| 4 | Unterrichtsgespräch über Funktionen des Skeletts |
| 12 | Abschreiben der Merksätze und der Mindmap; farbliches Kennzeichnen von Schultergürtel etc. auf dem Arbeitsblatt |
| 8 | Durchführung eines Quiz zum Thema *Knochen und Muskeln des Menschen* |
| 5 | Ausfüllen der Schülerfragebogen |
| 5 | Rückgabe der Klassenarbeiten |

**Tab. 8:** *Das Skelett des Menschen* - Unterrichtsverlauf

Die folgenden kurzen Erläuterungen zu den einzelnen Abschnitten aus der Masterarbeit von Edda Bellmann sind ergänzt durch Hinweise auf überra-

## 7 Skelett des Menschen (HUB 50)

schende und von der Lehrerin vermutlich nicht antizipierte Schülerbeiträge und Unterrichtssituationen. Diese werden in Abschnitt 7.5 genauer betrachtet.

- *Stundeneröffnung:* Alle 30 Schüler/innen (SuS) sind am Tag der Filmaufnahmen anwesend. Allerdings muss eine Schülerin die Klassenarbeit nachschreiben und wird im Nachbarraum kurz von der Lehrkraft eingewiesen. Die Stunde beginnt damit, dass die Lehrerin die SuS begrüßt, kurz auf die Videoaufzeichnung und die Elterngenehmigung dazu hinweist und sich nach den Wochenendunternehmungen der SuS erkundigt.

- *Unterrichtseinstieg:* Den Unterricht leitet die Lehrerin ein, in dem sie die Folie eines Röntgenbilds, auf dem ein Hüftgelenk zu sehen ist, auf den OHP auflegt. Ohne dass die Lehrerin eine Frage stellt, melden sich bereits einige SuS. Die Lehrerin nimmt eine Schülerin dran, die „Knochenkopf mit Gelenk" sagt, was die Lehrkraft bestätigt. Daraufhin fragt die Lehrkraft, wie man ein solches Bild nennt (Röntgenbild), wer schon einmal ein Röntgenbild hat machen lassen und bei wem ein Bruch festgestellt worden ist. Zahlreiche SuS melden sich auf die einzelnen Fragen.

- *Erstellen einer Mindmap:* Die Lehrkraft schreibt „Skelett und Muskeln des Menschen" an die Tafel und fragt, was den SuS dazu einfällt. Fast alle SuS melden sich. Sie rufen sich gegenseitig auf und nennen unter anderem Bizeps und Trizeps, Bewegung, Zerrung, Knochenbruch und Bänder. Die Lehrerin schreibt die meisten der von den Schülern genannten Begriffe an; einige formuliert sie um (s. Abb. 15). Die Äußerung "Brutkreislauf" verbessert sie zunächst und er erläutert, warum "Blutkreislauf" nicht zum Thema gehört.

- *Sammeln von Fragen:* Als nächstes kündigt die Lehrerin an, dass sie auf einer Folie Fragen sammeln möchte, die die SuS zum Thema "Skelett und Muskeln" haben. Auf diese Fragen und die Themen, die die SuS besonders interessieren, will sie in den Folgestunden der Unterrichtseinheit näher eingehen. Die Lehrerin schreibt die von den SuS genannten Fragen auf eine Folie. Dabei geht sie auf zwei Fragen ausführlicher ein und gibt dazu ausführliche Erläuterungen und eigene Wertungen: "Menschen ohne Außenhaut" und "Siamesische Zwillinge" (s. Abschnitt 7.4). Eine Auflistung aller Fragen, die auf der Folie notiert wurden, zeigt Abb. 16.

**Abb. 15:** Mindmap zum Thema *Muskeln und Skelett des Menschen*

- *Erklären des Arbeitsauftrags für die Arbeitsphase:* Die Lehrerin gibt vor, dass es im weiteren Verlauf der Stunde um Knochennahmen geht. Sie erklärt ausführlich den Arbeitsauftrag für die folgende, gut halbstündige Arbeitsphase. Die SuS sollen in 2er- bzw. 3er-Gruppen zusammenarbeiten. Sie bekommen zwei Arbeitsblätter (s. Abb. 13 und 14): Arbeitsblatt 1 mit dem Arbeitsauftrag und Arbeitsblatt 2 mit einem Skelett und Leerzeilen, die mit den richtigen Bezeichnungen zu beschriften sind.

> - Welche Gesichts- /Stirnmuskeln gibt es?
> - Wo gibt es überall Muskeln?
> - Welche Muskeln und Knochen bewegen sich bei einer Bewegung?
> - Können Muskeln einfrieren?
> - Wichtige Krankheiten besprechen
> - Was wäre, wenn man kein Skelett hätte?
> - Was wäre, wenn wir keine Haut hätten?
> - Muskelzerrung
> - Gibt es eine Körperstelle ohne Muskeln?
> - Knochenbruch
> - Kniescheibe raus

**Abb. 16:** *Das Skelett des Menschen* - Schülerfragen im Anschluss an die Mindmap

- *Die Arbeitsphase:* Die SuS bearbeiten gut eine halbe Stunde lang die Arbeitsaufträge. Sie tauschen sich über die Knochen aus; sie gehen durch die Klasse zum Pult und zum Skelett. Die Lehrkraft geht zwischendurch

# 7 Skelett des Menschen (HUB 50)

durch die Reihen und antwortet auf Fragen, wenn sie angesprochen wird. Gegen Ende der Arbeitsphase dürfen die SuS kurz auf den Flur gehen, um etwas zu trinken. Abb. 17 zeigt das von einer Schülerin beschriftete Arbeitsblatt 2 mit den Beschriftungen zum Skelett.

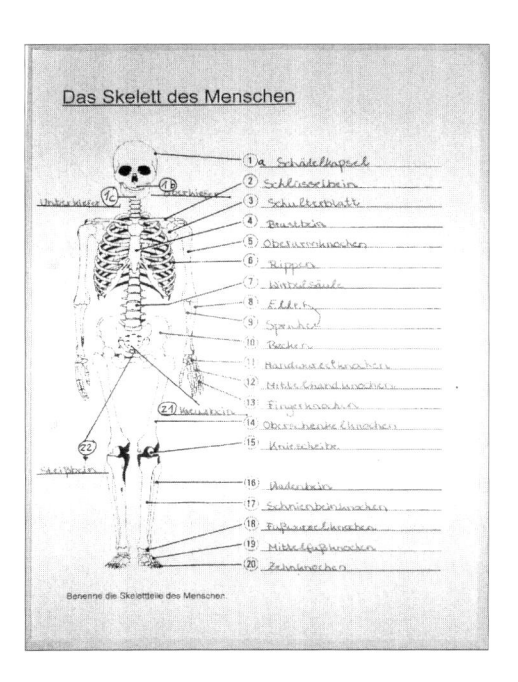

**Abb. 17:** *Das Skelett des Menschen* - Beschriftetes Arbeitsblatt

- *Unterrichtsgespräch über Folien mit Röntgenbilder:* Zunächst legt die Lehrerin die Folie auf, die sie anfangs als stillen Impuls eingesetzt hatte, und fragt, wer sich erinnern kann, was das war. Anschließend legt sie verschiedene Folien auf (s. Abb. 12) und lässt die SuS raten, um welche Knochen bzw. Körperteile es sich handeln könnte. Die SuS melden sich und äußern ihre Vermutungen. Auch in diesem Abschnitt gibt es einige Exkurse, weil die SuS ihr Vorwissen einbringen und die Lehrerin zu ergänzenden Erläuterungen veranlassen (s. Abschnitt 7.5).
- *Unterrichtsgespräch über Funktionen des Skeletts:* Die Lehrerin erinnert die SuS daran, dass einer der SuS zu Beginn der Stunde die Frage gestellt hat „Was wäre, wenn man kein Skelett hätte?" und möchte von den SuS wissen, wofür unser Skelett da ist. Fast alle SuS melden sich und rufen sich wieder gegenseitig auf. Von den Schülern werden fünf Vermutungen geäußert, die die Lehrerin kommentiert und z.T. dazu veranlasst,

Fragen zu stellen (z. B. „Wozu ist die Wirbelsäule da?" „Wie viele Wirbel haben wir?") sowie ergänzende Informationen zu einzelnen Knochen und Skelettbereichen nachzutragen. Auf eine Funktion kommen die SuS nicht (Das Skelett schützt die inneren Organe), so dass die Lehrerin sie einbringt.

- *Abschreiben und farbliches Kennzeichnen:* Anschließend legt die Lehrkraft eine Folie mit Merksätzen auf, welche Informationen über die Funktionen des Skeletts, den Schulter- und Beckengürtel, sowie die Wirbelsäule, den Brustkorb und die Gliedmaßen enthalten (s. Abb. 18).

| |
|---|
| • Das Skelett stützt den Körper und schützt die inneren Organe. |
| • Wirbelsäule: Stützt den Körper, 32 Wirbel |
| • Brustkorb: 12 Rippenpaare, Schutz von Herz und Lunge |
| • Schultergürtel: Schlüsselbeine, Schulterblätter |
| • Beckengürtel schützen innere Organe des Unterleibs |
| • Gliedmaßen: Arme und Beine |

**Abb. 18:** *Das Skelett des Menschen* - Merksätze an der Tafel

Die SuS schreiben die Mindmap und die obigen Merksätze ab. Außerdem kennzeichnen sie auf Anweisung der Lehrerin auf dem Arbeitsblatt 2 den Beckengürtel, den Schultergürtel und die Gliedmaßen des Skeletts farblich. Als freiwillige Hausarbeit bietet die Lehrerin einen Modellbogen an, mit dem ein Skelett aus Papier nachgebaut werden kann. Dieses Angebot nehmen ca. zwei Drittel der SuS wahr.

- *Abschluss-Quiz:* Die Lehrerin kündigt ein Quiz an erklärt den Ablauf. Sie stellt eine Frage und nimmt zwei bis drei SuS dran, die sich melden und einen Vorschlag abgeben. Die Vorschläge werden an drei auseinanderliegenden Stellen der Tafel notiert und die SuS sollen sich vor der Tafel zu der Antwort stellen, die ihrer Meinung nach am ehesten zutrifft. Die Lehrerin fragt: „Wie viele Muskeln besitzt der Mensch?"; „Wie klein ist unser kleinster Knochen?"; „Welches ist unser stärkster Muskel?". „Ein Mensch hat sieben Halswirbel – Wie viele Halswirbel hat eine Giraffe?". Die SuS beteiligen sich rege und jubeln, wenn sie sich zur richtigen Antwort gestellt haben. Im Anschluss an die Fragen werden die Antworten besprochen und zusätzliche Fragen geklärt.

- *Ausfüllen des Fragebogens und Rückgabe der Klassenarbeiten:* Die SuS erhalten den Fragenbogen zur Einschätzung des Unterrichts. Sie füllen ihn innerhalb von fünf Minuten aus (die Auswertung ist im HUB 50 dokumentiert). Nachdem alle SuS die ausgefüllten Fragebogen abgegeben haben, teilt die Lehrkraft die Klassenarbeiten aus. Die Lehrerin sagt, dass die Arbeit in der kommenden Unterrichtsstunde ausführlich besprochen wird und verabschiedet sich von den SuS.

## 7.5 Mikroanalyse des Unterrichts

Der Unterricht verläuft nahezu ohne Störungen, auf die die Lehrerin einzugehen sich genötigt sieht (abgesehen von einer verspätet eintreffenden Schülerin, die sie zu einer Entschuldigung auffordert). Das Thema und die von der Lehrerin gewählten Bearbeitungsformen finden bei den SuS offensichtlich Anklang. An mehreren Stellen im Verlauf bekommen sie Gelegenheit, eigene Erfahrungen mit dem Thema einzubringen. Einige dieser Beiträge und Fragen führen dann zu kleineren, von der Lehrerin nicht eingeplanten Exkursen, die das Unterrichtsgespräch bereichern.

So entwickeln sich bei der Mindmap gleich zu Beginn zwei kurze thematische Exkurse:

1. Die Frage eines Schülers „*Was wäre, wenn wir kein Skelett hätten?*" veranlasst einen anderen Schüler zu der Frage "*Was wäre, wenn man keine Außenhülle hätte – also nur Skelett und Organe*". Die Lehrerin gibt daraufhin sofort ihre eigene Assoziation dazu ein – und regt damit eine spannende Diskussion an:

> L: Kennt jemand diese Ausstellung. Ich weiß gar nicht, Edda [die Kamerafrau], weißt du wie die heißt? Diese...
> 
> Edda: Irgendwas mit Mensch? Oder nee...
> 
> L: Es gibt diese Menschausstellung [*L. meint die Ausstellung „Körperwelten"*]. Da hat jemand Leichen so präpariert, dass sie ohne Haut dastehen. Das man wirklich... Man sieht die einzelnen Muskeln. Kennt jemand diese Ausstellung?
> 
> SuS: Nee.
> 
> L: Das war ganz viel in der Zeitung. Ist natürlich sehr kritisch hinterfragt.
> 
> S?: Echte Menschen?
> 
> L: Ja. Echte Menschen.
> 
> SuS: Iiihh!
> 
> L: Das sind auch Babys. Da sind verschiedene Menschen in verschiedenen Haltungen und man sieht genau, welche Muskeln, wo sind. Sieht natürlich irre spannend aus, aber ist natürlich ethisch sehr hinterfragt. Ich kann ja mal ein paar Bilder... – ob das richtig ist oder nicht, das zu machen.
> 
> SuS: Nein!
> 
> S22: Dann muss ich die Augen zu machen.
> 
> S21: Ich halte dir schon die Augen zu.
> 
> L: So. Die letzten vier Meldungen. S3!

2. Die vorletzte Frage eines Schülers veranlasst die Lehrerin ebenfalls zu einem kurzen Exkurs:

> S14: Was passiert, wenn ein Baby einen Mädchen- und einen Jungenkopf hat – also zwei verschiedene Köpfe?
> SuS: Was?!
> S?: Das gibt es!
> L: Das ist ja jetzt nicht das Thema. Die kommen raus und das ist einfach eine Mutation. Da gibt es siamesische Zwillinge, die zusammen gewachsen sind. Das passt aber nicht zu unserem Thema. Das reicht ein bisschen weit. Später bei Genetik da können wir das mal... Nimmst du den nächsten dran?

Auch in der Arbeitsphase zeigen die SuS Interesse am Thema (siehe Videoszene 4). Viele SchülerInnen nehmen sich ausgiebig Zeit, um das Skelett-Modell genau zu betrachten, Knochen bei sich selbst zu fühlen und zu vergleichen. Einige Schüler halten die Reihenfolge der Arbeitsschritte „überlegen, nachgucken, fühlen, ansehen" für jeden einzelnen Knochen ein, während andere erstmal das gesamte Arbeitsblatt ausfüllen und dann das Skelett betrachten. Dabei wird in den Gruppen intensiv miteinander gesprochen.

Im zweiten Teil der Stunde nutzt die Lehrerin die Besprechung der Röntgenbilder dazu, viele ergänzende Informationen zum Thema einzubringen (u.a. über ausgekugelte Schultergelenke, Röntgenstrahlen und nach Brüchen genagelte Knochen). Der Bezug zu eigenen Knochenbrüchen liefert zusätzliche Motivation. Immer wieder berichten SuS von eigenen Erfahrungen („*Ich hab mir mal zweimal den Arm gebrochen und da ist einmal mein Musikknochen bei abgerissen.*") oder sie kommentieren die Äußerungen von MitschülerInnen („*Ich wollte nur sagen. Wenn man seinen Bauch einzieht, kann man hier die Rippen darunter so fühlen.*"). Auch Zwischenfragen („*Sind die deswegen dann auch gelenkiger?*") weisen auf Interesse und Wissbegierde hin. Mehrmals muss die Lehrerin für Ruhe sorgen, was vermutlich dem regen Gesprächsbedarf zum Thema geschuldet ist.

Bei dem anschließenden Gespräch über die Funktionen eines Skeletts werden alle fünf Funktionen, die der Lehrerin wichtig sind, von den SuS selbst genannt:

> L: S15 hatte vorhin die Frage gestellt: [L. guckt auf Folie mit den notierten Fragen.],Was wäre, wenn wir kein Skelett hätten'. Wofür ist unser Skelett da? Wofür haben wir ein Skelett? S17, nimm mal jemanden dran.
> S17: S3.
> S3: Damit wir halt aufrecht stehen können, damit wir nicht so zusammenfallen und so. Damit wir stehen und gehen können.
> L: Stützt uns. Genau. Das Skelett stützt uns, noch mehr. Nimmst du den nächsten dran?
> S3: S22.

## 7 Skelett des Menschen (HUB 50)

S22: Ohne das Skelett könnte ich auch zum Beispiel den Arm nicht so hoch halten und der würde jetzt ganz wabbelig sein. Da könnte man ihn jetzt in alle Richtungen biegen und es würde nichts passieren und man könnte eigentlich gar nix machen. Zum Beispiel der Kopf, den könnte man jetzt so zusammendrücken...[unverständlich]

L: Ja. Das Skelett hat aber noch mehr Funktionen als uns zu stützen. Tom, nimmst du die nächste dran? Was macht es noch?

S11: Dann würde das Gehirn nach unten rutschen und unten bei den Beinen landen.

L: Ja, denkt beim Gehirn mal weiter. Wofür ist unser Skelett noch da?

S1: Dass wir uns gerade halten können.

L: Mmh, das haben wir schon gesagt. Das stützt uns zum Geradehalten. Nimmst du noch jemanden dran?

S1: S27.

S27: Also ich wollte zwei Sachen sagen. Einmal das schützt die ungeschützten Organe.

L: Genau.

S27: Man kann's ganz gut am Wurm sehen...

L: Am was? Am Wurm, ach so.

S27: Wenn man ihn so auf einen Stock legt, dann hängt er so runter wie ein Seil.

L: Ja. So, wofür ist unsere Wirbelsäule da?

S21: Damit wir eigentlich jetzt nicht so zu Matsch verfallen.

L: Die hält natürlich unseren Oberkörper aufrecht. Wie viele Wirbel haben wir? Weiß das jemand? S7.

S7: Ich glaube 26.

L: Nee. Noch eine andere Antwort?

S?: Ich glaube 22.

L: Nee, 32 haben wir. 32 Wirbel.

Nur in Hinblick auf die zuletzt genannte Schutzfunktion hält es die Lehrerin offensichtlich für wichtig zu ergänzen, welche Knochenteile in welchen Körperbereichen solche Schutzfunktionen übernehmen:

L: Was schützt der Brustkorb? S28.

S28: Das Herz.

L: Und? Noch ganz wichtig.

S28: Die Lunge.

L: Genau. Herz und Lunge. Brustkorb schützt...Wie viele Rippenpaare weiß das jemand?

S22: 12.

L: 12. Genau. So, dann gibt es den Schultergürtel. Was gehört wohl zum Schultergürtel? Ein Schultergürtel. Guckt mal auf euren Zettel. Man sagt immer beim Schultergürtel. Was könnte wohl zum Schultergürtel gehören? S21.

S21: Schulterblatt...

L: Ja.

S21: Schlüsselbein...

L: Ja. Stopp. Genau. Und den Beckengürtel gibt es noch. Was schützt denn wohl der Beckengürtel? Das ganze Becken ist ja so 'ne richtig große Pfanne. Das hätte man sich

> ja auch schenken können. Man hätte ja auch einfach nur die Wirbelsäule lassen können, dann wären wir ja auch aufrecht gewesen. Wofür haben wir die großen Beckenknochen? Was schützen denn die wohl?
> S7: So was wie die Blase?
> L: Ja! Unsere ganzen inneren Organe hier im Unterleib. Sind aber nicht perfekt geschützt, wie man merkt, wenn man einen Tritt in den Unterleib bekommt. Oder hinten zum Beispiel unsere Nieren. Die sitzen hier so. [L. zeigt an Stelle der Nieren an ihrem Rücken.] Die sitzen hier drunter. Die sind auch nicht gut geschützt. Wenn man 'nen richtigen Tritt hier hinten in die Seiten bekommt, geht es auch direkt in die Nieren rein. Also es ist so ein kleiner Schutz, aber nicht ganz so gut wie der Brustkorb.

Wie diese Protokollauszüge zeigen, lässt die Lehrerin trotz ihrer strikten Vorstrukturierung und der Ausrichtung des Unterrichts auf die Erarbeitung fachlichen Wissens viel Raum für z.T. quer liegende Schülerfragen und assoziative Beiträge.

## 7.6 Resümee

Diese Biologie-Doppelstunde ist Beispiel für einen Unterricht, in dem rezipierendes Lernen dominiert, das an einigen Stellen durch aktivierende Elemente erweitert wird. In Hinblick auf die vorrangigen fachlichen Ziele sind der Arbeitsweg und die Ergebnisse mittels Instruktionen und Materialien strikt vorgegeben. Dennoch bekommen die SuS den Eindruck, sie erarbeiten sich das Wissen selbst, weil die Lehrerin kaum durch direkte Eingriffe steuert. Die Mehrheit der SuS arbeitet – soweit im Video und Protokoll zu sehen – aufmerksam und engagiert mit (ist also kognitiv aktiviert), was zum Einen am Thema selbst liegt, zum Anderen wohl auch an den physiologisch aktivierenden Bearbeitungsformen. Diese Einschätzung wird auch durch die Auswertung der Schülerbefragung gestützt (in HUB 50 dokumentiert). Der Unterricht hat vielen SuS Spaß gemacht. Die meisten finden das Thema der Stunde interessant und die Unterrichtsatmosphäre angenehm. Nur wenige geben an, sich gelangweilt zu haben.

Die Einschätzung der Bildungswirksamkeit dieses Unterrichts kann nicht aufgrund schriftlicher Arbeitsergebnisse vorgenommen, sondern nur anhand der in der Videoaufzeichnung dokumentierten Schülerbeteiligung beurteilt werden. Unzweifelhaft wird das von der Lehrerin formulierte Lehrziel „*Das Interesse am Knochenbau soll geweckt werden.*" erreicht. Zugearbeitet haben dürfte dieser Unterricht auch den von der Lehrerin nicht ausdrücklich erwähnten fachübergreifenden Ziele:

- das Gefühl für den eigenen Körper zu erweitern (Bedeutung von Knochen) und so das Gesundheitsbewusstsein zu entwickeln;

## 7 Skelett des Menschen (HUB 50)

- für sich allein wie auch gemeinsam mit anderen zu lernen;
- eine vernunftgemäße Konfliktbewältigung (bei der Partnerarbeit);
- die kritische Informationsnutzung (Rückgriff auf Informationen in den Arbeitsblättern)

Inwieweit die fachlichen Ziele (Wissen über Knochen und Skelettfunktionen) erreicht wurden, darüber kann das Quiz zum Abschluss nur andeutungsweise Auskunft geben. Zumindest trägt es ebenfalls zur Persönlichkeitsentwicklung bei durch „[...] *Förderung der Fähigkeit zur Selbsteinschätzung der Leistung* [...]" (niedersächsisches Kerncurriculum Biologie S. 98) bei. Die SchülerInnen überlegen sich eine Antwort und hinterfragen diese gleichzeitig, ob sie für den Wettbewerb geeignet ist. Wenn sie sich trauen und ihre Antwort richtig oder nah dran ist, können sie Selbstvertrauen schöpfen. Wenn ihre Antwort nicht richtig ist, bekommen sie keine negative Rückmeldung, sondern stehen in dem Kollektiv ihrer MitschülerInnen, die sich ebenfalls für ihre Antwort entschieden haben. Dabei werden gegenseitige Toleranz und Solidarität gefördert (§ 2 nds. Schulgesetz).

# 8 Gymnasium 5. Klasse – Geschichte "Gesellschaft im alten Ägypten" (HUB 51) [12]

## 8.1 Kurzporträt des Unterrichtsvorhabens

Im Rahmen einer Einheit über die *Altägyptische Hochkultur* wird in dieser Doppelstunde das Thema *Staat und Gesellschaft im alten Ägypten* behandelt. Nach einer Rückblende über die Bedeutung des Nils für die altägyptische Agrargesellschaft soll ein Schaubild, das die Gesellschaftsstruktur in Form eines vierstufigen Pyramiden-Modells darstellt, mit Informationen eines Sachtextes über die Besonderheiten dieser Gesellschaft in Beziehung gesetzt werden. Anhand des Textes sollen zunächst in Partnerarbeit die Aufgaben, Funktionen und die jeweilige gesellschaftliche Stellung verschiedener Status- bzw. Berufsgruppen herausgearbeitet werden. Im Unterrichtsgespräch soll dann erarbeitet werden, dass dieses Pyramiden-Modell den Besonderheiten der altägyptischen Gesellschaft nicht angemessen Rechnung trägt. Eine Verbesserung des Pyramiden-Modells soll als Hausaufgabe vorgenommen werden. Am Ende der Doppelstunde sollen die Schüler die altägyptische Gesellschaft mit der gegenwärtigen deutschen Gesellschaft vergleichen.

## 8.2 Geplanter Verlauf und intendierte Ziele für die Doppelstunde laut Entwurf

Für die Doppelstunde hat die Lehrerin eine zweiseitige tabellarische Skizze angefertigt, die auf den beiden folgenden Seiten leicht gekürzt wiedergegeben ist (die vollständige Fassung ist im Multimediadokument HUB 51 abgebildet).

Die Verlaufsplanung (s. Tab. 9) enthält keine ausformulierten Unterrichtsziele. Die Ziele können aus den Angaben in den Spalten *Inhalt* und *Schülerverhalten* in Verbindung mit den vorgesehenen Folien, Arbeitsblättern und dem Tafelbild rekonstruiert werden.

---

[12] Die Aufzeichnung und Dokumentation dieses Unterrichtsvorhabens sowie eine Analyse der Abweichungen zwischen Entwurf und Verlauf hat im Rahmen einer Masterarbeit (Studiengang Lehramt Gymnasium) Marina Kruse vorgenommen.

| Zeit | Phase | Inhalt | Schüler-verhalten | Sozial-form | Lehrer-aktivität | Medien |
|---|---|---|---|---|---|---|
| 15 Min. | 1 Einstieg | Umwälzung und Vertiefung der erarbeiteten Erkenntnis aus der letzten Stunde (Bedeutung des Nils für die altägypt. Gesellschaft) | SuS erklären, warum der Nil für die Ägypter bedeutsam war. | Plenum | Moderation | Buch S. 51 |
| 5 Min. | 2 Gelenkphase | Verknüpfung zwischen den Themen *Nil* und *Agrargesellschaft* | | Plenum | Überleitung Erarbeit. I | |
| | Murmelphase | Gesellschafts-/ Berufsgruppen werden anhand des Schaubilds zusammengestellt. | SuS entschlüsseln das Schaubild | Partnerarbeit | L. hilft durch Impulsgebung | Folie |
| 10 Min. | Plateauphase | Zusammentragen von Ergebnissen; SuS stellen fest, dass die Bilder nicht eindeutig sind | SuS versuchen die Inhalte zu verifizieren | Plenum | Moderation, Sicherung | Tafel |
| 25 Min. | 3 Erarbeitung I | Aktives Lesen/ gezielte Informationsentnahme aus einem Sachtext (Berufsgruppen und deren Aufgaben) | SuS lesen, unterstreichen und füllen die Tabelle auf dem AB aus | Stillarbeit Stillarbeit/ Partnerarbeit | Anleitung und Klärung der Aufgabenstellung | AB 1 (Text) / AB 2 (Tabelle) |
| 10 Min. | 4 Sicherung | Vergleichen der Ergebnisse | | Plenum | L. notiert Äußerungen | Tafel |
| 15 Min | 5 Erarbeitung II | Kritik am Schaubild u. Überarbeitung; Erstellen eines Kriterienkatalogs | SuS ergänzen das Schaubild. | Plenum | L. gibt Impulse | Folie |
| 5 Min. | 6 Vertiefung | Herstellung eines Gegenwartsbezugs (*schwierig!*) | SuS überlegen, wie sie unsere Gesellschaft im Vergleich wahrnehmen | Plenum | Moderation | |
| 5 Min. | 7 Hausaufgabe | Methodische und inhaltliche Vertiefung des Unterrichtsstoffe | SuS fertigen ein eigenes Schaubild an | Plenum | | |

**Tab. 9:** *Gesellschaft im alten Ägypten* – Verlaufsplanung der Lehrerin

## 8 ALTÄGYPTISCHE GESELLSCHAFT (HUB 51)

Beginnen soll der Unterricht mit einer Wiederholung der Bedeutung des Nils im alten Ägypten. Im Zentrum der Doppelstunde steht der Vergleich der Gesellschaftsstruktur, wie sie in einem Pyramiden-Modell dargestellt wird (s. Abb. 19), mit einer Beschreibung in einem Text (s. Abb. 21).

**Abb. 19:** *Gesellschaft im alten Ägypten* - Folie mit Pyramiden-Modell

Als Voraussetzung für den Vergleich ist in einem Arbeitsblatt einzutragen, welche Informationen dem Sachtext (Abb. 21) entnommen werden können.

Die Aufgabenstellung dazu enthält ein weiteres Arbeitsblatt (s. Abb. 20).

### Staat und Gesellschaft im alten Ägypten, eine Hochkultur am Nil

#### Aufgabenstellung:

1. Lies Dir den Text auf dem Arbeitsblatt in Stillarbeit aufmerksam durch und unterstreiche die unterschiedlichen *Berufsgruppen grün* und die zugeordneten *Aufgaben blau*.

2. Ordne Deine Unterstreichungen der Tabelle stichpunktartig zu. Bei dieser Aufgabe darfst Du gerne mit einem Partner zusammenarbeiten, wenn Du möchtest.

| Berufsgruppen | Aufgaben/Tätigkeitsfeld | Zeilenangaben |
|---|---|---|
| Pharao | - sorgt für Sicherheit und Ordnung<br>- oberster Priester     Zusatzinformationen zur<br>- oberster Heerführer    Ergänzung des Textes<br>- oberster Richter | .... |
| ....... | ......... | .... |
| ....... | ......... | .... |

**Abb. 20:** Arbeitsblatt *Aufbau des Pharaonenstaates*

*Staat und Gesellschaft im alten Ägypten*
*Kl.   5A   Geschichte   3.2.2012*

### Der Aufbau des Pharaonenstaates

1 Der Pharao hatte unbegrenzte Macht über alle Menschen in seinem Reich. In den Augen seiner Untertanen war er Sohn der Götter und selbst ein Gott. Sie beteten ihn zu Lebzeiten an und verehrten ihn nach seinem Tod in prachtvollen Tempeln und Pyramiden.

Besonderen Wert legten die Pharaonen auf die Verwaltung des Landes. Durch viele Be-
5 amte ließen sie so gut wie alles überwachen. Die Verwalter einer Provinz waren ebenso wie die Steuereintreiber oder Feldhüter Beamte des Staates und dem Pharao zu unbedingtem Gehorsam verpflichtet.

Große Bedeutung hatten auch die Priester, die den Besitz der Götter verwalteten und dadurch selbst reich und angesehen waren. Man achtete sie besonders, weil man in ihnen
10 die Vermittler zwischen Göttern und Menschen sah.
Wer in die führenden Stellungen der Beamten und Priester gelangen wollte, musste vor allem schreiben können. Schreiber konnten mit Glück und guten Beziehungen bis zum Wesir, dem höchsten Beamten, oder zum Hohen Priester aufsteigen.

Auch die Kaufleute und Handwerker arbeiteten im Dienste des Pharao. Beamte plan-
15 ten, was hergestellt, verkauft, gelagert und aus- oder eingeführt werden sollte. Sehr hart war das Leben der Bauern im alten Ägypten. Nach der Hochwasserwelle rissen sie den Boden mit dem hölzernen Pflug auf und säten Weizen oder Gerste in die Furchen. Aber sie bebauten nicht ihr eigenes Land, sondern das des Pharao, dem alles gehörte.

Die Schreiber, Aufseher und Soldaten des Königs sorgten unerbittlich dafür, dass die
20 Abgaben pünktlich und vollzählig entrichtet wurden. Neben ihrer Landarbeit wurden die Bauern zur Mithilfe an den Großbauten des Pharao verpflichtet.

Die Vornehmen des Landes besaßen viele Sklaven. Es waren meist Kriegsgefangene oder deren Nachkommen, aber auch Bauern, die ihre Abgaben nicht geleistet hatten. Ihre Herren konnten mit ihnen, wie mit einem Gegenstand, tun und lassen, was sie
25 wollten.

Die Machtstellung des Pharao und seiner Beamten und Priester wurde lange Jahrhunderte von den unteren Schichten anerkannt. Für die Ägypter war der Pharao ein gottgleiches Wesen mit übernatürlichen Fähigkeiten. Er hatte die Macht, das Land vor Feinden zu schützen. Vor allem aber sorgte er für Einigkeit und für Ordnung und Sicherheit. Aus
30 diesen Gründen kam es nur selten zu Aufständen. Viele glaubten, dass es dem Land gut gehe, wenn es dem Pharao gut gehe.
Über diese für göttlich gehaltene Ordnung berichten ausführlich Malereien und Reliefs in den Grabkammern der gehobenen Bevölkerungsschichten.

**Abb. 21:** Sachtext *Aufbau des Pharaonenstaates*

Unterrichtsfachliche Lehrziele sind zum Einen *die Bedeutung des Nils für die Ägypter,* zum Anderen die sog. damaligen *Berufsgruppen* mit ihren Funktionen und in ihrer gesellschaftsstrukturellen Beziehung zueinander. Die SuS sollen *eine hierarchische Ordnung in dem Schaubild erkennen* und *Diskrepanzen zwischen Textangaben und Schaubild* herausarbeiten. Neben den in der Verlaufsplanung angedeuteten fachlich-thematischen Zielen werden als fachübergreifende Ziele auch die *Erschließung von Informationen* aus Texten und eine *Befähigung zur Quellenkritik* (§ 2 niedersächsisches Schulgesetz) angestrebt. Die *Überprüfung des Aussagewerts von Modellen* – ist ein weiteres fachübergreifendes Ziel: Die vierstufige Pyramide als zu stark vereinfachendes Modell für eine Gesellschaftsstruktur, die ungleich differenzierter geschichtet war (vgl. die Zielformulierungen im niedersächsischen "Kerncurriculum Geschichtsunterricht" von 2008, dort die prozessbezogenen Kompetenzen "Deutung und Reflexion / Beurteilung und Bewertung" auf S. 21f sowie "Erkenntnisgewinn durch Methoden" auf S. 24f). Der Unterricht soll dazu beitragen „ökonomische und ökologische Zusammenhänge zu erfassen" (§2 niedersächsisches Schulgesetz), indem die Bedeutung des Nils für die Wirtschaft (Anbau von Papyrus, Nahrungsquelle, Verkehrsweg, Bewässerung der Felder) erkannt wird. Der im Lehrplan vorgesehene und im Entwurf angestrebte "Gegenwartsbezug" im Sinne eines Vergleichs der altägyptischen Gesellschaft mit der Gesellschaft, in der die SuS leben, soll vermutlich darauf abzielen, die Vorzüge einer demokratischen Gesellschaft zu erkennen. Ein weiteres, von der Lehrerin nicht ausdrücklich genanntes fachübergreifendes Ziel ist es, mittels Gruppenarbeit und Diskussionen die Fähigkeiten zu fördern, sich mit Mitschülern auszutauschen sowie Hemmungen bei Ergebnisdarstellungen vor Anderen abzubauen. Zudem soll die *Lesetechnik-Methode* vertieft werden.

## 8.3 Die unterrichtsmethodische Ausrichtung der Doppelstunde in der Planungsperspektive

In der Planungsperspektive sind bei diesem Unterrichtsvorhaben rezeptive und aktivierende Arbeitsformen vorgesehen:
- ❖ Rezeptiv erarbeitet werden anfangs unterrichtsfachliches Wissen und Kompetenzen durch vorgegebene, eng gefasste Arbeitsaufträge, mit denen das lehrerseits eingebrachte Material auszuwerten ist.
- ❖ Zu aktivem Lernen sind die SuS anschließend herausgefordert, indem sie Übereinstimmungen und Diskrepanzen zwischen den Angaben im Sachtext und dem Pyramiden-Modell herausarbeiten; auch wenn die

Lehrerin hier ganz bestimmte Aussagen erwartet, dürfte sie darauf eingestellt sein, dass die SuS mit weiteren, ebenfalls plausiblen Ergebnisse aufwarten könnten. Auch beim abschließenden Vergleich der altägyptischen Gesellschaft mit der gegenwärtigen hiesigen Gesellschaft sind unterschiedliche (plausible und damit akzeptable) Ergebnisse wahrscheinlich – hier hat die Lehrerin bereits im Entwurf eine Leerstelle gelassen.

Gewichtet man die beiden unterrichtsmethodischen Zugänge nach dem jeweils vorgesehenen zeitlichen Umfang und nach dem Schwierigkeitsgrad der Aufgaben, so dominiert im Entwurf dieses Unterrichtsvorhabens das aktive Lernen. Das rezipierende Lernen hat Zubringer-Funktion: Das dabei erarbeitete Wissen ist das Fundament, auf dem der quellenkritische Vergleich und schließlich die Überarbeitung des Pyramiden-Modells aufbauen sollen.

## 8.4 Realisierter Verlauf und Abweichungen von der Vorplanung

Gegenüber der Vorplanung kommt es in den ersten vier Abschnitten zu Verzögerungen und Abweichungen, aus denen erhebliche Verkürzungen bzw. Auslassungen der Abschnitte 5 bis 7 resultieren (s. Tab. 10):

| Szene | Inhalt | Dauer |
|---|---|---|
| 1. Einführung / Rückblende | Verzögerter Beginn (ca. 3 Minuten); Begrüßung; Einschub eines 'Rätsel'; Rückblende zum bisherigen Thema *Bedeutung des Nil für die altägyptische Agrargesellschaft* (s. Folie "Loblied auf den Nil" und "Tafelbild 1"). | 23:06 |
| 2. Hinführung zum neuen Thema | Interpretationsversuche zu einer Folie, die ein "Pyramiden-Modell" der *Gesellschaft im alten Ägypten* zeigt (mittels Murmelphase) | 3:42 |
| 3. Auswertung Murmelphase | Notieren konkurrierender Interpretationen zur Folie – Sammeln von Ideen zur Überprüfung in einer Folie ("Wie verifizieren?") | 9:51 |
| 4. Erarbeitung I – Teil 1 | Merkmale gesellschaftlicher Status-Gruppen und Berufe in Alt-Ägypten werden aus einem Text "Aufbau des Pharaonenstaates" erschlossen und in Partnerarbeit auf einem Arbeitsblatt notiert. | 19:17 |
| 5. Plateauphase und Erarbeitung I – Teil 2 | Nachgereichte Ergänzungen zum Arbeitsauftrag (s. "Tafelbild 2"); Fortsetzung der Erarbeitung | 14:47 |
| 6. Vergleich u.Ergebnis- | Informationen zu den Gruppen/ Berufen/ Funktionen werden vorgelesen und an der Tafel notiert (s. "Ta- | 15:47 |

| | | |
|---|---|---|
| | sicherung | felbild 3") | |
| 7. Beginn Erarbeitung II | Anhand der Informationen wird das Pyramiden-Schaubild überprüft und ergänzt. | 5:01 |
| – Vertiefung entfällt – | Für die geplante Vertiefung (Vergleich mit heutiger Gesellschaft) bleibt keine Zeit mehr | - |
| 8. Erläutern der Hausaufgabe | L'in ergänzt Kriterien zur Verbesserung des Schaubilds. Diese sind abzuschreiben, um zuhause ein verbessertes Schaubild zu entwerfen. Dann füllen die SuS einen Bogen mit Fragen zur Doppelstunde aus. | 6:50 |

**Tab. 10:** *Gesellschaft im alten Ägypten* - Unterrichtsverlauf

**Erläuterungen der Abweichungen in den sieben Abschnitten:**

**Abschnitt 1:** In den ersten 15 Minuten soll im Unterrichtsgespräch die Bedeutung des Nils für die Gesellschaft im alten Ägypten anhand von drei Kategorien (Ernährung, Kleidung, Gesundheit) erarbeitet werden. Dazu sollen die SuS sich laut Entwurf von dem in der vorherigen Stunde bearbeiteten Text lösen, die dort erarbeiteten Inhalte in Kategorien gruppieren und dann mit eigenen Worten erklären, warum der Nil für die Ägypter so bedeutsam war. Die Ergebnisse sollen von den SuS auf einer Folie in drei Sätze festgehalten werden:

o *Der Nil war für die Ägypter so bedeutend, weil_____*

o *Der Text könnte in damaliger Zeit folgenden Zweck gehabt haben:*
_____

o *Der Hymnus könnte von _____ gesprochen worden sein.*

Faktisch beginnt der Unterricht erst mit dreiminütiger Verspätung, weil die meisten SuS zu spät kommen. Der erste Schnee war gefallen und daher hatten die SuS beschlossen, die Pause etwas auszudehnen. Nach dem Begrüßungsritual entschließt sich die Lehrerin spontan, der noch immer großen Unruhe entgegenzuwirken, indem sie eine Folie mit einer Quizfrage auf den OHP legt ("Wahr oder gemogelt?"). Nach der Auflösung des Rätsel um eine angebliche Mückenfalle im alten Ägypten 4 1/2 Minuten später leitet die Lehrerin erst in der 8. Unterrichtsminute zur Frage nach der Bedeutung des Nils über. Die Ergebnisse werden dann wie vorgesehen festgehalten.

**Abschnitt 2:** In der anschließenden Gelenkphase soll laut Planung eine Verknüpfung zwischen Nil und Agrargesellschaft hergestellt werden. Auch diese Phase soll im Plenum stattfinden und als Überleitung zur Erarbeitungsphase dienen. Daran anschließend ist eine kurze Murmelphase vorgesehen, während der die SuS Gesellschafts- und Berufsgruppen des alten Ägypten anhand eines per Folie an die Wand projizierten Schaubilds zusammenstellen und das Schaubild entschlüsseln sollen. Die Murmelphase soll in Partnerarbeit stattfinden. Die Lehrerin selbst möchte während dieser Phase durch die Sitzreihen gehen und ggf. mit Impulsen unterstützen.

Im tatsächlichen Unterrichtsverlauf beginnt die Gelenkphase nicht wie geplant nach fünfzehn, sondern erst nach dreiundzwanzig Minuten. Das bedeutet eine weitere Verschiebung im Zeitplan. Die Verknüpfung wird dann auch nicht wie angedacht von den SuS, sondern von der Lehrerin selbst hergestellt, indem sie den Begriff *Agrargesellschaft* einführt. Anschließend projiziert sie ein Schaubild per OHP an die Wand (s. Abb. 19), welches die Gesellschaft im alten Ägypten in hierarchisierter Pyramidenform darstellt. Sie initiiert eine kurze Murmelphase, in der die SuS mit ihrem jeweiligen Sitznachbarn die im Schaubild dargestellten Berufsgruppen entschlüsseln sollen.

Im Anschluss an die Murmelphase plant die Lehrerin eine zehnminütige Plateauphase[13], in der die Ergebnisse der SuS zusammengetragen werden sollen. An dieser Stelle sollen die SuS feststellen, dass die Bilder nicht ganz eindeutig sind, und nach Möglichkeiten suchen, um die Inhalte zu verifizieren. Wie bereits im Entwurf vermutet, kommen die SuS nicht zu vollständig übereinstimmenden Ergebnissen. Deswegen sammelt die Lehrerin mit strikter Gesprächssteuerung an der Tafel Vorschläge für Möglichkeiten der Verifizierung des Schaubildinhalts.

**Abschnitt 3:** In der Erarbeitungsphase I (geplant für ca. 25 Minuten) sollen die SuS in Stillarbeit aus dem Sachtext über den Pharaonenstaat (s. Abb. 21) und gestützt auf das Arbeitsblatt mit Anweisungen zum Vorgehen (s. Abb. 20) gezielt Informationen entnehmen. Die Lehrerin weist im Entwurf darauf hin, dass methodisch auf die schon mehrfach im Unterricht eingeübte Lesetechnik mit Unterstreichungen zurückgegriffen wird. Sobald der Text durchgelesen worden ist, sollen die SuS – nach Wahl in Partner- oder Einzelarbeit – die Tabelle auf ihrem Arbeitsblatt ausfüllen.

Faktisch leitet die Lehrerin erst nach 36 Minuten von der Plateauphase in die Erarbeitungsphase I über. Sie verdeutlicht die anzuwendende Methode,

---

[13] Dieser Begriff wird vor allem im Fremdsprachenunterricht verwendet (das Zweitfach der Lehrerin) und bedeutet, dass alle Schüler ‚auf ein Plateau gehoben' werden: das Erlernte oder zu Lernende wird noch einmal besprochen, wiederholt und auf diese Weise gefestigt, um bei der weiteren Bearbeitung auf einem möglichst gleichen Niveau aller SuS ansetzen zu können

indem sie diese mit den SuS noch einmal bespricht. Die SuS sollen die Berufsgruppen grün und deren Aufgaben blau beschriften. Unsicherheit auf Schülerseite und etliche Nachfragen veranlassen die Lehrerin nach 17 Minuten zum Einschub einer weiteren, im Entwurf nicht vorgesehenen Plateauphase. Sie sammelt die im Text befindlichen Berufe zunächst im Lehrer-Schüler-Gespräch, notiert sie an der Tafel und leitet schließlich in die Partnerarbeit über, in welcher den an der Tafel aufgeführten Berufen nun die im Text genannten Funktionen zugeordnet werden.

**Abschnitt 4:** Die nach der Erarbeitungsphase I vorgesehene Sicherung beginnt erheblich später als geplant und dauert wegen der Fülle der zu besprechenden und zu notierenden Inhalten auch deutlich länger. Für den weiteren Ablauf stehen nur noch wenige Minuten zur Verfügung.

**Abschnitt 5:** Laut Planung sollte in der nun anschließenden zweiten Erarbeitungsphase das Schaubild auf der Grundlage der gerade erarbeiteten Informationen kritisch betrachtet werden. Die SuS sollen Ergänzungen (z.B. Wesir, Sklaven) vornehmen und einen Kriterienkatalog für die Arbeit mit Schaubildern erstellen. Im Entwurf hat die Lehrerin vermerkt, dass auf jeden Fall die Begriffe Struktur (Dreieck), Ebenen, Pfeile für Bezüge (Befehle/ Gehorsam) und der Inhalt (Berufsgruppen) genannt werden sollten. Die SuS sollen so eine hierarchische Struktur erkennen (Über- und Unterordnung, Rangordnung) und die Ordnung des Diesseits (der Lebenden) verstehen: den unbedingten Gehorsam gegenüber einem gottgleichen Pharao. Diese Erarbeitung soll im Klassenverband stattfinden und auf einer OHP-Folie verschriftlicht werden. Dabei hat sie folgende Impulse für den Notfall notiert:

- o *Finde eine Erklärung dafür, dass die gesellschaftlichen Gruppen in Ebenen eingeteilt sind.*
- o *Beachte dabei, wer Aufträge und Befehle erteilen muss und wer Befehle ausführen muss.*
- o *Weshalb hat der Zeichner wohl ein Dreieck als Grundriss für sein Schaubild gewählt?*

**Abschnitt 6:** Nachfolgend sollten die SuS eigentlich in einer fünfminütigen Vertiefungsphase einen Gegenwartsbezug herstellen, indem sie überlegen, welche Unterschiede bzw. Gemeinsamkeiten die Gesellschaft, in der sie Leben, zur altägyptischen Gesellschaft aufweist. Für diesen – auch im nds. Kerncurriculum angeregten – Vergleich hat die Lehrerin in ihrer Planung ganze fünf Minuten vorgesehen, obwohl sie im Entwurf dazu notiert, dass den SuS dieser Gegenwartsbezug vermutlich schwer fallen wird. Der Abschnitt entfällt ganz.

**Abschnitt 7:** Zum Abschluss sollte in den verbleibenden fünf Minuten die Hausaufgabe gestellt werden, um eine methodische und inhaltliche Vertiefung des Unterrichtsstoffs anzustoßen: Die Anfertigung eines eigenes Schaubild auf der Grundlage der in der Stunde erarbeiteten Kritik am Pyramiden-Modell.

Faktisch verlaufen diese letzten drei Phasen 5 bis 7 ganz anders als geplant. Für die zweite Erarbeitungsphase, in welcher das Schaubild überarbeitet und Ergänzungen vorgenommen werden sollen, bleibt kaum Zeit; sie erfolgt nur oberflächlich im Klassenverband. Die Erstellung eines Kriterienkatalogs erfolgt nur in Ansätzen unter starker Lehrerlenkung. Eine Quellenkritik entfällt. Ein Gegenwartsbezug kann allein schon aus zeitlichen Gründen nicht mehr hergestellt werden. Die Lehrerin besteht trotz Schülerprotest darauf, dass nach dem Pausenklingeln weitergearbeitet wird. Sie begründet das – sichtlich und hörbar verärgert – mit dem verspäteten Unterrichtsbeginn (viele SuS hatten es vorgezogen, die Pause wegen des ersten Schnees in diesem Winter zu verlängern). Die Lehrerin überzieht sieben Minuten, um den SuS die Hausaufgabe zu erläutern: Mit den auf der Folie notierten Kriterien ist ein verbessertes Schaubild anzufertigen. Tabelle 11 auf der nächsten Seite zeigt diese zeitlichen Verschiebungen gegenüber der Vorplanung in einer Übersicht:

## 8.5   Mikroanalyse des Unterrichts

In diesem Unterricht ereignet sich vieles, das von der Lehrerin nicht antizipiert wurde (größtenteils wohl auch nicht antizipiert werden konnten).

Alle fünf Friktionen sind in den knapp 90 Minuten als Auslöser für unstetige Entwicklungen auszumachen: Zielirritationen, Missverständnisse in der Kommunikation, sperrige Schüler/innen, gelegentliche Unsicherheiten der Lehrerin in Bezug auf den Unterrichtsgegenstand sowie an einigen Stellen auch ihre Unzufriedenheit mit eigenen Reaktionen (wie sie im anschließenden Interview rückblickend äußert). Unter ihren Reaktionen finden sich die meisten der in Kapitel 5 beschriebenen Bewältigungsmustern: einerseits schematische Routinen, unüberlegte impulsive Reaktionen und Stereotypbasierte Interventionen; andererseits gekonnte Entschleunigungstechniken zum Zeitgewinn, taktvolle Reaktionen, durchdachte Improvisationen und der Rückgriff auf ein Repertoire bereits erprobter und bewährter Reaktionsmuster, mit denen sie auf unerwartete Entwicklungen eingeht. So gelingt es der Lehrerin, die ungünstige Anfangssituation (viele Schüler kommen wegen des ersten Schnees zu spät, es herrscht große Unruhe) mit dem Auflegen einer Rätsel-Folie (die sie vermutlich für solche Zwecke immer 'im Gepäck' hat) zu entspannen (Rückgriff auf ein Repertoire). Auch die Frage dazu, wann und wie Öl Verwendung fand, erklärt die Lehrerin kurz und verständlich. Als während der Rückblende ein Schüler vorschlägt, eine neue (von der Lehrerin nicht bedachte) Rubrik *Kultur* in die Bedeutungsanalyse des Nils aufzunehmen, findet der Vorschlag ihre Zustimmung und sie übernimmt ihn auf der Lösungsfolie.

| Unterrichtsentwurf | Faktischer Verlauf |
|---|---|
| **Rückblende:** 00:00 - 15:00 | Verspätung: 00:00 - 03:00<br>Quiz: 03:00 - 07:30<br>**Rückblende:** 07:30 - 22:30 |
| **Gelenkphase:** 15:00<br>**Murmelphase:** 20:00 | **Beginn Gelenkphase:** 22:30<br>**Beginn Murmelphase:** 26:45 |
| **Plateauphase:** 20:00 - 30:00 | **Plateauphase:** 26:45 - 3 6:00 |
| **Erarbeitung I:** 30:00 - 55:00 | **Erarbeitung I**<br>**Teil 1 :** 36:00 - 55:30<br>Eingeschobene<br>2. Plateauphase: 55:30 - 60:00<br><br>**Erarbeitung I**<br>**Teil 2:** 60:00 - 70:45 |
| **Sicherung:** 55:00 - 65:00 | **Sicherung:** 70:45 - 87:10 |
| **Erarbeitung II:** 65:00 - 80:00<br>**Vertiefung:** 80:00 - 85:00<br>**Hausaufgabe:** 85:00 - 90:00 | **Erarbeitung II**<br>(in Ansätzen)<br>und<br>**+ Hausaufgabe:** 87:10 - 97:28 |

**Tab. 11:** *Gesellschaft im alten Ägypten* - Geplanter und tatsächlicher Unterrichtsverlauf

Eine eingehende Analyse aller unstetigen Situationen sowie der resultierenden Lehrerreaktionen (sowohl der verbalen, besonders aber auch der gestischen und mimischen Reaktionen) ist aufschlussreich, kann aber an dieser Stelle aus Platzgründen nicht erfolgen.[14]

Stattdessen wird an einigen ausgewählten Szenen dargestellt, wie bei diesem Unterrichtsvorhaben ein Grundproblem der didaktischen Konstruktion

---

[14] In ihrer Masterarbeit analysiert Marina Kruse auf mehr als 40 Seiten 21 bedeutsame Abweichungen, die insgesamt erhebliche Veränderungen gegenüber der Planung zur Folge haben.

zwangsläufig auf die Inszenierung durchschlägt. Das dem Unterricht zugrunde gelegte Konzept hat Schwächen, die erst während des Unterrichts offenkundig werden und dann nicht aufgefangen werden können. Vor allem die Materialien, aber auch die Aufgabenstellung der Lehrerin sind unzulänglich und überfordern die Schüler/innen:

* Die Abbildung des Pyramiden-Modells, das angeblich die Gesellschaftsstruktur in Alt-Ägypten wiederzugeben beansprucht, wirft bei den Fünftklässlern so viele Irritationen und Fragen auf, dass mit deren Bearbeitung mühelos eine Doppelstunde hätte gefüllt werden könnte. Beim Zusammentragen der Ergebnisse wird deutlich, dass die SuS bei einigen Personen auf dem Schaubild Schwierigkeiten haben, sie eindeutig zu benennen. Zu Fragen Anlass gibt auch der Versuch, ein fremdartiges, kompliziertes Gesellschaftssystem in ein schlichtes vierschichtiges Dreieck zu zwängen. Schüler, die schon gehört haben, dass der Pharao als Gott-ähnliches Wesen verehrt wurde, verstehen nicht, warum er in dieser Abbildung als zu den Menschen gehörig dargestellt wird. Ganz prinzipiell sind Pyramiden-Darstellungen als Visualisierungsversuche von Gesellschaftsordnungen ungeeignet; sie sind ein Beispiel für schlechte didaktische Reduktion. Die Vorliebe von Geschichtslehrwerken für solche Trivialisierungen hat der Historiker Bookmann (1992) am Beispiel diverser angeblicher Lehns-Pyramiden kritisiert: Er weist nach, wie der von Eike von Repgow um 1224 handgeschriebene (nicht gemalte! – die Illustrationen dazu sind zweihundert Jahre 'jünger'; sie stammen aus dem 14. Jahrhundert) Sachsenspiegel in heutigen Schulbüchern – weit über seine Absichten hinaus – als Schema der mittelalterlichen Verfassungs- oder gar Sozialordnung ausgegeben wird. Ironisch merkt Bookmann an, dass diese Sichtweise vom Mittelalter – das "Schulbuch-Mittelalter" – ein Fortspinnen dessen sei, was man im 19. Jahrhundert vom Mittelalter meinte und was die Geschichtswissenschaft inzwischen längst widerlegt habe. In vielen Schulbüchern werden diverse Pyramiden ausgegeben als Totalansicht auf die Gesellschaft des Mittelalters – sogar bis zum ausklingenden Absolutismus des 18. Jahrhunderts (immerhin 600 Jahre nach Eike von Repgow). Mit seiner Lehnspyramide hatte dieser ein viel bescheideneres Ziel: Er versuchte damit die Beziehung zwischen sieben Lehnsträgern anhand von zwei präzise operationalisierbaren Kriterien zu beschreiben: Wer ist berechtigt, von wem ein Lehen entgegen zu nehmen? Wer darf über wen zu Gericht sitzen?

## 8 ALTÄGYPTISCHE GESELLSCHAFT (HUB 51)

Solche präzisen Kriterien gibt die Pyramiden-Darstellung nicht her. Stattdessen sind bunt gemischt diverse Berufe sowie (nicht klar zu erkennen) Standeszugehörigkeiten und religiöse Funktionsträger abgebildet.

* Auch der Sachtext enthält viele Bezeichnungen, die Fünftklässler nicht ohne weitere Erläuterungen verstehen können (z.B. Wesir, Hoher Priester, Provinz, ...). So fragen Schüler z.B. nach, ob *Provinz* bzw. *Pharao* Berufe seien. Ein Schüler erklärt *Bauern* mit seinem Alltagswissen: *„Die bauten irgendwelche Sachen – 'nen Tisch oder so?".* Andererseits wecken Begriffe wie *Beamte* und *Feldhüter* zwangsläufig falsche Assoziationen. Selbst wenn SuS einige Merkmale des heutigen Beamtenstatus kennen, sind diese nicht übertragbar auf die sog. altägyptischen Beamten. Unklar ist, ob die SuS mit der Erklärung der Lehrerin etwas anfangen können, dass *Beamte* ein Überbegriff ist, während *Steuereintreiber* und *Feldhüter* als Berufe gelten können.

* Angesichts der vielen Irritationen und Fragen, die die Abbildung und der Sachtext schon jeweils für sich allein erzeugen, ist nicht verwunderlich, dass die Schüler zum Entdecken von Diskrepanzen und Widersprüchen beim Vergleich zwischen den beiden Materialien (Pyramiden-Modell und Sachtext) gar nicht erst kommen. Daher sieht sich die Lehrerein veranlasst, die für 30 Minuten vorgesehene erste Erarbeitungsphase schon nach 17 Minuten zu unterbrechen, um Fragen zu klären.

* Während die vorstehend beschriebenen Probleme nicht der Lehrerin anzulasten sind, weil sie sich an vermeintlich bewährten Vorgaben aus dem Schulbuch orientiert hat, trägt sie allerdings auch selbst mit ihrer Arbeitsanweisung, mit für Fünftklässler unverständlichen Begriffen („Kategorisierung") und mit zum Teil ungenauen Erklärungen zu Irritationen bei. Beim Sammeln von Vorschlägen, wie man Vermutungen „verifizieren" könnte, schiebt sie als Erklärung nach „Verifizieren, ne' steckt varus echt drin [...]". Nachdem ein Schüler auf ihre Frage, was die Tätigkeit eines Schreibers sei, antwortet, dieser habe Botschaften, Rechnungen „und so weiter" verfasst, schreibt die Lehrerin „Dokumentation / Niederschrift der Staatsgeschäfte" (das hatte sie vor dem Unterricht notiert). Im Interview räumt sie ein, dass SuS das so nicht formulieren würden, sie ihnen jedoch dabei helfen wollte, diesen besonderen Beruf zu verstehen.

Für Irritationen sorgt auch das Tafelbild. Zwar hat es die Lehrerin aus gutem Grund nicht schon im Entwurf festgelegt, um Schülerideen berücksichtigen zu können. Aber die nach und nach hinzugefügten Bezeichnungen und Erklärungen machen es dann unübersichtlich. Im nachträglichen Interview bezeichnet die Lehrerin es selbstkritisch als „chaotisch".

* Ungünstig sind auch einige Lehrerreaktionen auf unerwartete Schülerbeiträge. Die Vermutung eines Schülers, dass es am Nil aufgrund der vielen kleinen Dörfer wohl auch immer einen Pastor gegeben habe, kommentiert sie spontan als „niedlich". Nachdem kurze Zeit später ein anderer Schüler anmerkt, die Person in der Mitte des Schaubilds könnte der Pharao sein, weil sie von den anderen bedient werde, bemerkt die Lehrerin dazu ebenfalls ganz spontan, diese Vermutung sei „gar nicht so dumm" und sie würde noch darauf zurückkommen. Diese Kommentierung empfinden einige SuS als irritierend, denn sie wiederholen flüsternd, die Lehrerin habe den Beitrag als gar „nicht so dumm" bezeichnet. Das entgeht der Lehrerin nicht: Sobald geklärt ist, dass die Person im Schaubild den Wesir darstellt, spricht sie den Schüler noch einmal an und erläutert, dass sie mit der Äußerung „gar nicht so dumm" diesen Vorgriff eigentlich bestätigen wollte. Auch den Vorschlag eines Schülers, zur Klärung offener Fragen eine Zeitreise zu machen, qualifiziert sie zunächst als "ein bisschen unrealistisch" ab; sie äußert dann aber nur Sekunden später selbst die Idee zu einem Museumsgang (vermutlich als ihre Assoziation auf das Stichwort *Zeitreise*).

## 8.6 Resümee

Das Unterrichtsvorhaben ist ein Paradebeispiel dafür, in welchem Ausmaß eine situative Unterrichtsplanung erforderlich werden kann, wenn die Inszenierung der didaktischen Konstruktion nicht so gelingt, wie geplant. Während in dieser Doppelstunde laut Vorplanung ein anspruchsvolles Quellenkritisches Arbeiten im Vordergrund stehen sollte, wird diese Form eines aktiv-konstruktiven Lernens im Unterrichtsverlauf überlagert von diversen Verständnisproblemen. Die rezipierende Erarbeitung der Informationen aus den beiden Quellen, die als Grundlage für die aktive Problembearbeitung (Vergleich der Informationen aus dem Pyramiden-Modell mit den Informationen aus dem Sachtext) dienen sollte, gelingt nur ansatzweise. Der Unterricht bleibt in der Phase der rezeptiven Erarbeitung stecken, vieles bleibt den Schülern unklar. Die Lehrerin sieht sich bei ihren Bemühungen um Klärung genötigt zu einer starken Lenkung des Unterrichtsgesprächs, die den Empfehlungen zur Förderung aktiv-konstruktiven Lernens (s. Tab. 5, S. 55) zuwiderläuft. Auch einige der von ihr genutzten Korrekturversuche und Interventionsmaßnahmen tragen zu den Irritationen bei.

## 8 ALTÄGYPTISCHE GESELLSCHAFT (HUB 51)

Bei diesem Unterrichtsvorhaben schlagen Schwachstellen in der didaktischen Konstruktion durch, die erst beim Unterrichten offenkundig werden. Diese konzeptionellen Mängel (vor allem in den Materialien) sind so schwerwiegend, dass es der Lehrerin nicht möglich ist, sie durch improvisierende Maßnahmen aufzufangen. Ein Umschwenken auf einen Plan B zieht sie offensichtlich nicht in Erwägung, denn der Unterrichtsentwurf bleibt für sie bis zum Ende der rote Faden, an dem sie sich orientiert.

# 9 IGS 8. Jahrgang – Mathematik "Altindischer Beweis zum Pythagoras-Satz" (HUB 52) [15]

## 9.1 Kurzporträt des Unterrichtsvorhabens

In diesem 80 minütigen Unterrichtsblock sollen die 27 Schüler/innen einen Beweis des Pythagoras-Satzes anhand eines Arbeitsblatts nachvollziehen. Anfangs stellt der Lehrer die Kernidee des *Altindischen Beweises* mit einem Smartboard-Tafelbild vor (Zerlegung der geometrischen Figuren in Dreiecke, die dann neu zusammenzusetzen sind). Anschließend sollen sie in Partnerarbeit versuchen, diese Beweisidee nachzuvollziehen. Einige der in Partnerarbeit entwickelten Lösungsideen sollen dann vorgestellt und dabei der Beweisweg noch einmal ausführlich erklärt werden. In einem zweiten Abschnitt sollen die Schüler/innen Aufgaben in ihrem individuellen Lernplan bearbeiten. Einige Aufgaben dienen der Vertiefung und Anwendung des Pythagoras-Satzes, andere der Wiederholung von vorausgehenden Rechenoperationen. Zum Abschluss soll – falls erforderlich – eine der Aufgaben aus der Lehrplanarbeit besprochen werden, sofern sich deren Bearbeitung für mehrere Schüler/innen als schwierig erwiesen hat.

## 9.2 Geplanter Verlauf und intendierte Ziele für die Doppelstunde laut Entwurf

Für den Unterrichtsblock hat der Lehrer die folgenden Lehrziele notiert und eine tabellarische Verlaufsskizze angefertigt (s. Tab. 12).

**Lehrziele**
- SuS können den Satz des Pythagoras erläutern [allgemein, nicht nur $a^2+b^2=c^2$]
- SuS können die auf dem AB vorgestellte Beweisführung erklären
  *Bei Erläuterungen des Beweises und in der Erarbeitungsphase:*
- die SuS können erklären, dass [jeweils] vier kongruente Dreiecke angelegt wurden
- die SuS können erklären, dass die großen Quadrate gleich groß sind
- gegenseitiges Unterstützen der Arbeitsgruppe (bei der Lernplanarbeit)

---

[15] Die Aufzeichnung und Dokumentation dieses Unterrichts hat im Rahmen einer Masterarbeit (Studiengang Lehramt Gymnasium) Benjamin Drechsler vorgenommen.

| Zeit/ Abschnitt | Geplantes Lehrerverhalten, Lernorganisation, Erwartetes Schülerverhalten, kurzer Kommentar zur Phase | Aktionsform/ Medien/ Sozialform/ |
|---|---|---|
| 8.00 – 8.10<br>1. Einstieg | Begrüßung; Lehrer beschreibt den Ablauf der Stunde. Der Arbeitsauftrag, einen Beweis zu finden, wird mit den SuS besprochen. | LV / UG<br>Smartboard<br>AB |
| 8.10- 8.25<br>2. Erarbeitung | Die SuS schneiden die einzelnen Flächen aus und versuchen eine Beweisidee zu finden. Partnerteams, die keine eigene Idee entwickeln, erhalten ein zweites Arbeitsblatt, welches eine Struktur und eine Hilfe für den Beweis vorgibt. Nach 10 Minuten sollen sich die Partnerteams in der Tischgruppe austauschen. | PA / GA<br>AB<br>Bei Bedarf:<br>AB II |
| 08.25- 08.40<br>3. Präsentation und Besprechung | Einige SuS präsentieren ihre Beweisüberlegungen. Es wird nicht erwartet, dass sie alle Schritte des Beweises selbstständig erkennen, da bisher im Unterricht nur sehr selten Beweise thematisiert wurden. Deswegen werden alle Bereiche des Beweises besprochen. | UG<br>Smartboard |
| 08.40- 09.10<br>4. Lernplanarbeit | Die Schülerinnen und Schüler arbeiten an ihren Lernplänen. | EA |
| 09.10- 09.20<br>5. Stundenabschluss | Je nach Verlauf der Lernplanarbeit wird zum Abschluss eine kurze Aufgabe (5-10 Min.) bearbeitet. Dieses dient der Thematisierung von Problemen, die bei mehreren Schülerinnen und Schülern aufgefallen sind. | UG<br>Smartboard |

**Tab. 12:** *Altindischer Beweis des Pythagoras-Satzes* - Unterrichtsentwurf

Fachübergreifende Ziele werden (abgesehen vom gegenseitigen Unterstützen) in der Planungsskizze nicht ausdrücklich genannt, sind aber auszumachen: Die SuS sind gefordert, allein und gemeinsam zu lernen. Sie erhalten im Unterrichtsgespräch und in der Gruppenarbeit Gelegenheit, ihre Kooperationsfähigkeit zu verbessern, indem sie eigene Ideen einbringen und auf Kritik an eigenen Vorschlägen angemessen eingehen. Falls Schwierigkeiten bei der Bearbeitung der Aufgabe auftauchen, kann dieser Unterricht auch dazu

## 9 Beweis zum Pythagoras-Satz (HUB 52)

beitragen, eine Frustrationstoleranz gegenüber Lernhindernissen zu entwickeln.

Den zunächst auf dem Smartboard erläuterten und dann auf dem Arbeitsblatt I vorgelegten *Altindischen Beweis* zeigt Abb. 22. Das Arbeitsblatt II, das die Schüler erhalten, wenn sie die Beweisidee anhand des Arbeitsblatts I nicht nachvollziehen können, zeigt Abb. 23.

**Abb. 22:** Arbeitsblatt I *Altindischer Beweis*

**Dynamische Geometrie** — Satzgruppe des Pythagoras

## Altindischer Beweis II

Schreibe den Satz des Pythagoras auf:

_____

_____

Diesen Satz sollst du jetzt im Folgenden beweisen. Die beiden Flächen können dir dabei helfen.

Schreibe auf, warum der Satz des Pythagoras für jedes rechtwinklige Dreieck gilt. In deiner Begründung sollten auch die Ausgangsstücke (3 Quadrate, 8 kongruente (gleiche) rechtwinklige Dreiecke) eine Rolle spielen.

_____

_____

_____

_____

_____

_____

_____

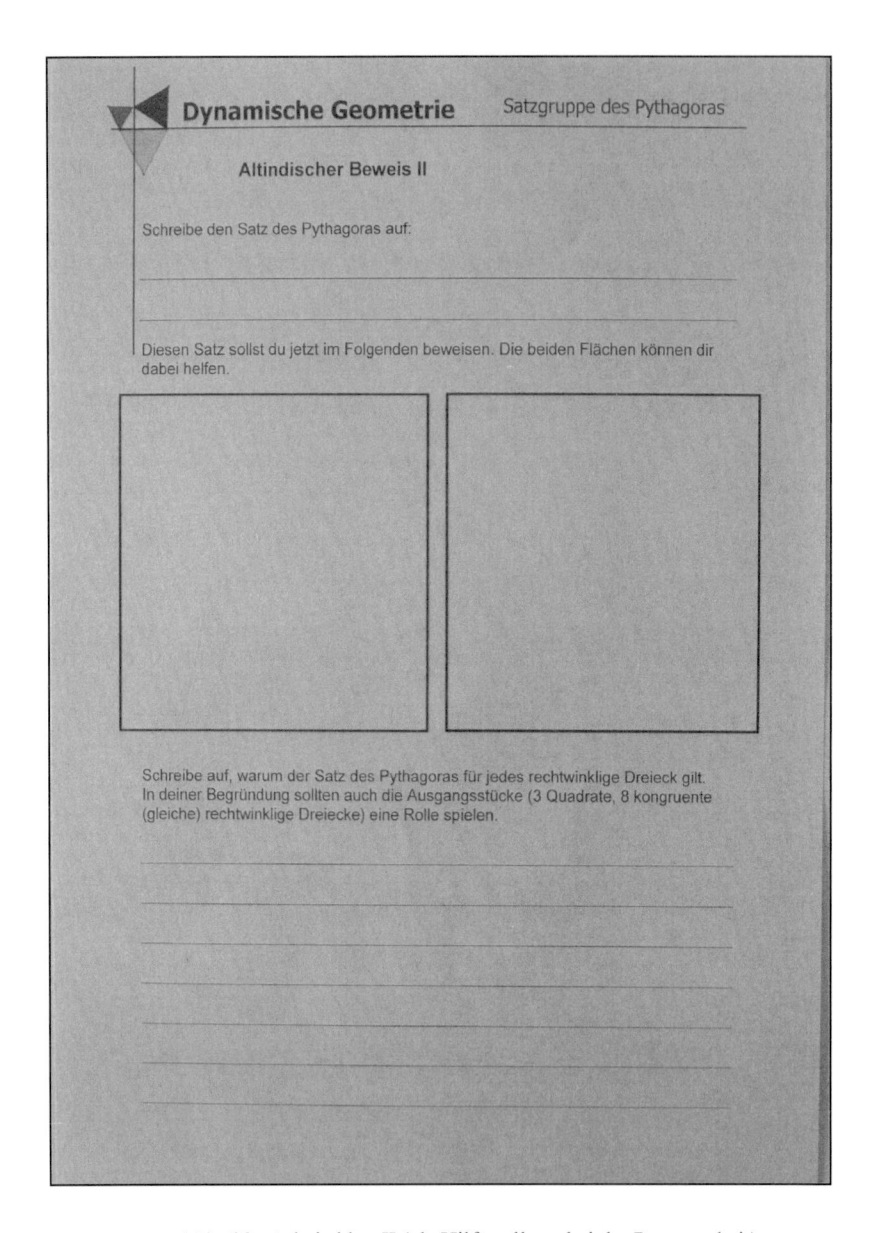

**Abb. 23:** Arbeitsblatt II (als Hilfestellung bei der Partnerarbeit)

# 9 Beweis zum Pythagoras-Satz (HUB 52)

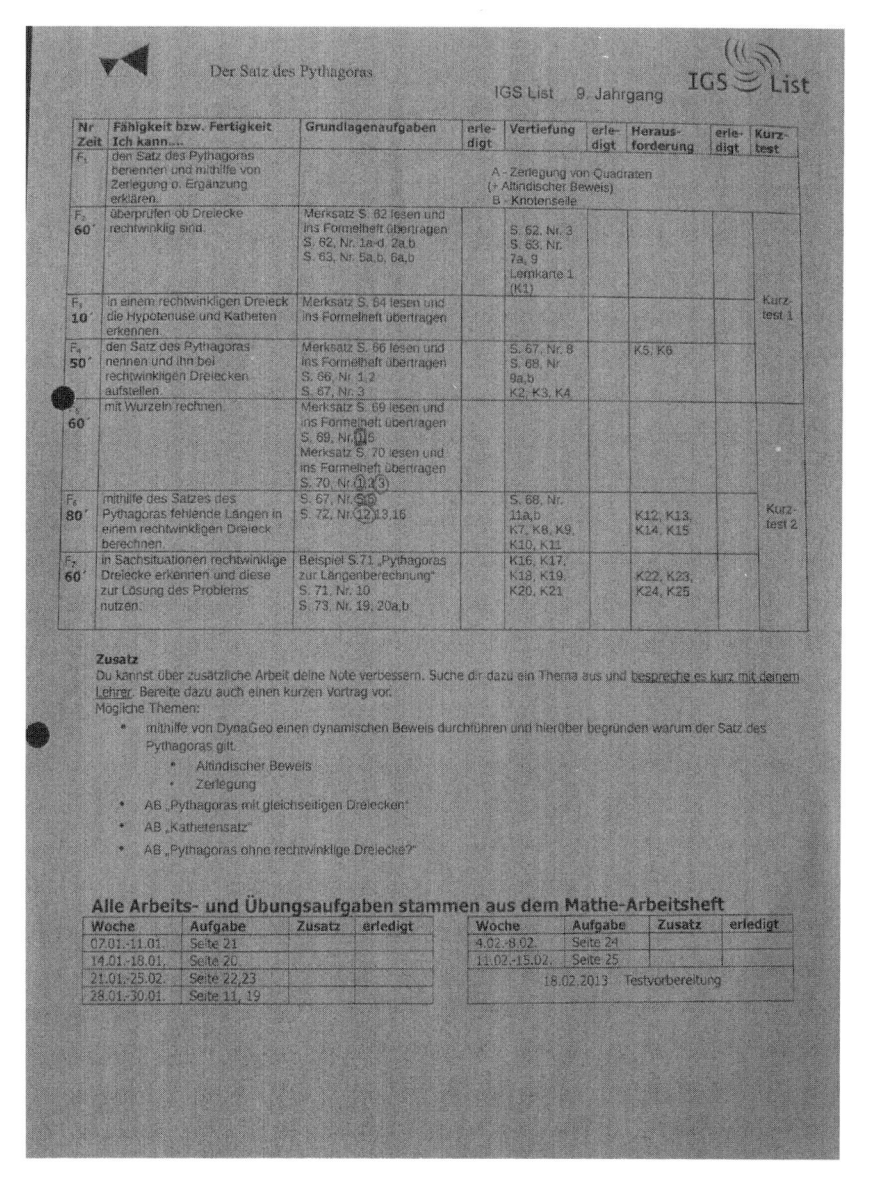

Abbildung 24 zeigt die Aufgaben für die individuelle Lehrplanarbeit.

**Abb. 24:** Aufgaben aus der Lehrplanarbeit zum *Pythagoras-Satz*

## 9.3 Die unterrichtsmethodische Ausrichtung der Doppelstunde in der Planungsperspektive

Bereits in der Planungsperspektive sind bei diesem Unterrichtsvorhaben ausschließlich rezipierende Arbeitsformen vorgesehen. Diese Zuordung ist für den ersten Teil (Abschnitte 1 bis 3) nicht offensichtlich, denn der Auftrag, eine "Beweisidee für den Pythagoras-Satz zu finden", erscheint auf den ersten Blick als aktiv-konstruktive Problemstellung. Allerdings besteht das "Finden" nicht im eigentlichen Sinn des Wortes darin, einen Beweisweg selbst zu entdecken (was ganz sicher nicht nur für die meisten Achtklässler ein aussichtsloses Unterfangen wäre), sondern 'bloß' darum, den im Arbeitsblatt vorgegebenen Beweisweg nachzuvollziehen. Auch das ist für die Schüler/innen eine knifflige Aufgabe, denn selbst wenn man es schafft, die ausgeschnittenen Dreiecke so zusammenzusetzen, dass die Flächengleichheit von Hypotenusen-Quadrat und den beiden Katheten-Quadraten deutlich wird, ist damit die Beweisidee nicht unbedingt verstanden. (Leser/innen mit eher geringer Affinität zur Mathematik können sich davon überzeugen, indem sie selbst versuchen, diesen Beweisweg nachzuvollziehen).

Die Lehrplanarbeit im zweiten Teil dieses Unterrichtsvorhabens ist aufgrund der Aufgabenstellungen eindeutig dem rezipierenden Lernen zuzuordnen, bei dem es um das Üben und Wiederholen von Rechenverfahren bzw. vertiefende Aufgaben zum Satz des Pythagoras geht.

## 9.4 Realisierter Verlauf und Abweichungen von der Vorplanung

Kennzeichnend für den Unterricht ist über den gesamten Zeitraum eine konzentrierte Arbeitsatmosphäre. Der Geräuschpegel ist in Situationen, in denen der Lehrer Ruhe einfordert, auch tatsächlich sehr niedrig. Übliche Klassenregeln werden eingehalten, die SuS hören einander zu. SuS und Lehrer gehen respektvoll miteinander um. Es gibt nur wenige kleinere Störungen, auf die der Lehrer eingeht. So kritisiert er gleich zu Anfang einen Schüler, der kurz nach Unterrichtsbeginn den Klassenraum betritt, um etwas von seinem Platz zu holen, das er für den Unterricht in einer anderen Lerngruppe vergessen hatte.

Allerdings kommt es gegenüber der Vorplanung zu erheblichen Abweichungen, weil die meisten SuS trotz Inanspruchnahme von Arbeitsblatt II Schwierigkeiten damit haben, den Grundgedanken des *Altindischen Beweises* nachzuvollziehen (s. Tab 13):

# 9 BEWEIS ZUM PYTHAGORAS-SATZ (HUB 52)

| Abschnitt (Szene) | Inhalt | Dauer [min:sec] | im Video |
|---|---|---|---|
| 1. Stundeneröffnung und Rückblende | Der Lehrer lässt den Pythagoras-Satz wiederholen und erläutert, was ein mathematischer Beweis ist. | 3:09 | 3:09 |
| 2. Erläuterung des Arbeitsauftrags | Der Lehrer erklärt den Arbeitsauftrag anhand eines Tafelbilds vom *Altindischen Beweis*. | 2:36 | 2:36 |
| 3. Erste Arbeitsphase | SuS versuchen in Partnerarbeit, die Beweisidee nachzuvollziehen. | 19:22 | 14:23 |
| 4. Besprechung der Ergebnisse | Einige Schüler stellen ihre Überlegungen vor; der Lehrer erläutert die Beweisidee | 16:14 | 16:14 |
| 5. Zweite Arbeitsphase | Notieren der Beweisidee im Heft; anschließend arbeiten die SuS an ihrem individuellen Lernplan. | 29:54 | 29:54 |
| 6. Erläuterung der Beweisidee | Der Lehrer lässt die Beweisidee noch einmal erläutern und gibt einen Ausblick auf den folgenden Unterricht. | 2:51 | 2:51 |
| 7. Ausfüllen der Fragebögen | Der Unterrichtsbeobachter teilt seinen Fragebogen zum Unterricht an die Schüler aus. | ca. 7 | - |

**Tab. 13:** *Altindischer Beweis des Pythagoras-Satzes* - Unterrichtsverlauf

**Abschnitt 1 (Einstieg):** Der Lehrer beginnt den Unterricht mit der Themenankündigung (Beweis des Satzes des Pythagoras). Er hebt hervor, dass das Beweisen eine Besonderheit der Mathematik ist und lässt den Satz des Pythagoras von SuS wiederholen.

**Abschnitt 2 (Arbeitsauftrag):** Der Lehrer erläutert den Arbeitsauftrag für den folgenden Abschnitt. Die SuS erhalten jeweils zu zweit das Arbeitsblatt I, auf welchem elf Flächen abgebildet sind. Diese Flächen sollen ausgeschnitten und so zusammengelegt werden, dass daraus die Gültigkeit des Pythagoras-Satzes hervorgeht. Sie sollen zunächst zu zweit arbeiten und sich nach einem Zeichen des Lehrers mit den anderen Partnergruppen am Tisch austauschen. Bei Bedarf können sie sich das Arbeitsblatt II vom Lehrerpult holen.

**Abschnitt 3 (Erarbeitung der Beweisidee):** Die SuS bearbeiten gut 20 Minuten die gestellte Aufgabe. Sie schneiden die Flächen aus und probieren verschiedene Möglichkeiten, sie zusammenzulegen. Viele SuS ignorieren die Anweisung, sich zunächst ausschließlich mit dem Sitzpartner auszutauschen, und bearbeiten den Arbeitsauftrag gleich gemeinsam in der Tischgruppe. Fast alle Gruppen holen sich nach dem Ausschneiden der Flächen von Arbeitsblatt I das Arbeitsblatt II zur Hilfe. Der Lehrer geht herum, berät und gibt Hinweise. Nach gut zehn Minuten sind an den ersten Tischen zwei flächengleiche Figuren gelegt. Es gelingt jedoch nur wenigen SuS, damit die Gültigkeit des Pythagoras-Satzes zu begründen.

**Abschnitt 4 (Besprechung der Beweisidee):** Die Besprechung der Überlegungen der SuS zu dem Beweis wird am Smartboard durchgeführt und auch die Ergebnisse werden an diesem gesichert. Der Lehrer hat dazu die beiden flächengleichen Figuren, die fast alle Gruppen gebildet haben, bereits vorbereitet. Zunächst erläutert ein Schüler, wie die beiden Flächen konstruiert wurden. Die Tatsache, dass die beiden Flächen gleich sind, wird im Folgenden begründet. Da viele SuS die notwendige Voraussetzung nicht erkannt haben und bei den Überlegungen zum Beweis meist keine Ideen entwickelt haben, muss der Lehrer die SuS mittels Fragestellungen und eines Hilfsdreiecks zu den notwendigen Begründungen führen. Dazu beschriften mehrere SuS nacheinander die beiden Figuren am Smartboard. Nach der Begründung der Gleichheit der Seitenlänge beiden Figuren werden die Vierecke auf Rechtwinkligkeit überprüft. Anschließend werden die vorher erarbeiteten Erkenntnisse von zwei SuS wiederholt und eine Schülerin erklärt mit Ergänzung des Lehrers, weshalb daraus die Begründung für den Satz des Pythagoras folgt. Die SuS erhalten den Auftrag, das Tafelbild abzuzeichnen und die genannten Begründungen des Beweises in ihr Heft zu schreiben.

**Abschnitt 5 (Sicherung der Beweisidee und Lernplanarbeit):** Vor Beginn der Lehrplanarbeit notieren die SuS die Begründung zum Satz des Pythagoras in ihr Heft und übertragen auch die an der Tafel vervollständigte Skizze. Anschließend bearbeiten sie in ihrem Lernplan zum „Satz des Pythagoras" nach Wahl verschiedene Aufgaben mit unterschiedlichem Schwierigkeitsgrad, wobei sie anhand der Rubrik ablesen, welche Fähigkeiten und Fertigkeiten damit jeweils gefördert werden sollen. Die meisten SuS bearbeiten die gleichen Aufgaben wie ihre Tischnachbarn – vermutlich, um sich gegenseitig bei Schwierigkeiten zu unterstützen und um Ergebnisse zu vergleichen. Der Lehrer geht während der Lernplan-

## 9 BEWEIS ZUM PYTHAGORAS-SATZ (HUB 52)

Arbeitsphase durch den Raum. Er verschafft sich einen Überblick über die bearbeiteten Aufgaben, steht für Fragen der SuS zur Verfügung und gibt einzelnen SuS Hilfen zur Bearbeitung.

**Abschnitt 6 (Wiederholte Erläuterung des Beweiswegs):** Der Lehrer kündigt an, dass die Schwierigkeiten, die sich bei einigen Aufgaben der Lernplanarbeit gehäuft haben, in der nächsten Stunde besprochen werden. Zum Abschluss wiederholen zwei SuS die Überlegungen zum Beweis und der Lehrer versucht, die Allgemeingültigkeit des Satzes mit Hilfe der Computersoftware DynaGeo zu veranschaulichen.

**Abschnitt 7 (Schülerbefragung):** In den letzten sechs Minuten füllen die SuS den Schülerfragebogen zu dieser Unterrichtsstunde aus.

### 9.5 Mikroanalyse des Unterrichts

Die Einführung in das Thema nutzt der Lehrer dazu, eine Besonderheit der Mathematik herauszustellen:

"Ich möchte mit euch heute einen Beweis zu unserem Satz des Pythagoras machen. Beweis ist das Besondere an der Mathematik, soll heißen, die Mathematik kann alle ihre Sachen wirklich nachweisen, dass sie stimmen. Das können die anderen Wissenschaften normalerweise nicht. Die können Hypothesen aufstellen, die können Versuche machen, die können das überprüfen, aber in der Mathematik können wir wirklich sicher sagen ‚das stimmt immer'. Und dafür gibt es so genannte Beweise, denn eigentlich sind das nur Begründungen, dass so ein Sachverhalt gelten muss."

Dieses 'hohe Lied' des Mathematiklehrers auf 'sein' – bei vielen Schülern bekanntlich nicht sonderlich beliebtes – Fach soll vermutlich die Motivation der Schüler erhöhen. Ob dieses Werben erfolgreich ist, lässt sich von außen betrachtet nicht einschätzen.

Der Versuch des Lehrers, am bereits erarbeiteten Wissen zum Pythagoras-Satz anzuknüpfen ("Wer sagt noch mal den Satz des Pythagoras? Wer traut sich?"), hat mäßigen Erfolg. Er ruft einen Schüler auf, der sich gemeldet hat und dann die folgende rätselhafte Erläuterung von sich gibt: "Wenn die zwei kürzeren Flächen zum Quadrat eines Dreiecks, das die dritte Fläche ergeben, also das dritte Quadrat mit der längsten Seite, dann ist das ein rechtwinkliges Dreieck."

Der Lehrer verkneift sich einen kritischen Kommentar und reagiert taktvoll: "Ja. Wer hat sich den anders gemerkt?"

Er ruft einen zweiten Schüler auf (" Wie hast du ihn dir gemerkt?"), der - geprägt von acht Jahren Schulerfahrung - das bemerkenswerte Angebot macht:

"So wie ich ihn mir gemerkt habe oder so, wie sie ihn hören wollen?"

Der Lehrer: "Sag beides."

Der Schüler: "Also ich hab ihn mir: a Quadrat plus b Quadrat gleich c Quadrat, wobei c Quadrat die längste Seite ist in der... Und der Satz dazu ist: Die beiden kürzeren

Seiten im Quadrat ergeben die längere Seite im Quadrat, wenn es ein rechtwinkliges Dreieck ist."

Der Lehrer kommentiert: "Ich sag mal so, mit dem Zusatz ‚und dass es ein rechtwinkliges Dreieck ist' [L. öffnet nebenbei das Arbeitsblatt „Altindischer Beweis" auf dem Smartboard], darfst du dir natürlich auch gerne den ersten Sachverhalt merken."

Nach diesem nicht so ganz geglückten Rückblick erläutert der Lehrer den Arbeitsauftrag anhand der Abbildung am Smartboard, bei der alle Schüler/innen – soweit das von außen zu beurteilen ist – aufmerksam zuhören.

In der folgenden Erarbeitungsphase sind einige die Partner- und Tischgruppen offensichtlich mit Interesse dabei, den Arbeitsauftrag auszuführen. Wie in Videoszene 3 zu sehen ist, werden an einigen Tischen mehrere Versuche unternommen, die Aufgabe zu lösen – z.T. begleitet von engagierten Streitgesprächen über mögliche Lösungsansätze. Aber nicht alle Schüler arbeiten aus eigenem Antrieb und mit Interesse an der Aufgabe. Einige SuS gähnen oder spielen mit den Scheren. Andere SuS wirken mit fortlaufender Zeit zunehmend genervt oder verzweifelt, da sie die Formen nicht passend zueinander legen können. Einige Gruppen haben zwar die ausgeschnittenen Formen richtig angeordnet und auch die Flächengleichheit beider Figuren erkannt, scheinen aber trotzdem nicht zu verstehen, warum das ein Beweis sein soll. Der Lehrer wirkt in dieser Erarbeitungsphase beim Herumgehen überwiegend zurückhaltend und lässt Umwege, selbst Irrwege zu. Andererseits lenkt er gelegentlich mit kleinen Hilfen, Kommentaren und Bewertungen. Nicht alle Hilfen werden von den SuS verstanden. So fragt er in Szene 3 nach, warum die beiden Quadrate gleich groß sind, obwohl die SuS zuvor ihre Erklärung mithilfe der Dreiecke vorgetragen haben. Zwar räumt der Lehrer den Schülern etwas mehr Zeit als geplant ein (knapp 20 statt 15 Minuten), aber ohne den gewünschten Erfolg. Aus den Äußerungen der SuS untereinander und ihren Erläuterungen gegenüber dem Lehrer wird deutlich, dass die meisten SuS die Kernidee des *Altindischen Beweises* nicht nachvollziehen können.

Das gelingt auch nicht im 4. Abschnitt bei der Vorstellung und Besprechung der Ergebnisse der Gruppenarbeit. Der Lehrer versucht dabei, die SuS durch geschicktes kleinschrittiges Fragen zum Nachentdecken der Beweisidee zu führen, muss jedoch oft seine Fragen selbst beantworten. Die zunächst auffällig geringe Beteiligung der SuS zeigt, dass viele die Flächengleichheit der beide Figuren nicht begründen können und erst recht nicht verstanden haben, warum damit der Pythagoras-Satz bewiesen ist. Während dieser Phase ist etwas Unruhe zu bemerken, die der Lehrer jedoch durch Ermahnungen schnell unterbindet. Erst nachdem der Lehrer als Lösungshilfe das Schema eines Dreiecks am Smartboard zeigt und mit den SuS erarbeitet,

## 9 BEWEIS ZUM PYTHAGORAS-SATZ (HUB 52)

wie sie dieses auf die Quadrate anzuwenden haben, steigt die Beteiligung. Zahlreiche SuS melden sich, um die fehlenden Buchstaben am Smartboard nachzutragen. Da nicht der Lehrer entscheidet, wer als nächstes an die Tafel kommen soll, sondern sie sich nacheinander selbst aufrufen, fördert das die Mitarbeit. Nach der Begründung der Gleichheit der Seitenlängen beider Figuren werden die Vierecke auf Rechtwinkligkeit überprüft. Zur Ergebnissicherung sollen zwei SuS diese Erkenntnisse wiederholen. Schließlich erklärt eine Schülerin mit Ergänzungen von Seiten des Lehrers, weshalb daraus die Begründung für den Satz des Pythagoras folgt.

Der Lehrer ist sich offenbar nicht sicher, ob die Mehrheit der Schüler diese Erklärung verstanden hat. Vermutlich nimmt er deshalb am Ende des 4. Abschnitts, der ebenfalls etwas länger als geplant dauert, eine Planänderung vor: Er lässt die Schüler nach der Präsentation nicht gleich mit der Lehrplanarbeit beginnen, sondern zunächst die in Abschnitt 4 zusammengetragenen Ergebnisse in ihre Hefte bzw. auf einen Zettel abschreiben. Die SuS, die die ausgeschnittenen Formen noch nicht vollständig zu den zwei Figuren zusammengeklebt haben, müssen das vorher noch nachholen.

Für die Bearbeitung der Aufgaben auf dem Lehrplan bleibt somit einigen SuS erheblich weniger Zeit als geplant. Der Lehrer erklärt die Lehrplanarbeit nach knapp 30 Minuten für beendet. Aus den Kommentaren einiger SuS geht hervor, dass sie das als recht abrupt empfinden (obwohl der Lehrer ca. 2 Minuten vorher das bevorstehende Ende der Lehrplanarbeit bereits angekündigt hatte).

Die ursprünglich zum Abschluss der Lehrplanarbeit geplante Besprechung von Aufgaben, die Probleme bereitet haben, verschiebt der Lehrer auf die nächste Mathematikstunde. Stattdessen nutzt er die verbleibenden knapp drei Minuten, um den SuS noch einmal eine Gelegenheit zu geben, die Grundidee des *Altindischen Beweises* zu verstehen ("Ich möchte jetzt, als letztes für Mathe, noch mal einmal diesen Beweis von euch hören. ... So, warum ist das hier *[er zeigt dabei auf das Smartboard und ruft dann mit einem Klick das Programm DynaGeo auf, wo die beiden neuen Figuren und die Figur auf dem Arbeitsblatt nebeneinander vorliegen hat]* ein Beweis für'n Satz des Pythagoras? ").

Die Antworten von zwei Schülern zeigen, dass sie die Flächengleichheit nachvollziehen können. Aber da dem Lehrer aus ihren Äußerungen nicht deutlich genug hervorgeht, dass sie damit auch die Beweisidee verstanden haben, versucht er das zum Abschluss selbst mit einem speziellen Feature des Programms *DynaGeo* am Smartboard zu demonstrieren, was einige Schüler zu verblüffen scheint.

## 9.6 Resümee

Der realisierte Unterricht entspricht von seiner methodischen Ausrichtung der im Entwurf skizzierten Planung: Die Schüler bemühen sich im Sinne eines rezipierenden Lernens darum, eine vom Lehrer auf dem Smartboard und einem Arbeitsblatt vorgegebene Beweisidee nachzuvollziehen. Anschließend bearbeiten sie Übungs-, Wiederholungs- und Vertiefungsaufgaben zum selben Thema.

Abweichungen gegenüber der Planung hinsichtlich der zeitlichen Struktur sind auf den ersten Blick gering. Allerdings löst sich der Lehrer schon nach der ersten Erarbeitungsphase von seiner Planung, weil er feststellt, dass niemand (auch nicht, wie von ihm erwartet, die „schnelleren" Schüler) den Beweis mithilfe des Arbeitsblattes nachvollziehen können. Er lässt alle SuS zu Beginn der Lehrplanarbeit das zuvor Besprochene und an der Tafel Notierte abschreiben und fordert einige SuS, die die beiden Figuren noch nicht vollständig geklebt haben, dazu auf, das fertig zu stellen. Auch die Auswertung der Lehrplanarbeit entfällt zugunsten einer nochmaligen Wiederholung der Beweisidee. Diese Veränderung gegenüber der ursprünglichen Planung fällt nicht als größere Abweichung auf, weil die Lehrplanarbeit eine geeignete 'Manövriermasse' dafür bietet.

Fraglich ist, ob diese Wiederholungen und Ergänzungen ausgereicht haben, um das zentrale fachliche Lehrziel letztlich doch noch zu erreichen. Die Beiträge des Lehrers in Abschnitt 4 und 6 lassen vermuten, dass er schon während des Unterrichts daran zweifelt. Im anschließenden Interview räumt er ein, dass es möglicherweise besser gewesen wäre, „Beweise mit einfacherer Argumentationskette" einzusetzen.

Bei der schriftlichen Befragung geben mehr als 40% der SuS an, sich für das Thema der Stunde „eher nicht" interessiert zu haben. Ob das einem generellen Desinteresse an dem mathematischen Thema geschuldet ist oder an dem für einige vermutlich frustrierenden Erlebnis liegt, den Beweis nicht nachvollziehen zu können, kann aus der Befragung nicht abgelesen werden.

# 10 IGS 6. Klasse – Physik "Elektrospaß" (HUB 53) [16]

## 10.1 Kurzporträt des Unterrichtsvorhabens

Im Zentrum dieses 80-minütigen Unterrichtsblock steht das Bauen eines Elektrospiels. Die Schüler/innen können wählen, ob sie ein Geschicklichkeitsspiel oder ein Quiz-Spiel bauen. Bei beiden Konstruktionsaufgaben geht es darum, Kenntnisse über den einfachen elektrischen Stromkreis anzuwenden. Dieses Unterrichtsvorhaben ist Bestandteil des Jahresarbeitsplans dieser IGS, die im Bereich Naturwissenschaften das Rahmenthema „Technische Geräte erleichtern unseren Alltag" vorsieht. Laut Kerncurriculum und Schulcurriculum soll der Unterricht dazu beitragen, das „Wissen über einfache Stromkreise, Wirkungen des elektrischen Stroms und Magnetismus" anzuwenden und zu vertiefen.

## 10.2 Geplanter Verlauf und intendierte Ziele für die Doppelstunde laut Entwurf

Die Lehrerin hat für die Doppelstunde die umseitige Planungsskizze angefertigt (s. Tab. 14). Sie hat keine schriftlichen Lehrziele formuliert, aber anhand der Videoaufnahme und des Materials können einige mutmaßliche Ziele rekonstruiert werden. Die Schüler sollen ihr Wissen über die Glühbirne und den elektrischen Stromkreis anwenden, indem sie ein Elektrospiel entwerfen und so bauen, dass es funktioniert (geschlossener Stromkreis, Aufleuchten der Glühbirne beim heißen Draht bzw. Ertönen eines Signals beim Quiz). Im Einzelnen sollen sie in Hinblick auf die fachlichen Ziele:
1. ... einen Schaltplan zeichnen und dabei die Regeln für das Zeichnen eines Schaltplans anwenden.
2. ... beim Bauen des Spiels verschiedene Arbeitstechniken anwenden.
3. ... die Wirkung des elektrischen Stroms in einem Stromkreis am Beispiel ihres selbst gebauten Spiels beschreiben.
4. ... ihr Fachwissen austauschen und in der Fachsprache argumentieren.

---

[16] Die Aufzeichnung und Dokumentation dieses Unterrichtsvorhabens hat im Rahmen einer Masterarbeit (Studiengang Lehramt Gymnasium) Christina Hoffrogge vorgenommen.

| Zeit | Phase/Inhalt | Methode/ Sozialform | Medien |
|---|---|---|---|
| 5´ | Einstieg/Motivation<br>L. zeigt Schülern ein Bild per Netbook (s. Abb. 18) und zeigt mit ihrem Finger auf ihr Auge: „Ich sehe..." Schüler melden sich und erzählen was sie sehen. Sie nehmen sich gegenseitig dran.<br>L. zeigt auf ihren Kopf „Ich denke..." Schüler melden sich, nehmen sich gegenseitig dran und erzählen ihre Gedanken zu dem Bild. | Stummer Impuls<br><br>Redekette | Whiteboard |
| 13´ | Aufgabenstellung<br>Es wird geklärt worum es geht. L. fragt die SuS, welches Wissen sie aus dem bisherigen Unterricht zum Erfüllen der Aufgabe nutzen können. Per Netbook zeigt die L. das Aufgabenblatt. Es wird besprochen. | Lehrer-Schüler-Interaktion | Whiteboard |
| 45´ | Erarbeitung<br>Die SuS haben in der Stunde zuvor entschieden ob sie alleine oder in einer Gruppe arbeiten möchten. Je nach dem setzen sich zusammen oder bleiben alleine an ihrem Platz, holen danach ihr Material und beginnen mit der Bearbeitung der Aufgaben. Differenzierung: Die SuS können in ihrem eigenen Tempo arbeiten und sich zur Unterstützung Hilfekarten bei der Lehrkraft anschauen. | Gruppen- und Einzelarbeit (n. Neigung)<br>L. berät/ gibt indiv. Hilfen. | Material der SuS und der Lehrin |
| 7´ | Reflexion<br>Nach dem Aufräumen erhalten die SuS einen Reflexionsbogen. Sie überlegen, sie was sie in der Stunde – allein oder in ihrer Gruppe – geschafft haben, was gut geklappt hat, was nicht, und was sie sich für die nächste Stunde vornehmen. | Gruppen- und Einzelarbeit (je nach Neigung) | Reflexionsbogen |
|  | Didaktische Reserve<br>Die Erarbeitungsphase kann je nach Zeitentwicklung verlängert oder unterbrochen werden. |  |  |

Tab. 14: *Elektrospaß* - Unterrichtsentwurf

# 10 PHYSIK - ELEKTROSPASS (HUB 53)

Nach Mitteilung der Lehrerin sollen neben methodischen Kompetenzen auch soziale und personale Kompetenzen gefördert werden. Die SuS sollen selbstständig arbeiten, dabei auf vorhandenes Wissen zurückgreifen und zum Lösen der Aufgabe ihre Kenntnisse, Fähigkeiten und Fertigkeiten einsetzen. Angesprochen sind damit mehrere fachübergreifende Ziele im Bildungsauftrag des niedersächsischen Schulgesetzes: Die SuS lernen allein und mit anderen zusammen. Dabei sprechen sie sich über das Vorgehen ab und müssen sich über das erwünschte Ergebnis, die Materialauswahl, die Arbeitsteilung u.a.m einigen. Die SuS müssen aufeinander eingehen und ggfs. auftretende Konflikte konstruktiv bewältigen. Mittels Reflexionsbogen sollen sie auch lernen, ihren Lernweg rückblickend zu überdenken und zu bewerten. Insofern hat dieser Unterricht als starke fachübergreifende Zielkomponente die Förderung von Kooperations- und Kommunikationsfähigkeit sowie von Problemlösekompetenz.

Zum Einstieg will die Lehrerin zwei Bilder projizieren, zu denen die SuS sich äußern sollen (Abb. 25):

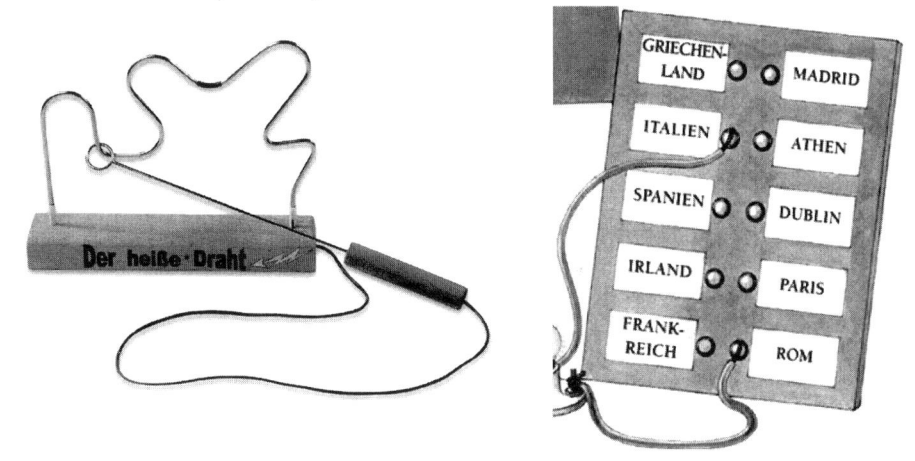

**Abb. 25:** Stummer Impuls zum Einstieg an der elektronischen Tafel

Nachdem die SuS die Spielidee von beiden Abbildungen beschrieben haben, will die Lehrerin mit Hilfe von drei Folien erläutern, wie diese beiden Spiele konstruiert werden können. Die SuS erhalten ein Arbeitsblatt mit der Aufgabenstellung (Abb. 26). Sie haben die Wahl, welches der beiden Spiele sie bauen und ob sie das allein oder in einer kleinen Gruppe machen möchten. Bei Bedarf können sie sich als Hilfe den Konstruktionsplan ihres gewählten Spiels auf einem zweiten Arbeitsblatt abholen (Abb. 27 und 28).

Arbeitsblatt   Technische Geräte | Datum:

# Elektrospaß

## Vorgabe

Baue 1 Elektrospiel mit Spielanleitung

## Aufgaben

(1) Wähle aus zwischen dem „Heißen Draht" und dem „Elektroquiz".

(2) Mache dir einen genauen Plan für dein weiteres Vorgehen. Führe dabei ein Versuchsprotokoll mit folgenden Punkten: Material, Skizze, Schaltplan

(3) Wähle gezielt deine Materialen aus und baue dein eigenes Spiel.

(4) Gestalte eine Spielanleitung. Tipps: Spielmaterial, Spielskizze, Spielziel, Spieldauer und Spielverlauf

## Bewertung

- ❖ Versuchsprotokoll (Planung)
- ❖ Elektrospiel
- ❖ Spielanleitung
- ❖ Reflexionsbögen

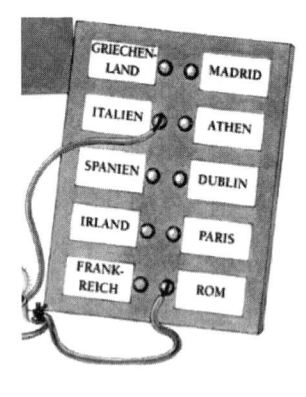

Du kommst nicht weiter?
Dann schaue dir die Hilfe-Karte an.

**Abb. 26:** *Elektrospaß* - Folie bzw. Arbeitsblatt

## 10 Physik - Elektrospaß (HUB 53)

**Elektrospaß - Hilfen zum Arbeitsblatt 1**

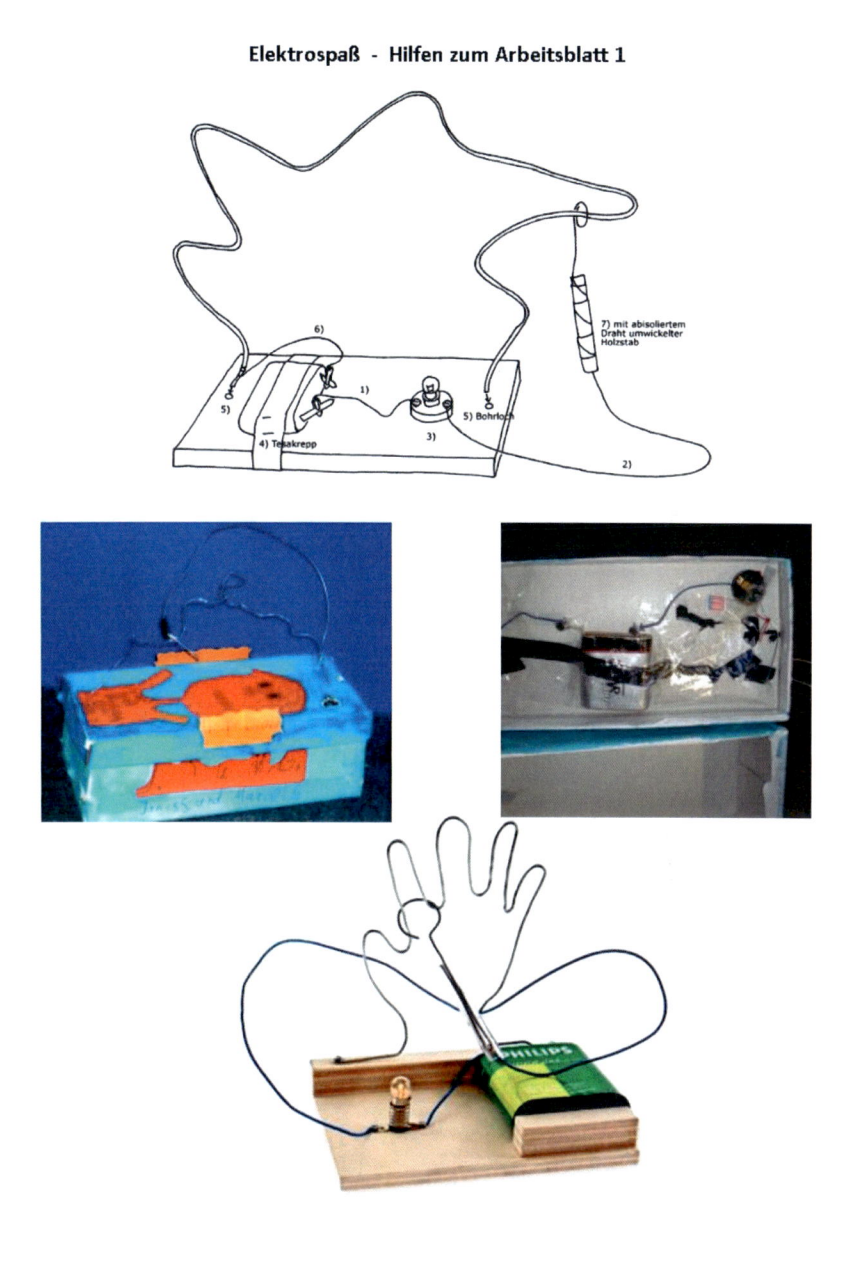

7) mit abisoliertem Draht umwickelter Holzstab

6)
5) 1)
4) Tesakrepp 3) 5) Bohrloch
2)

**Abb. 27:** Folie bzw. Arbeitsblatt *Hilfe zum Heißen Draht*

**Elektrospaß - Hilfen zum Arbeitsblatt 2**

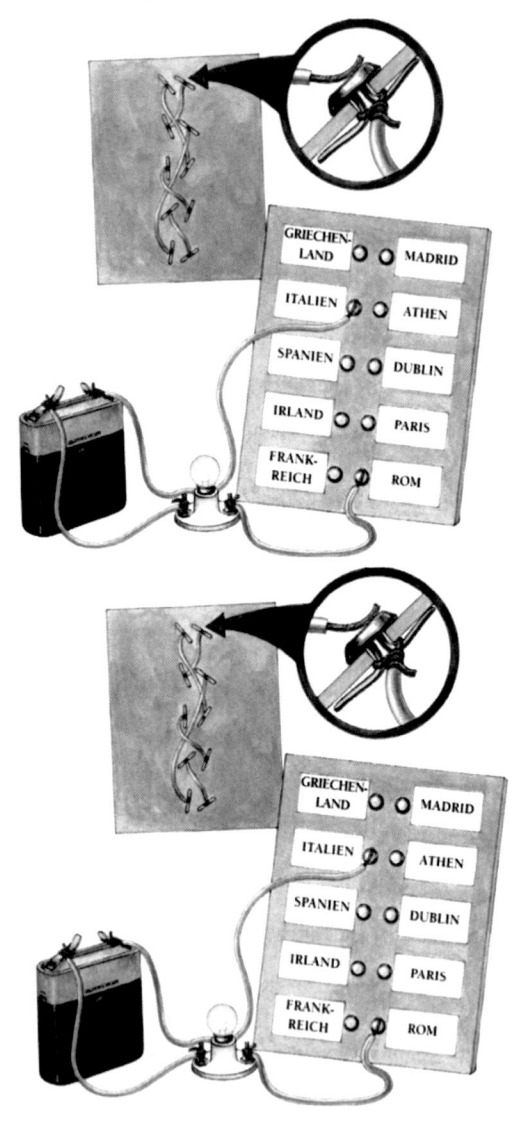

Abb. 28: Folie bzw. Arbeitsblatt *Hilfe zum Elektro-Quiz*

Für den letzten Abschnitt hat die Lehrerin einen "Reflexionsbogen" vorbereitet, auf dem die Schüler/innen eine Einschätzung zum Unterricht abgeben sollen – entweder gruppenweise oder einzeln, wenn sie allein gearbeitet haben (s. Abb. 29).

*Reflexionsbogen zur Beurteilung der Gruppenarbeit - von jeder Gruppe auszufüllen*

Namen:_____

Datum:_____

**Kurz nachgedacht**

Was habt ihr heute geschafft? Seid ihr damit zufrieden?
_____
_____
_____
_____

Wie verlief eure Gruppenarbeit (Rollenverteilung, Zeitmanagement, arbeiten alle, Klärung von Konflikten ...)?
_____
_____
_____

Was nehmt ihr euch für die nächste UZE vor?
_____
_____
_____

Bewertet eure geleistete Arbeit: | 1 | 2 | 3 | 4 | 5 | 6 | 7 | 8 | 9 | 10 | 11 | 12 | 13 | 14 | 15 |

**Abb. 29:** *Elektrospaß* - Reflexionsbogen zum Unterrichtsvorhaben

Die Bögen werden anschließend eingesammelt und von der Lehrerin ausgewertet.

## 10.3 Die unterrichtsmethodische Ausrichtung in der Planungsperspektive

Die Beantwortung der Frage, ob die SuS in diesem Unterrichtsvorhaben eher rezipierend oder eher aktiv-konstruktiv gearbeitet haben, fällt auf den ersten Blick nicht leicht. Die SuS sollen bereits gelerntes Wissen anwenden: (rezeptive Ausrichtung), indem sie es auf ein neues Problem transferieren:

Ein Spiel (*Heißer Draht* bzw. *Elektro-Quiz*) ist selbstständig und in eigenem Tempo zu konstruieren (aktiv-konstruktive Ausrichtung). Allerdings ist die Bandbreite möglicher Ergebnisse stark eingeschränkt durch die Instruktionen der Lehrerin und die von ihr vorgegebenen Materialien (Materialliste, Skizze und Schaltplan). Mit klaren Instruktionen gibt sie den SuS vor, wie das zu bauende Spiel aussehen soll. Mit den beiden Hilfskarten (Abb. 27 und 28) möchte sie unnötige Umwege vermeiden und wohl auch sicherstellen, dass die SuS Erfolg haben und von ihrem Ergebnis nicht frustriert werden. Obwohl die SuS unterschiedliche Materialien benutzen können, soll das Ergebnis genau definierten Vorstellungen entsprechen: Es soll die Funktionalität eines geschlossenen Stromkreises aufweisen. Das spricht dafür, dass in diesem Unterricht das rezipierende Lernen im Vordergrund stehen soll.

## 10.4 Realisierter Verlauf und Abweichungen von der Vorplanung

Das Unterrichtsvorhaben dauert 71 Minuten plus ca. 9 Minuten zum Ausfüllen der Fragebögen (s. Tab. 15):

| Uhrzeit | Dauer [min.] | Szene / Abschnitt | im Video [min:sec] |
|---|---|---|---|
| 8:00 | 2 | 1. Stundenöffnung / Begrüßung | 1:33 |
| 8:02 | 6 | 2. Einstieg / Rückblick auf Vorwissen | 5:30 |
| 8:08 | 8 | 3. Aufgabenstellung | 8:56 |
| 8:16 | 45 | 4. Bau der Elektro-Spiele | 45:29 |
| 9:01 | 10 | 5. Ausfüllen der Reflexionsbögen | 9:28 |
| 9:11 bis ca. 9:20 | 9 | Schriftliche Befragung zur Stunde | - |

**Tab. 15:** *Elektrospaß* - Unterrichtsverlauf

Vergleicht man den geplanten mit dem tatsächlichen Unterrichtsverlauf, so fällt zunächst auf, dass die Lehrerin die Stundenöffnung (Begrüßung und Kontrolle der Anwesenheit) nicht im Entwurf notiert hat – vermutlich weil das zum Repertoire gehört und in jeder Stunde in ähnlicher Weise stattfindet.

Der Unterrichtseinstieg verläuft dann – zumindest zeitlich – wie geplant. Die Lehrerin muss lediglich ab und an auf die Fortsetzung der Schülerredekette hinweisen, da diese öfter ins Stocken gerät. Für das Vorlesenlassen und Erklären des Arbeitsblattes benötigt die Lehrerin nur neun anstatt 13 Minuten. Sie weicht hier allerdings von ihrem Verlaufsplan ab, da sie den Schülern schon jetzt die Reflexionsbögen zeigt und ihnen erklärt, wie diese am Ende auszufüllen sind. Auch nennt sie den Schülern eine andere Zeitspanne zum Ausfüllen dieser Bögen als im Plan notiert. Die Erarbeitungsphase dauert wie geplant 45 Minuten. Die Reflexionsphase dauert etwas länger als geplant (zehn Minuten anstatt sieben Minuten). Zum Ausfüllen der Bögen haben die Schüler dann nur noch fünf Minuten Zeit, da die Lehrerin vorab noch einige Informationen zu diesen Bögen wiederholt. Insgesamt entspricht der zeitliche Ablauf des Unterrichts im Großen und Ganzem der Planung.

### 10.5 Mikroanalyse des Unterrichts

Zum Einstieg zeigt die Lehrerin auf ihr Auge und auf die am Whiteboard projizierte Folie mit den Abbildungen vom *Heißen Draht* und vom *Elektro-Quiz*, um den SuS zu signalisieren, dass sie diese beschreiben sollen. Sie lässt den SuS viel Zeit, um die Folie zu betrachten. Einige SuS beschreiben, was sie auf der Folie sehen. Die Lehrkraft kommentiert keine dieser Aussagen direkt, nickt allerdings oft zustimmend und gibt damit indirekt eine Bestätigung. Sie zeigt auch mit dem Finger auf ihren Kopf, um die SuS zum Nachdenken zu veranlassen. Die von ihr durch Handbewegungen initiierte Meldekette (Regel: Der Schüler, der einen Beitrag gegeben hat, nimmt den nächsten dran) gelingt nur mit mäßigem Erfolg. Möglicherweise ist der stumme Impuls für einige SuS nicht aussagekräftig genug oder ihnen ist unklar, was die Lehrkraft von ihnen erwartet. Insgesamt gestaltet sich der Einstieg schleppend, die Beiträge der SuS führen nicht zu dem von ihr gewünschten Ergebnis. Daher versucht die Lehrerin mit weiteren Fragen und der Forderung, "naturwissenschaftlich zu denken", die SuS darauf zu bringen, dass es sich um Spiele handelt, bei denen die Elektrizität eine Rolle spielt. Der Gesprächsanteil der Lehrerin ist entgegen der Idee des *Stummen Impulses* relativ hoch. Nur aufgrund einer starken Lenkung erkennen die SuS schließlich, dass beide Abbildungen etwas mit einem geschlossenen Stromkreis zu tun haben. Sie erfahren, dass es im weiteren Unterrichtsverlauf ihre Aufgabe sein wird, ein solches Spiel nachzubauen. Auf Aufforderung der Lehrerin bringen die SuS dann ihr Wissen über elektrischen Strom ein.

In der Phase der Aufgabenstellung lässt die Lehrerin jeweils einen Schüler eine Passage aus dem Arbeitsblatt vorlesen und gibt dazu Erläuterungen.

Dabei wird deutlich, dass sie eine genaue Vorstellung davon hat, wie die Aufgabe ausgeführt werden soll. Zwar räumt sie den SuS ein, entscheiden zu dürfen, welche Materialien benutzt werden können. Sie ermutigt auch dazu, der Kreativität freien Lauf zu lassen und selbst zu erforschen, wie man die beiden Spiele baut. Gleichzeitig macht sie aber deutlich, dass sie die Endergebnisse, d.h. das Versuchsprotokoll, das Spiel, die Spielanleitung und den Reflexionsbogen, bewerten wird. Sie zeigt den SuS die zur Verfügung stehenden Materialien, weist auf die Hilfskärtchen hin, die vom Pult geholt werden können, falls die SuS nicht vorankommen, und gibt als Zeitrahmen zur Bearbeitung der Aufgabe eine dreiviertel Stunde vor. Auch in dieser Instruktionsphase hat die Lehrerin durchweg einen großen Redeanteil; nur ab und an melden sich SuS auf ihre Fragen.

Anschließend beginnen die SuS – einige allein, die meisten in Gruppen – die Aufgabe zu bearbeiten. Weshalb sich einige SuS zur Einzelarbeit entschlossen haben, wird nicht deutlich. Einige SuS haben noch Fragen und wenden sich gleich zu Beginn an die Lehrkraft. Andere SuS wiederum sind offensichtlich sehr an den zur Verfügung gestellten Materialien interessiert und vertiefen sich zunehmend in ihre Arbeit. Wieder andere SuS sitzen zuerst nur auf ihren Plätzen und besprechen sich. Da es arbeitsbedingt sehr laut ist, kann nicht beurteilt werden, ob die SuS über die Aufgabe diskutieren oder auch über Dinge ohne Unterrichtsbezug. Auf dem Video ist nicht zu sehen, ob jemand die angefertigten Hilfskärtchen (Abb. 27 und 28) in Anspruch nimmt, allerdings bestätigt die Lehrkraft hinterher, dass einige SuS diese als Hilfe genutzt haben. Die Lehrerin hält sich in dieser Phase zurück, geht im Klassenraum herum und beantwortet Fragen bzw. gibt den SuS Tipps. Ein paar SuS gehen zu anderen Gruppen, holen sich eventuell Anregungen und tauschen sich aus. Es wirkt zwischendurch so, als ob manche SuS sich gegenseitig ablenken, da sie sich in dieser Phase der Gruppenarbeit unbeobachtet fühlen. Es ist schwer zu beurteilen, ob die SuS die einzelnen Teilaufgaben in der Art und Weise bearbeiten, wie von der Lehrerin vorgesehen.

Die Lehrerin erklärt die Erarbeitungsphase nach gut 45 Minuten für beendet und gibt die Reflexionsbögen aus. Obwohl keines der Spiele fertig gestellt werden konnte (das ist aus dem Video nicht zu erschließen, geht aber aus einer Äußerung der Lehrerin hervor), äußern die SuS keinen Unmut über das erzwungene Ende. Die Lehrerin wirkt einer aufkommenden Enttäuschung darüber, dass die Spiele nicht fertig gestellt werden konnten, mit dem Angebot entgegen, die Arbeit könne in den beiden nächsten Stunden fortgesetzt und vollendet werden. Auch die drei ausgefüllten Reflexionsbögen (siehe HUB 53) belegen, dass für die Schüler die Unterbrechung kein Problem ist, sondern Anlass bietet, ihr weiteres Vorgehen zu planen. Sie geben auch darüber Auskunft, wie selbstkritisch diese Sechstklässler sich bzw. ihre Fähigkeiten und ihre abgelieferte Arbeit einschätzen.

Anhand der Versuchsprotokolle und der angefertigten Skizzen kann nachvollzogen werden, welche Ideen die SuS entwickelt haben und welche Materialien von ihnen benutzt worden sind. Insgesamt lassen die Zwischenergebnisse den Schluss zu, dass die angestrebten fachlichen Ziele (Wissen über einfache Stromkreise und die Wirkung des elektrischen Stroms) von den meisten Schülern erreicht wurden. Einer der angefertigten Schaltpläne verrät allerdings, dass von dem betreffenden Schüler vermutlich nicht verstanden wurde, dass, wenn beim *Heißen Draht* der Draht berührt wird, der Stromkreis geschlossen sein muss. Auf dem von diesem Schüler angefertigten Schaltplan sieht es so aus, als ob der Stromkreis nicht geschlossen ist und an dieser Stelle eine Korrektur seitens der Lehrerin vorgenommen wurde.

Im nachfolgenden Interview (dokumentiert in HUB 53) lobt die Lehrerin die "tollen Ideen" der SuS. Sie schätzt die Mitarbeit der Schüler als sehr intensiv ein und betont, dass sie sich bemüht hätten, praktisch und selbstständig zu arbeiten. Dieser Eindruck wird auch in der am Ende der Stunde durchgeführte Schülerbefragung bestätigt. Die Stunde hat den SuS mehrheitlich Spaß gemacht; besonders das Bauen /Basteln/Experimentieren hat ihnen gefallen.

## 10.6 Resümee

Der Physikunterricht erfüllt die vier Merkmale eines gelungenen rezipierendes Lernens. Die SuS sind nach genauen Anweisungen tätig, wenden dabei erworbenes Wissen an und vertiefen es. Der Einstieg und die ausführliche Instruktionsphase stellen sicher, dass die Aufgabe im Sinne des von der Lehrerin antizipierten Ergebnisses bearbeitet wird. In der Erarbeitungsphase sind die meisten SuS offensichtlich engagiert und mit Freude an ihrer jeweiligen Aufgabe. Zwar ist ihre Tätigkeit nicht durchgängig nur nachvollziehend-rezipierend, denn phasenweise sind kleinere Probleme zu überwinden, Konstruktionsaufgaben bereiten handwerkliche Schwierigkeiten und bei den Gestaltungsüberlegungen fließen kreative Ideen ein. Aber diese kurzen Einschübe rechtfertigen es nicht, der Erarbeitungsphase das Attribut 'aktivkonstruktives Lernen' i.S. des hier vertretenen Verständnisses zu geben.

Einem Betrachter mag sich die Frage aufdrängen, ob die Aufgabenstellung nicht offener hätte gestellt werden können und ob nicht weniger strikt anleitende Arbeitsblätter die Freude am Ausprobieren für die Schülerinnen und Schüler eventuell noch erhöht hätten. Allerdings wird das von den Schülerinnen und Schülern selbst nicht kritisch gesehen. Im Gegenteil: Sie äußern sich ausgesprochen zufrieden mit dem Vorhaben. Offensichtlich ist es der Lehrerin mit dieser vorwiegend rezipierenden Ausrichtung gelungen, dem Interesse und auch dem Leistungsniveau der SuS gerecht zu werden.

# 11 IGS 5. Klasse – Biologie "Auswertung von Versuchen mit Bohnensamen" (HUB 55) [17]

## 11.1 Kurzporträt des Unterrichtsvorhabens

Vorausgegangen sind dem Unterrichtsvorhaben in der Vorwoche Versuche, bei denen die 20 Schüler/innen dieser I-Klasse (drei SuS mit Unterstützungsbedarf Lernen) in kleinen Gruppen Bohnensamen in Wasser haben quellen lassen. Jede Gruppe hatte dazu drei Gefäße vorbereitet: einen Glasbecher mit Bohnensamen im Wasser, einen Plastikbecher, in dem einige Bohnensamen in eine angerührte Gipsmasse gestopft wurden, und einen weiteren Plastikbecher nur mit Gipsmasse (s. Abb. 31). Davor hatten alle Gruppen ihre Bohnen gemessen (Länge / Breite) und gewogen. In dem 85-minütigen Unterrichtsblock ermitteln die Gruppen zunächst, welche Veränderungen sich an den im Wasser gequollenen Bohnen in Hinblick auf Größe und Gewicht ergeben haben. Anschließend wird überlegt, warum es den Bohnensamen im Gipsbecher gelungen ist, die harte Gipsmasse zu sprengen. Die ermittelten Veränderungen und die Deutung dieser Veränderungen werden in Merksätzen an der Tafel notiert und von den Schülern abgeschrieben.

## 11.2 Geplanter Verlauf und intendierte Ziele für die Doppelstunde laut Entwurf

Die mündlichen Angaben des Lehrers zur Unterrichtsplanung sind in zwei tabellarischen Skizze getrennt nach den beiden Abschnitten zusammengefasst (s. Tab. 16 und 17). Im HUB 55 sind zusätzlich in einer weiteren Spalte Hinweise des Lehrers notiert, die dieser als methodisch-didaktischen Kommentar sowie als Hinweise zu seinen Förder- und Differenzierungsmaßnahmen gegeben hat. Angaben zu Lehrzielen hat der Lehrer nicht gemacht. Die Verlaufsplanung lässt Rückschlüsse auf drei fachliche Lehrziele zu:

Die Schüler
- ... beschreiben und protokollieren die Veränderungen der in Wasser und Gipsmasse eingelegten Bohnen hinsichtlich Größe und Gewicht.

---

[17] Die Aufzeichnung und Dokumentation dieses Unterrichtsvorhabens hat im Rahmen einer Masterarbeit (Studiengang Lehramt Gymnasium) Melanie Kaul vorgenommen.

- ... berechnen mit einer vom Lehrer vorgegebenen Formel den Durchschnitt von Messreihen.
- ... finden eine Erklärung für die Ausdehnung der Bohnen in der gehärteten Gipsmasse.

| Zeit | Phase | Lehrertätigkeit | Schülertätigkeit | Sozial- und Arbeitsform, Medien, Material |
|---|---|---|---|---|
| 10.05 | Begrüßung und Organisatorisches | Kamerafrau stellt sich vor und erläutert ihr Vorhaben | SuS begrüßen die Erwachsenen | Plenum |
| 10:10 | Rückblende auf einen Versuch | L. fragt nach den durchgeführten Versuchen | SuS berichten von den Versuchen | Plenum |
| 10:15 | Untersuchung der Bohnensamen in Gruppen | L. fordert die Dreiergruppen auf, die Messungen durchzuführen | Dreigruppen messen Länge, Breite und Gewicht und tragen die Ergebnisse in die ABs ein. | Gruppenarbeit; Gläser mit Bohnen, Geodreieck, Kraftmesser mit Stativ |
| 10:30 | Auswertung | L erfragt und notiert die Veränderungswerte an der Tafel. L. fragt nach einem Verfahren, die Werte zu verallgemeinern [Durchschnitt]. Er bittet um Bewertung der Ergebnisse. | Je ein Schüler liest die Veränderungswerte vor. SuS deuten die Ergebnisse: „Die Bohnensamen haben an Länge, Breite und Gewichtskraft zugenommen" | Plenum mit Tafel |
| 10:50 | Abschreiben der Ergebnisse | L. fordert SuS auf, die Ergebnisse in die Ab zu schreiben | SuS schreiben die Durchschnittwerte [∅] und Erklärungen ab. | Einzelarbeit |

Tab. 16: *Auswertung von Versuchen mit Bohnensamen* – Verlaufsplanung für Abschnitt 1

## 11 Versuche mit Bohnensamen (HUB 55)

| Zeit | Phase | Lehrertätigkeit | Schülertätigkeit | Sozial- und Arbeitsform, Medien, Material |
|---|---|---|---|---|
| 10:55 | Einstieg | L. zeigt die Ergebnisse der Gipsbecher-Versuche | SuS sehen sich die Ergebnisse der Gruppenarbeiten an | Plenum 12 Gipsbecher |
| 11:00 | Beschreibung d. Versuchsergebnisse | L. zeigt die besten Ergebnisse vor und stellt sie auf eine Energiesäule | SuS formulieren ihre Beobachtungen uns äußern ggf. Erklärungen | 3 Gipsbecher |
| 11:05 | Arbeitsphase Abzeichnen | L. fordert SuS auf, die Becher auf das AB abzuzeichnen | SuS zeichnen die Ergebnisse auf das AB 2.6 in die Spalte „nach 1-3 Tagen" | 3 Gipsbecher Bleistift für AB 2.6 |
| 11:20 | Erklärungsversuche | L. fragt danach, warum nur beim Becher 1 der Gips gebrochen ist | SuS erklären das Brechen mit dem Quellen der Bohnensamen. | Plenum Tafel |
| 11:25 | Abschreiben der Ergebnisse | L. schreibt die Erklärung an die Tafel | SuS übertragen die Erklärung auf AB | Tafel AB 2.6 |
| 11.30 | Aufräumen | L. fordert SuS auf, aufzuräumen und die Hände zu waschen | SuS räumen Materialien auf d. Laborwagen, hängen die Stühle ein, waschen ihre Hände | Einzelarbeit |

**Tab. 17:** *Auswertung von Versuchen mit Bohnensamen* – Verlaufsplanung für Abschnitt 2

Die während des Unterrichts erarbeiteten Ergebnisse sind von den SuS in ihrem Arbeitsheft auf drei Seiten einzutragen:
* die Größen- und Gewichtsveränderungen der Bohnensamen (s. Abb. 30);
* die Erklärung dafür, warum es den Bohnensamen gelingt, die Gipsmasse zu sprengen(s. Abb. 32).

Fachübergreifend kann der Unterricht im Sinne des Bildungsauftrags die Fähigkeit fördern, gemeinsam mit anderen zu lernen und Leistungen zu erzielen. Die Schüler sollen besonders bei der Gruppenarbeit lernen, ihre Beziehungen zu Mitschülern nach den im nds. Schulgesetz §2 genannten Prinzipien zu gestalten, u.a. Konflikte vernünftig zu lösen, ggfs. auch auszuhalten. Gefördert werden soll vermutlich auch das Interesse an Experimenten, die im 5. Jahrgang noch nicht so häufig durchgeführt werden.

## 11.3 Die unterrichtsmethodische Ausrichtung der Doppelstunde in der Planungsperspektive

In der Planungsperspektive sind auch bei diesem Unterrichtsvorhaben rezipierende und aktive Arbeitsformen vorgesehen. In den beiden Etappen zu Beginn und am Ende steht das rezipierende Lernen im Vordergrund. Sie haben eine dienende Funktion für die beiden längeren Arbeitsphasen dazwischen, die der Untersuchung und Deutung der Ergebnisse des vorausgegangenen Langzeitexperiments dienen.

Anfangs soll eine Rückblende auf die zuvor durchgeführten Versuche dazu dienen, die Auswertung vorzubereiten. Anschließend sollen die Gruppen untersuchen, wie sich 'ihre' Bohnensamen verändert haben. Diese Ergebnisse werden zusammengetragen, verglichen, besprochen und wichtige Erkenntnisse in Merksätzen an der Tafel festgehalten (Erarbeitung 1). Hierbei möchte der Lehrer laut Planung auch auf mögliche (d.h. von ihm bemerkte) Fehler bei der Versuchsdurchführung eingehen. Im zweiten Abschnitt sollen die SuS dann die erstaunliche Kraft der gekeimten Bohnensamen in Worte fassen und deuten.

Der Lehrer legt im Sinn eines aktiven Lernens Wert darauf, dass die SuS die Veränderungen selbst ermitteln, ein Verfahren zur Berechnung der durchschnittlichen Veränderung in den Messwertreihen anwenden und die an den keimenden Bohnensamen beobachteten Veränderungen in eigenen Worten beschreiben. Anschließend sollen sie eigene Erklärungen für die beobachteten Veränderungen finden, die dann in Merksätzen festgehalten werden. Andererseits möchte er mit einigen flankierenden Maßnahmen sicherstellen, dass am Ende die richtigen Merksätze an der Tafel festgehalten und von den SuS abgeschrieben werden.

## 11.4 Realisierter Verlauf und Abweichungen von der Vorplanung

Betrachtet man nur den zeitlichen Ablauf, so entspricht die Umsetzung des didaktischen Konzepts weitgehend der Planung (s. Tab. 18).

| Szene | Inhalt | Zeit | Video |
|---|---|---|---|
| \multicolumn{4}{c}{1. Abschnitt} |||| 
| Beginn | Begrüßung und Hinweise zum Filmen | 10:05 | - |
| 1. Rückblende | SuS berichten vom Bohnen-Quellversuch. Die Gruppen holen ihre Becher mit den gequollenen Bohnen an die Tische. | 10:10 | 3:09 |
| 2. Erarbeitung 1 | Die SuS messen die Länge, die Breite und das Gewicht der gequollenen Bohnen. | 10:13 | 13:29 |
| 3. Größenveränderungen | Die SuS notieren die Werte für Länge und Breite zunächst in ihr Heft, dann an der Tafel (Tafelbild 1). | 10:30 | 5:07 |
| 4. Berechnungen | Der L. berechnet die Durchschnittswerte an der Tafel, dann tragen die SuS sie in ihre Hefte ein. | 10:35 | 8:10 |
| 5. Interpretation / Gewichtsveränderung | Erklärungsversuche f.d. Vergrößerung (Merksatz a.d. Tafel). Notieren der Bohnengewichte an der Tafel. Berechnung des Durchschnittsgewichts und ein Merksatz dazu, der von den SuS ins Heft geschrieben wird. | 10:43 | 13:07 |
| \multicolumn{4}{c}{2. Abschnitt} ||||
| 6. Rückblende *Gipsversuch* | Ein Schüler erläutert den Versuch. Der L. stellt drei der dabei entstandenen Gipsbecher mit Bohnensamen auf das Hochpult. | 10:58 | 1:47 |
| 7. Ergebnis *Gipsversuch* | SuS beschreiben die Veränderung an den drei Bechern. L. notiert drei Merksätze an der Tafel (Tafelbild 3), die dann abschrieben werden. | 11:00 | 9:25 |
| 8. Deutung des *Gipsversuchs* | Die SuS versuchen, die Veränderungen zu erklären. Der L. schreibt zwei Merksätze an die Tafel (Tafelbild 4), die abgeschrieben werden. | 11:13 | 4:05 |
| Befragung | Die SuS füllen einen kurzen Fragebogen aus. | 11:17 | - |

**Tab. 18:** *Auswertung von Versuche mit Bohnensamen* - Unterrichtsverlauf

Die SuS arbeiten – abgesehen von einer Gruppe, die der Lehrer häufiger ermahnt – überwiegend mit Interesse und Engagement an den Aufgaben. Es gibt allerdings in allen Abschnitten Ereignisse, die zu Abweichungen gegenüber dem vom Lehrer antizipierten und gewünschten Verlauf führen. Sie resultieren daraus, dass sich bei einigen Aufgaben unerwartete Schwierigkeiten einstellen (etwa beim Ablesen der Bohnengewichte und bei den Durchschnittsberechnungen), sowie aufgrund von Missverständnissen in der unterrichtlichen Kommunikation. Eingehen muss der Lehrer zum Einen darauf, dass Schüler seine Äußerungen nicht auf Anhieb verstehen, zum Anderen auch darauf, dass Schülerbeiträge missverständlich sind oder Fehldeutungen nahe legen. In der Summe führen diese Ereignisse dazu, dass der Lehrer auf das Herausarbeiten der fünf Merksätze erheblich mehr Einfluss nimmt, als ursprünglich vorgesehen.

## 11.5 Mikroanalyse des Unterrichts

**Einführung/Rückblende**: Der Unterricht beginnt wie geplant mit der Beschreibung des vorausgegangenen Versuchs. Bei seiner Einführung wird der Lehrer von einer Kollegin unterbrochen, mit der er dann in der Tür ein kurzes Gespräch führt, während die Schüler ihre Arbeitshefte aufschlagen. Die Rückblende erfolgt in der vom Lehrer geplanten Weise; die SuS erinnern sich sogar an Details (z.B., dass dem Wasser etwas Essig zugefügt wurde, damit es später "nicht so stinkt").

**Gruppenarbeit in Abschnitt 1:** Anfangs gibt es bei den Schülern Unklarheit, welche Becher sie für die Messungen nehmen sollen, da alle drei Experimentierreihen auf dem Laborwagen stehen. Während der Gruppenarbeitsphase gehen manche Gruppen gewissenhaft und interessiert ihrer Aufgabe nach, während andere Gruppen das Messen und Wiegen mit Nebengesprächen zu offensichtlich außerschulischen Themen 'anreichern'. Da die SuS die Bohnen bereits vor dem Einlegen in die Becher gemessen und gewogen hatten, sind diese Messverfahren aus dem vorherigen Unterricht bekannt. Zudem ist die Vorgehensweise im sogenannten Gartenheft genau beschrieben. Die Schüler/innen haben demnach hier i.S. eines rezipierenden Lernens Gelegenheit zum Wiederholen und Üben. Der Lernweg ist weitgehend vorgegeben; die Wahrscheinlichkeit, auf das richtige Ergebnis zu kommen ist hoch, das Fehlerpotenzial ist niedrig. Dennoch haben einige SuS Schwierigkeiten, das Gewicht der Bohnen abzulesen. Sie kommen bei derselben Bohne zu verschiedenen Ergebnissen, weil sie den Kraftmesser aus unterschiedlichen Winkeln ablesen. Der Lehrer erklärt einer Gruppe noch mal, wie abzulesen ist ("immer in Augenhöhe messen").

## 11 Versuche mit Bohnensamen (HUB 55)

Eine auffällige Abweichung gegenüber dem Entwurf nimmt der Lehrer ohne einen (aus der Beobachterperspektive) ersichtlichen Grund bereits nach der Untersuchung der Bohnensamen in den Gruppen vor. Beim Zusammentragen der Ergebnisse aus den einzelnen Gruppen werden nicht – wie im Entwurf vorgesehen – die Messergebnisse für alle drei Indikatoren (Länge, Breite, Gewicht) in einem Schritt an der Tafel notiert, sondern zunächst nur die gemessenen Werte für Länge und Breite. Nachdem alle Gruppen ihre beiden Wertepaare jeweils untereinander an die Tafel geschrieben haben, berechnet der Lehrer für beide Wertereihen den Durchschnittswert und lässt die SuS Vermutungen darüber anstellen, warum die Bohnen im Schnitt länger und breiter geworden sind. Erst nachdem ein Merksatz dazu an der Tafel notiert worden ist, erfolgt die Überprüfung der Gewichtsveränderungen in gleicher Weise: Erst notieren die SuS das Gewicht 'ihrer' Bohnen untereinander an der Tafel, daraus berechnet der Lehrer das Durchschnittsgewicht. Anschließend wird dazu ein weiterer Merksatz an der Tafel notiert.

Möglicherweise entzerrt der Lehrer auf diese Weise die Auswertung, weil er bei der Berechnung der Durchschnittswerte für Länge und Breite bemerkt, dass die SuS nicht – wie er angenommen hatte – vertraut sind mit der Mittelwert-Berechnung. Angenommen hatte er, dass die Schüler diese Berechnung bei der Rückgabe von Klassenarbeiten als Durchschnittszensur (Notenspiegel) kennen gelernt haben. Das verneint ein Schüler. Zwar behauptet ein anderer Schüler, das Wort "Durchschnittswert" sei ihm bekannt, aber die von ihm gegebene Erläuterung ist alles andere als klar. Der Lehrer führt dann die Berechnung für die Längen- und Breitenwerte selbst an der Tafel vor und lässt das Ergebnis von den SuS abschreiben. Zwar kommen von den Schülern dazu keine Rückfragen, dennoch ist fraglich, ob sie den Sinn dieses Berechnungsverfahrens allein durch Abschreiben nachvollziehen können.

Eine weitere auffällige Abweichung zeigt sich darin, dass der Lehrer gegen seine Intention verstößt, die SuS von sich aus Veränderungen verbalisieren zu lassen. Unmittelbar nach dem Notieren der Messwerte formuliert er das Ergebnis selbst ("Guckt jetzt mal an die Tafel, bei allen hat die Länge zugenommen und die Breite hat auch zugenommen.") und nimmt so den SuS die Möglichkeit, es selbst herauszufinden und zu beschreiben.

Demgegenüber lässt er die Schüler dann im Sinne eines aktiven Lernens diverse Vermutungen äußern, warum die Bohnen länger und breiter geworden sind. Dabei nehmen sich die Schüler gegenseitig dran und ihre Vermutungen lässt er zunächst so stehen ("... wie so'n Schwamm, den man ins Wasser getan hat .. " / ".. wenn man einen Ball z.B. füllt, der erstmal platt ist, dann ist der innen erst mal klein und wenn man ihn dann auffüllt, dann wird er ganz groß, wie beim Luftballon ... "). Nur bei einem etwas skurrilen Vergleich ("Das ist ein bisschen so, als würde ein Mensch in Tomatensoße liegen und die ganze Zeit das essen, dann würde er auch dicker und größer werden.") wendet er ein "Wobei, der Mensch scheidet auch wieder was aus! Die Bohnensamen?". Als ein anderer Schüler darauf nicht eingeht, sondern die Deutung des Vorgängers bestätigt: "Wenn der Mensch was isst, wird er auch dicker.", kommentiert der Lehrer nur knapp "Nicht unbedingt". Diese Ansätze von Schüleraktivierung (eigene Deutungen einbringen und diskutieren) werden dann vom Lehrer bald abgebrochen, nachdem ein weiterer Schüler die Deutung formuliert, die er hören möchte "Die Bohnen vergrößern sich, weil sie Wasser aufnehmen". Der Lehrer übernimmt diesen Satz als Merksatz an der Tafel und fordert die SuS auf "Gut, okay, das schreibt ihr dahin".

Bei der Auswertung der Gewichtsveränderungen gibt eine Gruppe an: "Die sind leichter geworden", während alle anderen Gruppen leichte Gewichtszunahmen gemessen haben. Auch darauf reagiert der Lehrer nicht im Sinne eines aktiven Lernens, indem er den Schülern Gelegenheit gibt, diese Diskrepanz zu erklären. Vielmehr äußert er sofort eine (vermutlich zutreffende) Begründung: "Ja, wahrscheinlich beim ersten Mal eine Bohne mehr genommen beim Wiegen, ich kann es mir sonst auch nicht erklären; eigentlich unlogisch.". Mit dem in diesem Zusammenhang merkwürdigen Attribut "unlogisch" entwertet er nicht nur das empirisch korrekt ermittelte Ergebnis dieser SuS, sondern signalisiert allen SuS, dass er das richtige Ergebnis schon kennt – ganz egal, was ihre Messanstrengungen ergeben haben. Welcher Schüler möchte jetzt noch nach einer anderen 'unlogischen' Erklärung suchen?

Auch bei der unmittelbar anschließenden Aufforderung, die Gewichtszunahme zu deuten, stellt er die ungenaue Erklärung eines Schülers nicht zur Diskussion ("Es ist schwerer geworden, weil die Bohnen im Wasser lagen."), sondern ergänzt sie so, dass er daraus gleich selbst den von ihm gewünschten Merksatz formulieren und an die Tafel schreiben kann (" .... und das Wasser auch was wiegt. Die Bohnen sind schwerer geworden, weil sie Wasser aufgenommen haben.").

Abb. 30 zeigt exemplarisch zwei Arbeitsblätter mit den notierten Merksätzen zur Beschreibung der Veränderungen.

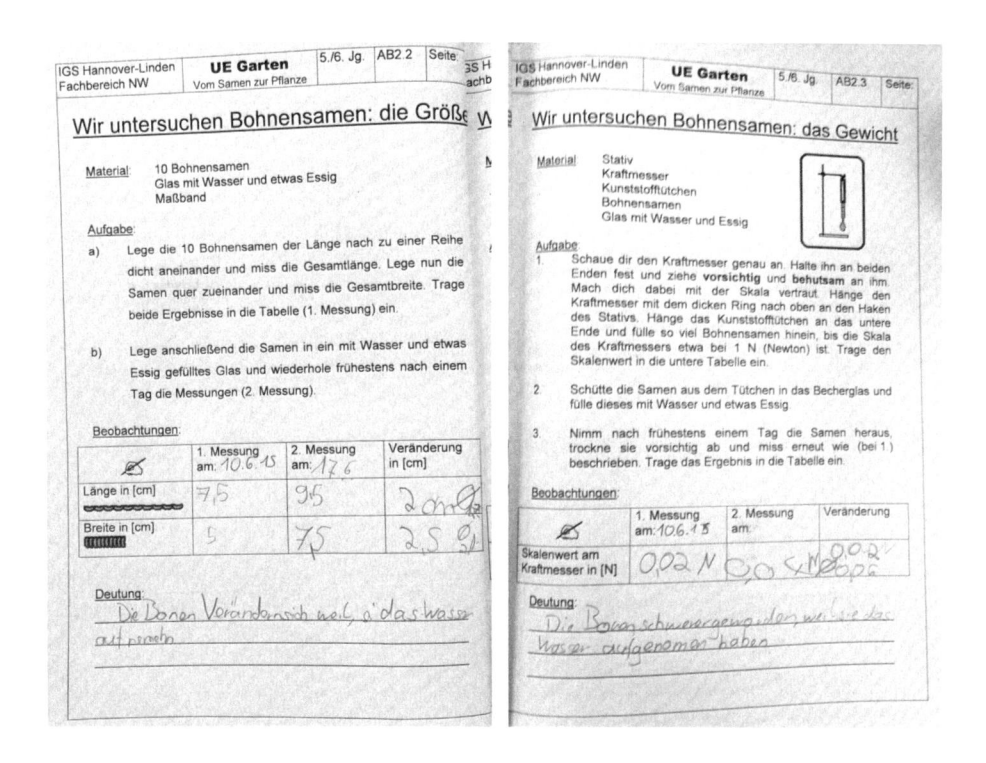

**Abb. 30:** Ausgefüllte Arbeitsblätter 2.2 und 2.3 zum Unterrichtsvorhaben *Bohnensamen*

**Abschnitt 2:** Auch hier rekapituliert ein Schüler zunächst die Durchführung des Experiments mit den Bohnensamen im Gipsbecher aus der Vorwoche. Um den Effekt (Bohnensamen haben die Gipsmasse gesprengt) gut sichtbar zu machen, hat der Lehrer unter den vielen Gipsfiguren diejenigen ausgesucht und zur Besprechung auf das Pult gestellt, an denen die Sprengkraft der Bohnen am besten zu erkennen ist (s. Abb. 31). Dieser kleine Eingriff mag i.S. einer didaktischen Reduktion gerechtfertigt sein, widerspricht aber dem Konzept eines propädeutischen naturwissenschaftlichen Unterrichts. Im anschließenden Interview sagt der Lehrer, dass nur bei einer Gruppe der Effekt in der von ihm gewünschten Weise zu sehen war. Als Ursache vermutet er, dass das Wasser in der Gipsmasse aufgrund der großen Hitze in den Tagen nach dem Versuch verdunstet sei und die Bohnen daher zu wenig Wasser aufnehmen konnten. Auch würde er beim nächsten Mal größere Bohnensamen verwenden (Kidneybohnen statt kleine weiße Bohnen).

Eigentlich soll die Sprengkraft der Bohnen die Schüler überraschen. Sie sind jedoch zunächst von einer anderen Beobachtung irritiert: Da die Außenseite der Gipsfiguren die Struktur der Plastikbecher angenommen hat, hat es den Anschein, dass die Plastikbecher noch vorhanden sind. Ein Schüler fragt: "Muss man nicht erst die Plastikbecher abmachen?"

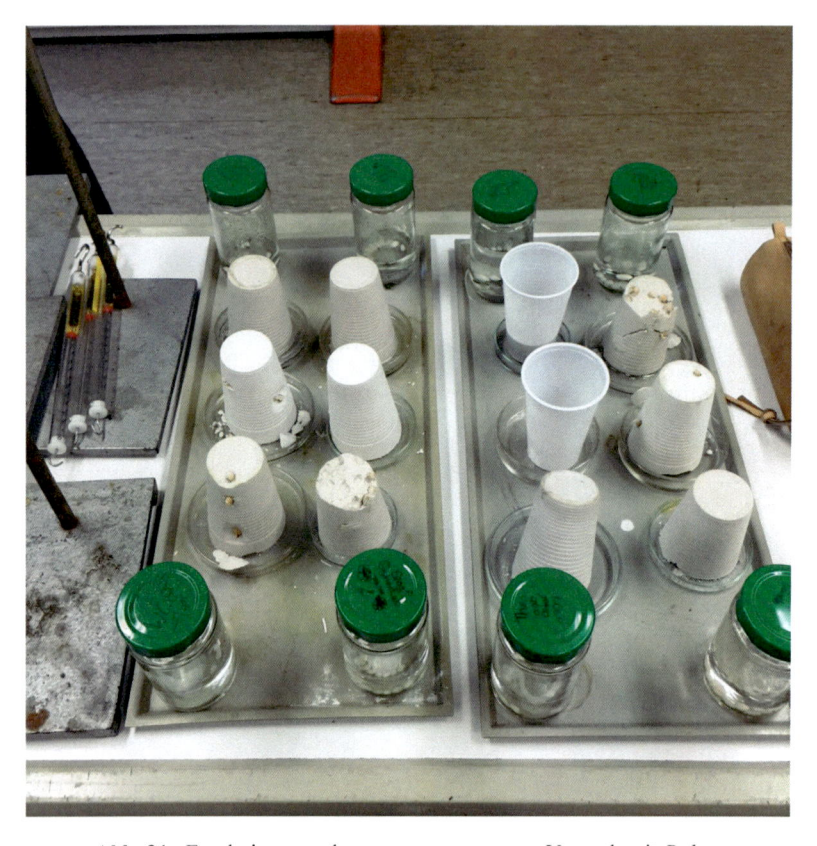

**Abb. 31:** Ergebnisse aus dem vorausgegangenen Versuch mit *Bohnensamen*

Die Becher hatte der Lehrer aber schon gleich nach der Aushärtung der Gipsmasse abgemacht – das hatte er bereits kurz zuvor gesagt ("eine Stunde danach)", aber einige SuS hatten das wohl nicht gehört. Vermutlich hatte er die Schalen entfernt, weil sonst der Ausdehnungseffekt der quellenden Bohnen durch die Becherschale gebremst worden wäre und sich die Kraft der Bohnen nicht so deutlich gezeigt hätte. Der Lehrer beantwortet die Schülerfrage, indem er noch einmal wiedcrholt "Die sind da nicht mehr drum .....

habe ich gleich noch am selben Tag abgemacht". Das erstaunt insbesondere die vorn sitzenden Schüler, da sie die Becher noch zu sehen meinen. Der Lehrer bleibt den Schülern eine Erklärung dafür schuldig, warum er sie entfernt hat. Da auch im weiteren Verlauf darauf nicht mehr eingegangen wird, ist zu bezweifeln, dass den Schülern die Bedeutung dieses Eingriffs klar wird.

Bei der Suche nach den Ursachen für die explosive Wirkung der Bohnen äußert zunächst ein Schüler die Vermutung: "Die Bohnen in den Bechern mit Gips haben Wurzeln gebildet.". Darauf geht der Lehrer i.S. eines aktiven Lernens ein: "Geh mal nach vorn nach deinen Bohnen und guck mal, ob da Wurzeln drin sind.". Der Schüler geht nach vorn und schaut nach, sagt aber nichts und setzt sich dann wortlos wieder hin. (Erst später beim Abschreiben der Ergebnisse von der Tafel bekräftigt er dann, Wurzeln zu gesehen zu haben.) Zu einer Diskussion über weitere Deutungen kommt es nicht mehr, weil gleich die nächste Vermutung einer Schülerin in etwa die Vorstellung des Lehrers trifft ("Durch die Nässigkeit haben die Bohnen ja wieder Feuchtigkeit aufgenommen und dadurch sind die Risse entstanden, weil die sich aufgebläht haben."). Bei seinem Versuch, die SuS dazu zu bringen, daraus einen weiteren Merksatz zu formulieren, wird er von der Frage eines Schülers irritiert, ob die Frage im Heft nach den Ursachen der Veränderung eine Scherzfrage sei. Der Lehrer versteht das nicht, und auf seine Rückfrage ("Wieso ist das ein Witz?") äußert der Schüler eine Begründung, die schwer nachvollziehbar ist ("Die Becher haben sich ja verändert und deshalb kann das ja die Ursache für die Veränderung sein."). Der Lehrer lässt diesen Satz unkommentiert und fragt nach weiteren Erklärungen, bis er mit dem Satz eines Schülers zufrieden ist ("Die Bohnen schaffen, dass der Gips reißt.").

Zum Abschluss des Unterrichts erhalten die SuS den Auftrag, die Gipsfiguren auf dem Arbeitsblatt zu skizzieren und diese Deutung darunter zu schreiben. Ein Beispiel für ein ausgefülltes Arbeitsblatt zeigt Abb. 32. Die Äußerungen der SuS bei der anschließenden schriftlichen Befragung auf die Frage, was sie gelernt haben, lässt allerdings daran Zweifel aufkommen, ob bei der Mehrheit der Lernerfolg in fachlicher Hinsicht erzielt werden konnte:

Bohnen sind stark/ Bohnen werden im Wasser größer und breiter/ Bohnen können sehr groß werden/ Bohnen nehmen Wasser auf/ nichts/ Bohnen blähen sich im Wasser auf / Bohnen können Gips zerstören/ Gips wird schnell hart/ Bohnen können sich im Gips ausbreiten/ Kraft der Bohnensamen / Bohnen dehnen sich auf/ Gips kann andere Form annehmen/ ganz viel über Bohnen/ was passiert, wenn man Bohnen mit Gips und Wasser mischt

| IGS Hannover-Linden Fachbereich NW | **UE Garten** Vom Samen zur Pflanze | 5./6. Jg. | AB2.6 |

## Die Kraft der Bohnensamen

Material: 4 Plastikbecher
3 Schalen
Spatel
Gummibecher
Gips
Bohnensamen
Messer zum Reinigen
Seifenlösung

Aufgabe:

1. Fülle den Gummibecher bis zu einem Drittel mit Wasser und gib mit einem Spatel so viel Gips zu, bis die Masse „pampig" wird. Tue nun 10 bis 20 Bohnen hinzu und verrühre sie. Bestreiche zwei Plastikbecher mit der Seifenlösung, damit sich der Gips später leichter von ihnen löst. Verteile nun die Masse gleichmäßig auf die beiden Plastikbecher.

2. Rühre eine kleine Portion Gips ohne Bohnen an und fülle damit den dritten Plastikbecher.

3. Nachdem der Gips hart geworden ist, löse die Gipskerne aus den Bechern. Stelle den ersten (a) und dritten (c) Gipskern in eine Schale mit Wasser, den zweiten (b) in eine Schale ohne Wasser.

4. Ergänze nach ein bis drei Tagen die Zeichnung.

Was kann die Ursache für die Veränderung sein?

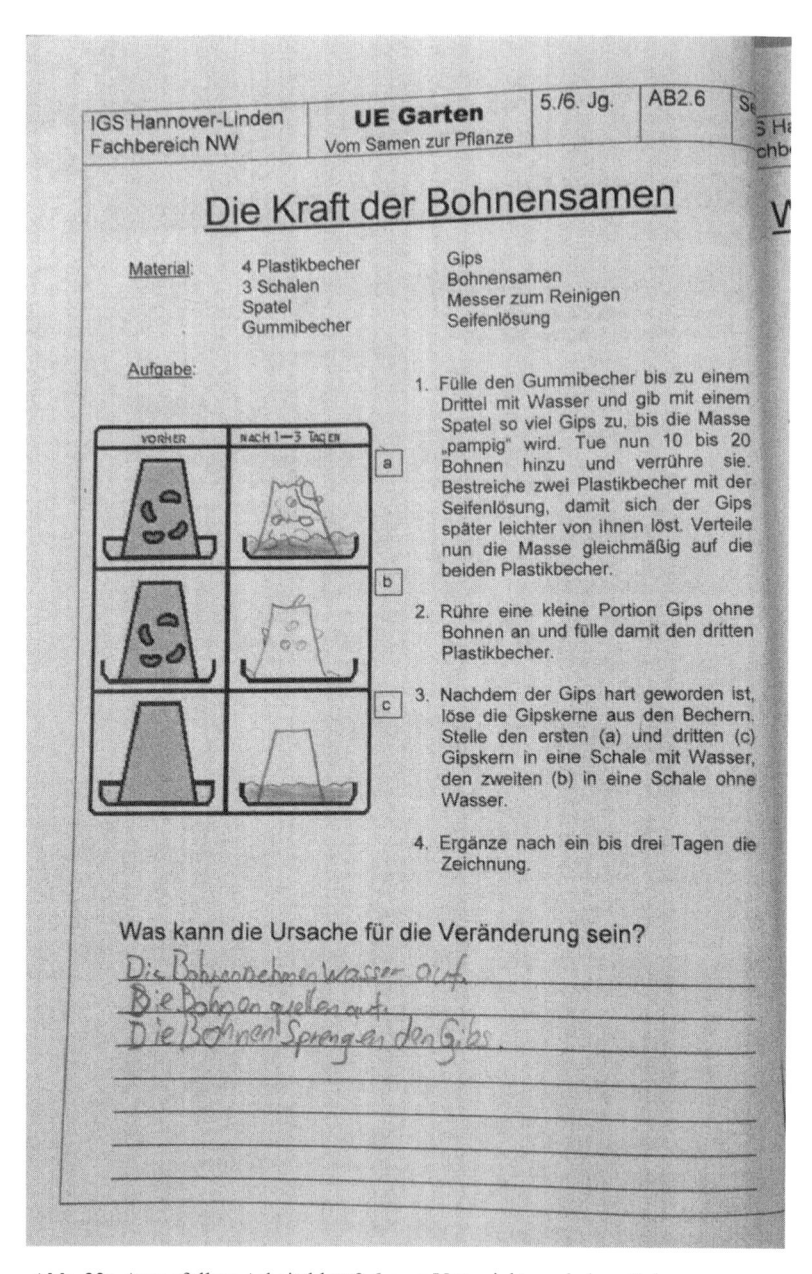

Die Bohnen nehmen Wasser auf.
Die Bohnen quellen auf.
Die Bohnen sprengen den Gips.

**Abb. 32:** Ausgefülltes Arbeitsblatt 2.6 zum Unterrichtsvorhaben *Bohnensamen*

## 11.6 Resümee

Bereits in der Unterrichtsplanung ist eine Spannung angelegt zwischen einem möglichst selbstständigen Ermitteln und Deuten der Versuchsergebnisse seitens der SuS einerseits und andererseits einer Flankierung dieses Erkenntniswegs durch Lehrervorgaben, die garantieren sollen, dass die SuS auch die richtigen Erkenntnisse erwerben. Diese Spannung löst der Lehrer im Unterricht in vielen Situationen recht einseitig durch strikte Vorgaben, sofortige Korrekturen und schnelle Rückmeldungen auf. Zwar haben die SuS ansatzweise Gelegenheit, die an den keimenden Bohnensamen beobachteten Veränderungen in eigenen Worten zu beschreiben und selbst dafür Erklärungen finden. Aber die steuernden Impulse des Lehrers dabei sind sehr ausgeprägt und führen dazu, dass Diskussionen über verschiedene Deutungen – wenn überhaupt – nur im Ansatz zustande kommen. Sobald ein Schülerbeitrag in Richtung der vom Lehrer gewünschten Aussage geht, signalisiert er verbal und/oder gestisch-mimisch, dass die gesuchte Antwort nun gefunden ist und weitere Ideen nicht benötigt werden. Anders als im Interview behauptet, werden auch nicht die Originaläußerungen der SuS als Merksätze an der Tafel festgehalten, sondern vom Lehrer mehr oder weniger stark modifizierte Sätze. Der dramaturgische Höhepunkt der Auswertung, die Entdeckung und Interpretation der erstaunlichen Kraft der Bohnen, harte Gipsmasse zu sprengen, konfrontiert den Lehrer mit einem Dilemma: Der Versuch hat nur bei einer Gruppe so geklappt, wie von ihm vorgesehen. Dieses singuläre Ergebnis einer einzigen Gruppe muss nun zur Deutung von allen SuS herangezogen werden, obwohl die meisten Gruppen es mit ihren Versuchen gar nicht erzielt haben. Im Sinn eines aktiven Lernens hätte der Lehrer diese Ergebnisdifferenzen ansprechen, die SuS nach Erklärungen dafür fragen und ggfs. die von ihm selbst im Interview vermuteten Gründe einbringen können. Stattdessen versucht er durch zwei Interventionen den Fehlschlag zu vertuschen, um doch zum angezielten Merksatz zu kommen. Auf diese Weise gelangt zwar (mehr oder weniger) korrektes Wissen in die Schülerhefte (s. Abb. 32). Da diese Merksätze aber nicht zu den Versuchsergebnissen der meisten Gruppen passen, ist fraglich, ob diese Schüler den Sinn des Experiments verstanden haben.

Diese kritischen Anmerkungen sind jedoch für die Schüler/innen offensichtlich unerheblich. In der schriftlichen Befragung zum Unterricht heben sie mehrheitlich die durchgeführten Versuche als ausgesprochen interessant hervor und wünschen sich in ihrem Biologieunterricht häufiger solche Experimente.

# 12 Gymnasium 6. Klasse – Englisch "Steigerung von Adjektiven" (HUB 56) [18]

## 12.1 Kurzporträt des Unterrichtsvorhabens

In dieser 45 minütigen Unterrichtsstunde werden nach einer anfänglichen Überprüfung neuer Vokabeln die Regeln für die Steigerung von Adjektiven im Englischen erarbeitet. Grundlage ist eine Szene im Lehrbuch, in der eine englische Familie einen Ausflug nach London plant. Dieses Gespräch wird zunächst als Audioclip vorgespielt und dann mit getrennten Rollen vorgelesen. Anschließend sind die von den Protagonisten der Szene verwendeten Adjektive in einer Tabelle einzutragen – getrennt nach den dabei genutzten drei Steigerungsformen (Grundform, Komperativ und Superlativ). Anhand der dann um die fehlenden Varianten ergänzten Tabelle werden die Regeln für die Bildung der Steigerungsformen rekonstruiert. Dann wird erarbeitet, welche Steigerungsform bei welcher Art von Adjektiven verwendet wird.

## 12.2 Geplanter Verlauf und intendierte Ziele für die Doppelstunde laut Entwurf

Die mündlichen Angaben der Lehrerin zum geplanten Unterrichtsverlauf sind in einer tabellarischen Skizze zusammengefasst (siehe Tab. 19 umseitig), aus der zentrale fachliche Ziele der Stunde rekonstruiert werden können:
- Festigen neu eingeführter Vokabeln;
- drei Steigerungsformen von Adjektiven im Englischen kennen: a) *–er* bzw. *–est*; b) *more* bzw. *most* und c) die unregelmäßigen Adjektiv wie z.B. *good* und *bad*);
- erkennen, dass ein- oder zweisilbige Adjektive mit *–er* bzw. *–est*, drei- oder mehrsilbige mit *more* bzw. *most* sowie einige Adjektive als Ausnahmen unregelmäßig gesteigert werden.

Als fachübergreifende Ziele in Hinblick auf den schulischen Bildungsauftrag könnten bei diesem Unterricht angeführt werden, dass die SuS:
- lernen, ihr Miteinander zu gestalten und Konflikte selbstständig zu lösen;
- Leistungen allein und gemeinsam erbringen.

---

[18] Die Aufzeichnung und Dokumentation dieses Unterrichtsvorhabens hat im Rahmen einer Masterarbeit (Studiengang Lehramt Gymnasium) Anja Busche vorgenommen.

| Zeit | Phase | Geplantes Lehrerverhalten | Erwartetes Schülerverhalten | Sozialform | Medien |
|---|---|---|---|---|---|
| 9:50-10:00 | Vokabel-Quiz | Lehrerin umschreibt die als Hausaufgabe gelernten Vokabeln | SuS raten die umschriebenen Vokabeln | Plenum | - |
| 10:00-10:15 | Einstieg und Erarbeitung 1 | Describe the picture: Who can you see? What are they doing? Abspielen des Dialogs von CD; Rollen verteilen und SuS Dialog selbst lesen lassen; Sätze über Lisa, Ben und Jade bilden, an die Tafel schreiben und ins Heft abschreiben | Einzelne SuS beschreiben und lesen den Dialog laut vor; SuS bilden Sätze; SuS schreiben ihre Sätze an die Tafel; sie werden dann zum Abgleich vorgelesen | Plenum / Einzelarbeit | Buch, CD, CD-Player, Tafel, Heft |
| 10:15-10:30 | Erarbeitung 2 Herausfinden der Regeln | SuS ergänzen die fehlenden Lücken im AB mit Informationen aus dem Text; Tabelle wird an die Tafel geschrieben; aufmerksam machen auf ähnlich gesteigerte Adjektive und Ausnahmen; schrittweises Festhalten der Regeln | SuS lesen Dialog erneut; finden fehlende Steigerungsformen; einzelne SuS füllen an der Tafel die Lücken aus und leiten die Regeln ab | Partnerarbeit | Arbeitsblatt, Tafel |
| 10:30-10:35 | Aufschreiben der Regeln | Die Regeln werden schriftlich an der Tafel festgehalten | SuS übertragen Regeln auf ihr Arbeitsblatt bzw. Heft | Plenum | Arbeitsblatt, Tafel |

Tab. 19: *Steigerung von Adjektiven* - Verlaufsplanung

Als Unterrichtsmaterial zieht die Lehrerin neben der CD mit dem Dialog nur die zugehörige Seite aus dem Lehrbuch *green line 2* mit dem Dialogtext und Aufgaben dazu (s. Abb. 33) sowie eine Tabelle zum Eintragen der im Dialog genutzten Adjektive mit ihren Steigerungsformen (s. Abb. 34) heran.

## 12 STEIGERUNG VON ADJEKTIVEN

### Who has got the best idea?

The Taylors want to spend a day in London with Rob.
They are talking about what to do.

Ben: What about sightseeing on a tourist bus?
Mrs Taylor: A London bus is cheaper.
Lisa: But on Saturday they're so full.
Mr Taylor: That's true. Saturday is the busiest day of the week. Sunday is better.
Lisa: But more shops are open on Saturday. Rob wants to go shopping.
Jade: Can we go to Hamleys? It's the best toy shop in the world! Please! Please!
Lisa: Don't be silly. Toys are for kids and Rob is older than you.
Mrs Taylor: What about the Guinness World of Records?
Ben: The Natural History Museum is more interesting. I love dinosaurs!
Jade: Diana who?
Ben: *Dinosaurs!* They're the biggest, the worst, the scariest monsters in history! Grrr!
Lisa: You're scarier. I've got a better idea. Let's go on the London Eye. It's one of the most popular places.
Mr Taylor: Lisa, you went last month. And it's too expensive for the six of us.
Ben: What do you mean 'the six of us'? I've got more important things to do this Saturday.

**7** What do they want to do?

| | | | | |
|---|---|---|---|---|
| Mrs Taylor | wants to go to | Hamleys | | it's the most famous toy shop in the world. |
| Mr Taylor | | Sunday / Saturday | | more shops are open on Saturday. |
| Lisa | | a London bus | because | it's not as busy as on ... |
| Ben | wants to go on | the Natural History Museum | | it's more interesting than ... |
| Jade | | | | it's cheaper than ... |

**8** Find the rule

a) *Copy the grid and put in the missing forms from the text. (The words in blue are irregular forms.)*

b) *Collect more examples from the text and add them to the grid.*

c) *How do you make comparatives and superlatives? You can check your rules in the Grammar (G 9 and G 10).*

| basic form | comparative | superlative |
|---|---|---|
| important | ... | most important |
| cheap | ... | cheapest |
| big | bigger | ... |
| busy | busier | ... |
| good | better | ... |
| bad | worse | ... |
| ... | | |

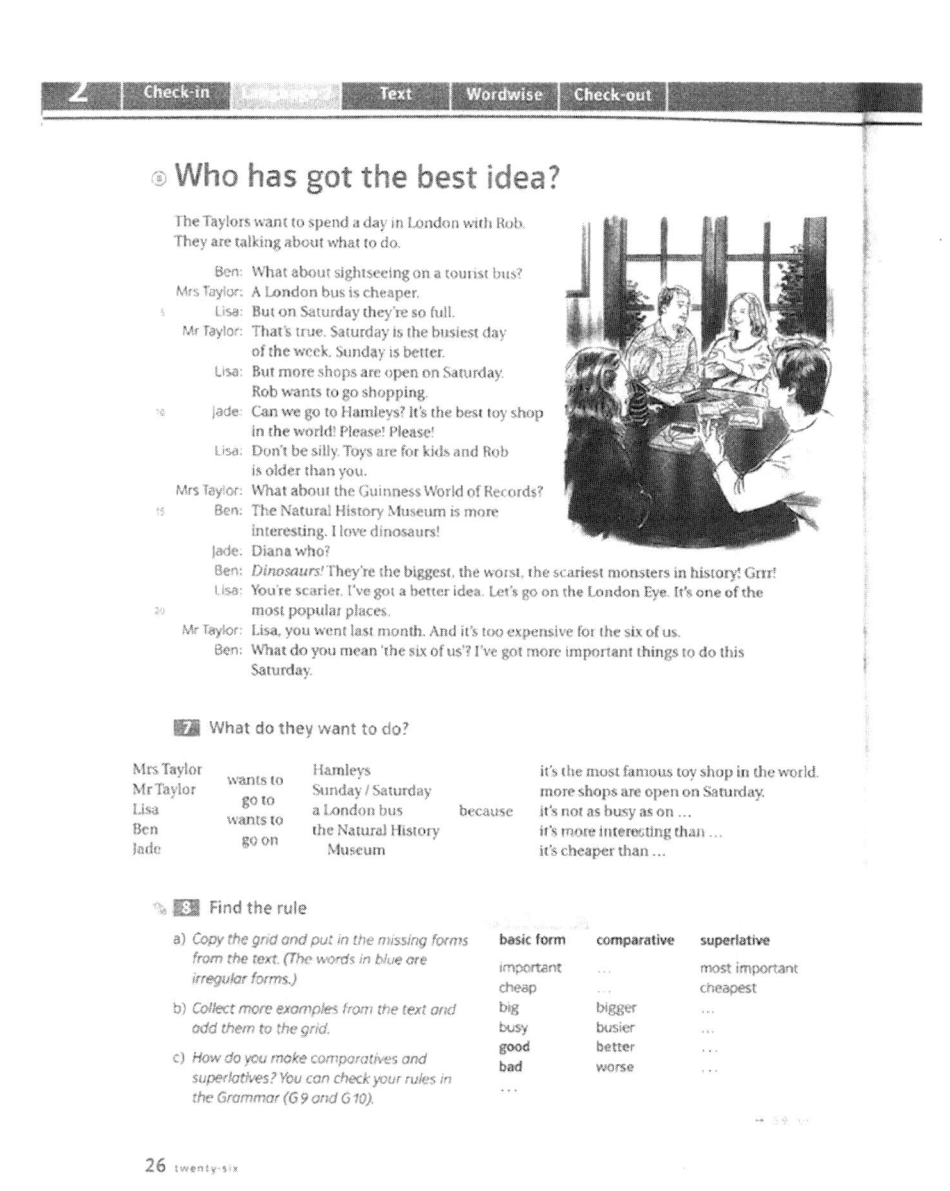

26 twenty-six

**Abb. 33:** Der Dialog von der CD aus dem Lehrbuch Green Line 2

## Comparison _____

| basic form of adjective | comparative | superlative |
|---|---|---|
| important | | most important |
| cheap | | cheapest |
| big | bigger | |
| busy | busier | |
| good | better | |
| bad | worse | |
| | | |
| | | |
| | | |
| | | |
| | | |

**Abb. 34:** Tabelle zum Eintragen der Adjektive aus dem Lehrbuch Green Line 2

### 12.3 Die unterrichtsmethodische Ausrichtung der Doppelstunde in der Planungsperspektive

Die Unterrichtsplanung sieht vor, dass die Steigerungsformen von Adjektiven und die Anwendungsregeln von den SuS anhand eines von der Lehrerin vorgegebenen Textes aus dem Englischbuch induktiv herausgearbeitet werden. Als Strukturierungshilfe dient dabei die obige Tabelle. Der Schulbuch-Text dürfte speziell auf den grammatischen Aspekt "Adjektiv-Steigerungen" zugeschnitten sein, so dass die Lehrerin davon ausgehen kann, dass er sich bereits vielfach bewährt hat. Abgesehen von dieser Vorgabe zielt das didaktische Arrangement im Ansatz auf ein aktives Lernen, weil es die SuS dazu anhalten möchte, grammatische Regeln selbst zu entdecken – vergleichbar dem Konzept der *Grammatik-Werkstatt* (Menzel 2010). Die Analyse des Unterrichtsverlaufs wird zeigen, ob es der Lehrerin gelingt, diesen Entdeckungs-Prozess mit möglichst wenig Interventionen zu lenken.

### 12.4 Realisierter Verlauf und Abweichungen von der Vorplanung

Der zeitliche Stundenablauf entspricht weitgehend der Vorplanung: Nach den ersten 10 Minuten (Begrüßung, danach eine nicht im Entwurf erwähnte Rückblende auf einen Synagogen-Besuch am Vortag und ein kurzes Vokabel-Quiz) werden für die beiden Erarbeitungsschritte wie vorgesehen jeweils etwa eine gute Viertelstunde benötigt. Zunächst die Zusammenfassung des

Dialogtextes in Sätzen, dann die tabellarische Erfassung von verwendeten Adjektiven und die anschließend zu ergänzenden Adjektivformen als Grundlage für das Herausfinden der Bildungs- und Anwendungsregeln (s. Tab. 20):

| Szenen# und Szene | Inhalt | Von bis | Video |
|---|---|---|---|
| 1. Begrüßung und Rückblende | Vorstellung des filmenden Gasts; Hinweis zum Filmen; Eindrücke vom Besuch einer Synagoge am Vortag | 0:00 - 1:54 | 1:54 |
| 2. Vokabel-Quiz | Überprüfung der Hausaufgabe (neue Vokabeln) | 1:55 - 9:47 | 7:51 |
| 3. Bildbeschreibung und Wiedergabe eines dazu von CD vorgespielten Gesprächs | Nach der Beschreibung lesen die SuS mit getrennten Rollen das zuvor von CD abgespielte Gespräch zwischen den Akteuren im Bild vor, bei dem diverse Adjektive und ihre Steigerungsformen vorkommen. | 9:48 - 18:05 | 8:18 |
| 4. Verschriftlichen und Vorlesen der Sätze | Die gebildeten Sätze werden von einzelnen SuS an die Tafel geschrieben, von allen SuS in ihre Hefte abgeschrieben und dann vorgelesen. | 18:06 - 26:31 | 8:25 |
| 5. Systematische Betrachtung der Adjektive in diesen Sätzen | Einzelne SuS tragen an der Tafel die verwendeten Adjektive und Steigerungsformen in einer Tabelle ein und ergänzen nicht vorkommende Formen; alle SuS schreiben sie ab. | 26:32 - 35:17 | 8:45 |
| 6. Steigerungsformen von Adjektiven mit ihren Bildungsregeln | <anfangs Nachtrag eines Adjektivs> Die Varianten werden herausgearbeitet. Die L'in markiert die Unterschiede in der Tabelle und notiert die Regeln zur Bildung. | 35:18 - 40:31 | 5:13 |
| 7. Drei Anwendungsregeln | Drei Regeln werden an der Tafel notiert und von den SuS abgeschrieben. | 40:32 - 43:13 | 2:41 |
| Stundenausklang | Nach Abschreiben und Einpacken folgen das Interview mit der L'in und die schriftliche Schüler-Befragung. | ca. 8 Minuten | - |

Tab. 20: *Steigerung von Adjektiven* - Unterrichtsverlauf

Die Erarbeitung der beiden zentralen fachlichen Ziele erfolgt am Ende der Stunde auf der Grundlage der ausgefüllten Tabelle sehr gedrängt. Es bleiben nur fünf Minuten, um die Bildungsregeln für die Steigerungsformen aus der Tabelle zu rekonstruieren. Noch weniger Zeit, nur gut 2 1/2 Minuten, bleibt danach, um auch noch die Anwendungsregeln (welche Steigerungsform bei welchem Adjektiv-Typ) herauszufinden.

## 12.5 Mikroanalyse des Unterrichts

Der Unterricht verläuft in einer konzentrierten Atmosphäre so gut wie störungsfrei.

**Erarbeitung des Dialogs:** Nach der Rückblende und dem Vokabel-Quiz führt die Lehrerin in die Erarbeitung der Regeln mit einem Hinweis auf die aufzuschlagende Buchseite mit dem Dialog ein (s. Abb.33): „Okay, let´s go on. We are in London again and äh there is a family planning a day in London. And we´ll find a picture of this family on page 26.". Nachdem einige SuS die dargestellte Szene mit eigenen Worten kurz beschrieben haben, spielt die Lehrerin den Dialog von CD vor und lässt ihn anschließend mit verteilten Rollen nachlesen. Dann sollen SuS die Vorschläge der einzelnen Familienmitglieder zum Ausflug durch Ergänzen der Satzfragmente wiedergeben (siehe Aufgabe 7 in Abb. 33). Das bereitet anfangs Schwierigkeiten, da nicht gleich klar ist, dass die Informationen aus den verschiedenen Boxen flexibel kombiniert werden können. Nachdem zwei Sätze gemeinsam besprochen wurden, schreiben die SuS die drei übrigen Sätze jeweils in Einzelarbeit in ihre Hefte. Drei Schülerinnen, die nach ca. 5 Minuten als erste fertig sind, schreiben ihre Versionen der Sätze an die Tafel. Diese Sätze werden laut vorgelesen und alle SuS vergleichen ihre Sätze mit denen an der Tafel.

**Ausfüllen der Tabelle:** Die Sätze bilden nun die Grundlage für die Erarbeitung der Steigerungsformen. Dazu teilt die Lehrerin das Arbeitsblatt mit der Tabelle aus, in die die fehlenden Superlative und Komparative eingetragen werden müssen (s. Abb. 34): „Now, let´s have a look at some words and especially adjectives, that are in a different form in this text.". Sie stellt den Arbeitsauftrag „So find out what goes in the gaps. E.g. you have important, a gap and then most important. And the information is in the text. Or you have big, bigger. Find the superlative. It´s in the text. So fill in." wird mehrmals wiederholt und eine der Lücken als Beispiel besprochen. Die SuS erhalten keine Zeitangabe für diese Bearbeitung und werden (anders als in der Verlaufsplanung vorgesehen) nicht darauf hingewiesen, dass sie zu zweit arbeiten können. Nach ca. drei Minuten bittet sie die bereits fertigen SuS wieder zum Eintragen ihrer Ergebnisse an die Tafel (s. Abb. 35):

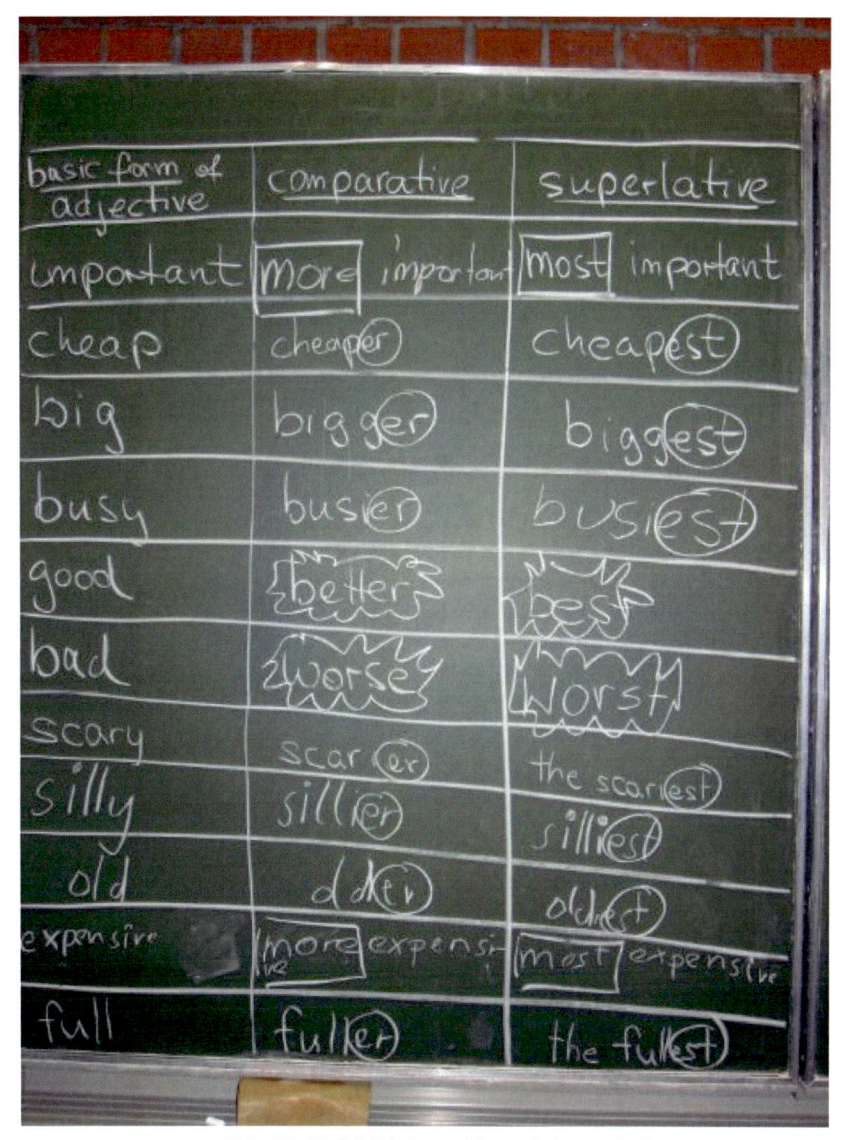

| basic form of adjective | comparative | superlative |
|---|---|---|
| important | more important | most important |
| cheap | cheaper | cheapest |
| big | bigger | biggest |
| busy | busier | busiest |
| good | better | best |
| bad | worse | worst |
| scary | scarier | the scariest |
| silly | sillier | silliest |
| old | older | oldest |
| expensive | more expensive | most expensive |
| full | fuller | the fullest |

**Abb. 35:** Tafelbild *Ausgefüllte Adjektiv-Tabelle*

**Herausarbeiten der drei Steigerungsformen:** Zwei Minuten später kündigt die Lehrerin an, dass nun die Regeln herausgefunden werden sollen. Nachdem zunächst noch ein weiteres, vergessenes Adjektiv in der Tabelle ergänzt wird, werden als erstes die nach dem Schema „big, bigger, biggest" gesteigerten Adjektive untersucht: „So see, we have big, bigger, biggest. So how do we make the comparative and superlative? What do we add to the adjective?". Danach folgen die mit *more* bzw. *most* gesteigerten Adjektive und schließlich die unregelmäßig gesteigerten Adjektive. Die jeweiligen Adjektiv-Beispiele in der Tabelle an der Tafel werden mit drei verschiedenen Formen gerahmt (s. Abb. 35) und die jeweilige Regel dazu notiert (s. Abb. 36). Die SuS übertragen die Tafelanschrift der Lehrerin in ihre Hefte.

Diese Erarbeitung erfolgt im klassischen Unterrichtsgespräch in schneller Abfolge von Fragen und Antworten. Auf die Fragen melden sich jeweils mehrere SuS, bei einigen Fragen mehr als die Hälfte der Klasse. Mehrheitlich werden richtige Antworten gegeben. Die Schülerantworten werden sofort von der Lehrerin bestätigt oder korrigiert.

**Herausarbeiten der drei Anwendungsregeln:** Zweieinhalb Minuten vor dem Stundenende fragt die Lehrerin, ob jemand eine Idee hat, wann –er bzw. –est und wann *more* bzw. *most* angehängt werden muss. Sie gibt Hinweise auf die Antworten, indem sie die einzelnen Silben der Beispieladjektive betont. Nach einer falschen Vermutung eines Schülers nennt eine Schülerin auf Deutsch die richtige Antwort für die beiden Varianten -er/-est und *more/most*. Die Lehrerin notiert die beiden Regeln auf englisch (siehe Abb. 36) und weist zum Abschluss noch auf eine Ausnahme hin, die in der folgenden Stunde besprochen werden soll.

**Abb. 36:** Tafelbild *Drei Steigerungsregeln*

**Abschreiben der Regeln:** Zum Abschluss fordert die Lehrerin die SuS auf, die Regeln abzuschreiben „So put the rules down and then we have a five-minute break. You worked hard.". Sie macht damit klar, dass mit der Pause erst beginnen darf, wer fertig abgeschrieben hat.

## 12.6 Resümee

Die in der Verlaufsplanung als Möglichkeit angedeutete induktive Erarbeitung der grammatischen Regeln wird von der Lehrerin mit ihrer Art der Unterrichtsinszenierung so überformt, dass im Unterricht ein rezipierendes Lernen dominiert. Die Erarbeitung der Steigerungsformen und Anwendungsregeln erfolgt durchgängig mittels strikter inhaltlicher Lenkung. Fehler werden von der Lehrerin sofort verbessert, richtige Antworten unmittelbar gelobt. Das Tempo und die Bearbeitungsreihenfolge sind durch die Lehrerfragen vorgegeben: Begonnen wird mit den Adjektiven, die mit *–er* und *–est* gesteigert werden, gefolgt von denen mit *more* und *most* und als letztes macht sie auf die unregelmäßigen Adjektive aufmerksam. Die Lehrerin folgt mit dieser systematischen Vorgehensweise einer didaktischen Strukturierung, die sie sehr wahrscheinlich bereits vorab durchdacht hat, auch wenn das in ihrer Verlaufsplanung nicht zu erkennen ist. Ihr Vorgehen entspricht nicht einem aktiv-konstruktiven Lernen, wie es etwa mit dem Konzept *Grammatik-Werkstatt* von W. Menzel (2010) angeregt wird.

Diese vorrangig rezipierende Erarbeitung kommt einem Teil der Schüler offensichtlich entgegen. Den Unterricht kennzeichnet eine konzentrierte Arbeitsatmosphäre, die Bereitschaft zur Beteiligung ist hoch, viele SuS tragen zur Erarbeitung der Ergebnisse bei. Offenbar fällt es zumindest den SuS, die sich mit Beiträgen beteiligen, leicht, die zu Regeln zu erkennen. Ob das auf alle Schüler zutrifft, kann allein auf der Grundlage der vorliegenden Dokumente nicht mit Sicherheit gesagt werden. Aus der schriftlichen Schülerbefragung am Ende der Stunde geht hervor, dass in Hinblick auf die Erarbeitung grammatischer Regeln die Vorliebe der SuS geteilt ist. Etwa die Hälfte der Schüler zieht es vor, wenn sie von der Lehrerin erklärt werden. Die andere Hälfte möchte sie lieber selbst herausfinden.

Auch ob die Vermittlung der Regeln so nachhaltig war, dass die SuS sie in der Folgestunde noch parat haben und später anwenden können, ist fraglich. Ihre Herausarbeitung gegen Ende der Stunde erfolgte in hohem Tempo und die SuS hatten keine Gelegenheit, das rezeptiv Aufgenommene anzuwenden. Zwar äußert sich die Lehrerin im anschließenden Interview zur Frage, ob sie die gesteckten Ziele erreicht hat, mit einem klaren "Ja". Betrachtet man die Schüleräußerungen auf die Frage "Das habe ich heute gelernt", wird man das nicht für alle Schüler bestätigt finden.

# 13 Zusammenfassung

Die Analyse der sechs Unterrichtsvorhaben zeigt exemplarisch, in welcher Weise die beiden unterrichtsmethodischen Archetypen miteinander verschränkt sein können. Bei einigen Unterrichtsvorhaben sehen die Lehrkräfte bereits in ihrer Planung vor, Abschnitte aktiv-konstruktiven Lernens zu kombinieren mit Abschnitten, in denen der Unterricht auf rezipierende Vermittlung ausgelegt ist. Andere Unterrichtsvorhaben sind zwar in der Planungsperspektive nur auf einen unterrichtsmethodischen Archetyp ausgerichtet, aber bei der Umsetzung im Unterricht sehen sich die Lehrkräfte aus unterschiedlichen Gründen veranlasst, Elemente des jeweils komplementären Archetyps – mit mehr oder weniger Erfolg – einzuflechten.

In drei der analysierten Unterrichtsvorhaben dominieren im Planungs-Studium die beiden Alleinstellungsmerkmale für rezipierendes Lernen: Ausschließlich auf rezipierendes Lernen angelegt ist der Mathematikunterricht, in dem die Schüler einer 8. Klasse im Sinne eines nachentdeckenden Lernens eine vom Lehrer auf dem Smartboard und einem Arbeitsblatt vorgegebene Beweisidee zum "Satz des Pythagoras" nachvollziehen und anschließend dazu thematisch verwandte Übungs-, Wiederholungs- und Vertiefungsaufgaben bearbeiten sollen. Auch der Physikunterricht erfüllt die zwei Alleinstellungsmerkmale eines rezipierenden Lernens, denn die SuS sollen nach genauen Anweisungen ein "elektrisches Spiel" basteln und dabei zuvor erworbenes Wissen anwenden. Auch in der Biologie-Doppelstunde zum Thema "Das Skelett des Menschen" wird der Arbeitsweg mittels Instruktionen und Materialien strikt vorgegeben, um genau vorbestimmte fachliche Ergebnisse zu erreichen. Allerdings sieht die Lehrerin bereits in ihrer Planung vor, das überwiegend auf Wissensvermittlung angelegte Lernen mit mehreren Aktivierungsvarianten anzureichern: Mit einem anfänglichen *brainstorming*, dem Ertasten von Knochen im eigenen Körper sowie mittels Bewegungsaktivierung und Wettbewerbs-Elementen.

Die drei anderen Unterrichtsvorhaben wurden von den Lehrkräften so geplant, dass die Schüler die angezielten fachlichen Erkenntnisse ausschließlich oder vorrangig selbst erarbeiten sollten. Favorisiert wird das aktive Lernen in der Englischstunde, bei der die Lehrerin eine induktive Erarbeitung der grammatischen "Regeln zur Adjektivbildung" vorgesehen hat. Der Geschichtsunterricht zum Thema "Gesellschaft im alten Ägypten" ist zweistufig angelegt: Zunächst dient eine rezeptive Erarbeitung von Informationen aus zwei Quellen als Fundament für einen dann vorgesehenen Quellen-kritischen

Vergleich. Im Biologieunterricht ist bereits in der Planung eine unterrichtsmethodische Spannung angelegt: Einerseits sollen die SuS die Ergebnisse ihrer Versuche zum Keimen von Bohnensamen möglichst selbstständig beschreiben und deuten; andererseits flankiert der Lehrer ihren Erkenntnisweg durch Vorgaben, die möglichst sicherstellen sollen, dass sie auch zu den gewünschten Erkenntnisse gelangen.

Wie die Mikroanalyse der sechs realisierten Unterrichtsentwürfe zeigt, kann sich die geplante unterrichtsmethodische Ausrichtung im Verlauf der Inszenierung aufgrund situativer Einflüsse noch einmal erheblich verändern.

Das gilt insbesondere für die drei Unterrichtsvorhaben, bei denen im Planungs-Stadium vorrangig oder ausschließlich ein aktiv-konstruktives Lernen vorgesehen war. Mit vielen Verständnisproblemen sieht sich die Geschichtslehrerin konfrontiert, während sie ihre Schüler zur Quellen-kritischen Analyse von Dokumenten über die "Gesellschaft im alten Ägypten" anregen möchte. Nachdem die Erarbeitung der Informationen aus den beiden Quellen, die als Grundlage für den kritischen Vergleich und für eine Modell-Verbesserung dienen soll, viele Fragen und Irritationen bei den Schülern aufwirft, versucht die Lehrerin, das Verständnis für diese Informationen mit eigenen Erläuterungen und etlichen Korrekturen zu vermitteln. Die ursprünglich so nicht vorgesehene starke Lenkung des Unterrichtsgesprächs wird erforderlich, weil beim Unterrichten gravierende Schwachstellen in der didaktischen Konstruktion offenkundig werden. Diese konzeptionellen Mängel resultieren aus der minderen Qualität der Schulbuchmaterialien und den vom Kerncurriculum vorgegebenen, zu anspruchsvollen Zielen. Diese Mängel sind so grundlegend, dass es der Lehrerin nicht möglich ist, sie durch improvisierende Maßnahmen aufzufangen.

Auch in der Englisch-Grammatikstunde wird die in der Verlaufsplanung von der Lehrerin als erwünscht vorgesehene induktive Erarbeitung der "Regeln für Adjektivsteigerungen" sowohl durch die vorgegebenen Materialien als auch die Gesprächssteuerung seitens der Lehrerin erheblich konterkariert. Allerdings sind hierfür nicht Schulbuchmängel die Ursache, sondern im Gegenteil ein durch die Schulbuchmaterialien implizit vorgegebener Erarbeitungsweg, der von der Lehrerin vermutlich als didaktisch sinnvoll eingeschätzt wird (auch wenn sie das in ihrer Planung nicht erwähnt).

Bei der Auswertung der Bohnenkeim-Versuche löst der Lehrer die bereits in der Planung angelegte unterrichtsmethodische Spannung in vielen Situationen durch steuernde Impulse, sofortige Korrekturen und Rückmeldungen einseitig auf. Nur ansatzweise haben die SuS Gelegenheit, ihre Beobachtungen in eigenen Worten zu beschreiben und selbst dafür Erklärungen finden. Den erwartungswidrigen Ausgang des Bohnen-Gips-Versuchs überspielt der Lehrer mit zwei fragwürdigen Interventionen, um noch zu den gewünschten Merksätzen zu kommen – die dann aber nicht zu den Versuchsergebnissen der meisten Gruppen passen.

Eine genau umgekehrte Veränderung in der unterrichtsmethodischen Ausrichtung zeichnet die Inszenierung des Physikvorhabens aus, in dem die SuS ein Elektrospiel basteln. Zwar arbeiten die Schüler überwiegend nach Anweisung, aber ihre Tätigkeit ist nicht durchgängig nur nachvollziehend-rezipierend. Bei den Gestaltungsüberlegungen fließen kreative Ideen ein und die Konstruktionsaufgaben bereiten handwerkliche Schwierigkeiten, die in Eigeninitiative zu überwinden sind.

Wie die Analyseergebnisse zeigen, ist die Entscheidung für ein bestimmtes unterrichtsmethodisches Vorgehen in der Planung das Eine, deren situationsangemessene Umsetzung in den wechselhaften, oft unübersichtlichen Unterrichtssituationen ist das Andere. Bei der Umsetzung eines Konzepts bzw. Entwurfs im Unterricht gelingt manches nicht so, wie in der vorausschauenden Planung vorgesehen wurde, weil Schüler und Vor-Ort-Bedingungen anders sind, als zuvor antizipiert. Im Unterricht entwickelt sich oft eine unvorhersehbare Eigendynamik aus unterschiedlichen Gründen. Dann ist blitzschnell zu überlegen, wie auf ein unerwartetes Ereignis einzugehen ist, ohne dabei die Ausgangsplanung aus dem Blick zu verlieren: Ist sie trotz erforderlicher Abweichungen in ihren Grundzügen noch umsetzbar? Oder ist das nicht erstrebenswert, weil die unerwartete Entwicklung ein Anzeichen dafür ist, den Ausgangsplan besser aufzugeben? Selbst erfahrene Lehrkräfte, die bewährte Konzepte nutzen, sich gründlich vorbereiten und ihre Schüler ziemlich gut kennen, werden ein um's andere Mal mit unerwarteten Ereignissen konfrontiert. Wie sie in solchen Situationen reagieren, kann - wie gezeigt - auch Rückwirkungen auf die unterrichtsmethodische Ausrichtung haben.

In Kapitel 4 wird ausführlich begründet, warum eine Analyse der unterrichtsmethodischen Ausrichtung noch nichts darüber aussagt, ob ein Unterrichtsvorhaben das Prädikat "gelungen" verdient. Für beide Archetypen ebenso wie für die diversen Mischformen gilt, dass zwei weitere Merkmale erfüllt sein müssen, um von einem "gelungenen" oder "guten" Unterricht zu sprechen. Zum Einen sollte der Unterricht – ganz gleich, welcher Ausrichtung er folgt – für die Schüler/innen interessant, abwechslungsreich und herausfordernd sein, zum Anderen sollte das Lernen auch ertragreich im Sinne des schulischen Bildungsauftrags sein.

Aus den sechs Studien geht auch hervor, dass sowohl ein vorrangig auf rezipierendes Lernen ausgelegter Unterricht als auch Unterricht, der zu aktivem Lernen anregt, für die befragten Schüler/innen interessant sein kann. Sie zeigen aber auch, dass die Schüler/innen ein- und derselben Klasse ganz verschiedene Auffassungen darüber haben können, was interessant ist. Es lohnt sich daher, auch die Schülerbefragungen zu den sechs Unterrichtsvorhaben sowie die von ihnen gegebenen Erläuterungen, was sie jeweils im Einzelnen als interessant oder weniger interessant beschrieben haben, näher zu betrachten (siehe die jeweilige "Schülerbefragung.pdf" in den sechs HUB). So teilen sich die im Anschluss an die Englischstunde befragten Schüler/innen in zwei Lager: Die einen bevorzugen eine möglichst selbstständige und induktive Erarbeitung grammatischer Regeln, die anderen ziehen es vor, wenn die Lehrerin die Regeln vorgibt und erläutert. Bemerkenswert ist auch die Diskrepanz bei der Beurteilung der Biologiestunde zur Auswertung der Bohnenkeim-Versuchen. Während die Lehrerinterventionen aus (fach-)didaktischer Sicht als eher ungünstig und kontraproduktiv zum gewählten Ansatz einzuschätzen sind, findet dieser Unterricht bei den Schülern eine außerordentliche Wertschätzung, weil sie überhaupt einmal selbst Versuche machen konnten.

Eine differenziertere Beurteilung des Unterrichtsertrags auf der Grundlage der multimedialen Dokumente ist mit den vorliegenden Dokumenten nur eingeschränkt möglich. Anhaltspunkte zur Beurteilung des Lernertrags geben die entstandenen Arbeitsergebnisse und Schülerprodukte, ebenso einzelne Schülerbeiträge während des Unterrichts sowie die kursorischen Einschätzungen der Lehrer/innen in den nachträglichen Interviews.

Auch wenn aus den sechs Studien keine repräsentativen Schlussfolgerungen gezogen werden können, so bestätigen die Analyseergebnisse, wie fragwürdig es ist, die grundsätzliche Überlegenheit der einen oder der anderen unterrichtsmethodischen Ausrichtung zu behaupten. Beide Archetypen haben ihren Stellenwert im Ensemble der Unterrichtskonzepte und (fach-)didaktischen Ansätze. Beide sind nicht selten aufeinander angewiesen, weil sie sich quasi komplementär ergänzen. In welchen Anteilen die beiden Archetypen im Unterricht zum Zug kommen sollten, ist vom einzelnen Lehrer für eine jeweilige Unterrichtseinheit mit Blick auf die curricularen Vorgaben, die

Schwerpunkte in den Lehrzielen sowie die Präferenzen in der Lerngruppe festzulegen.

Die sechs Studien verweisen darauf, wie wichtig es für Lehrer/innen ist, sich klar zu machen, welche Art von Unterricht sie gerade inszenieren, denn die beiden Archetypen verlangen unterschiedliche Vorgehensweisen: Das rezipierende Lernen erfordert ein vergleichsweise detailliertes didaktisches Arrangement, mit dem ein einheitliches Ergebnis angestrebt wird. Dazu ist der Lernweg vorzugeben, so dass sich die Schüler an einer klaren Struktur orientieren können. Art, Umfang und Tempo der Informationsvermittlung liegen weitgehend fest. Ein Feedback erfolgt unmittelbar, insbesondere Fehler sind sofort zu korrigieren. Zu achten ist auf eine angemessene Balance zwischen Phasen anstrengender Informationsaufnahme und Phasen einer weniger stark fordernden Verarbeitung. Einer solchen 'arrangierten' Rhythmisierung bedarf es beim aktiv-konstruktiven Lernen nicht. Hier wird nur ein weiter Zeit- und Aufgaben-Rahmen vorgegeben, der dann von den Schülern selbst auszugestalten ist. Lehrerseits darf es keine Empfehlung für einen bestimmten Lernweg und auch keine inhaltlichen Impulse geben. Lernumwege – selbst Irrwege – sind zuzulassen. Daher sind unmittelbare Rückmeldungen, Lob oder Kritik tunlichst zu vermeiden. Mehrere Lösungsideen (z.B. verschiedene Gedichtinterpretationen oder Versuchsdeutungen) sind willkommen.

Die beiden unterrichtsmethodischen Archetypen verlangen von Lehrern, ihre Rolle abwechselnd in geradezu konträrer Weise auszufüllen. In einem Fall sind sie gefordert, den Unterrichtsprozess im Detail vorzustrukturieren und sehr eng zu führen, im anderen Fall sind Zurückhaltung und Geduld gefragt. Selbst für berufserfahrene Lehrer/innen ist es – so zeigen drei der sechs Studien – nicht so einfach, diesen Rollenwechsel im Unterricht zu vollziehen.

Es dürfte daher eine anspruchsvolle Aufgabe der Lehrerausbildung sein, angehenden Lehrerinnen und Lehrern ein umfangreiches methodisches Repertoire zu vermitteln, so dass sie für einzelne Unterrichtsetappen ein unterschiedliches Arrangement mit teilweise gegensätzlichen Vorgehensweisen einsetzen können, die sich insgesamt komplementär ergänzen.

# 14 Literatur

Altrichter, Herbert; Posch, Peter & Welte, Heike (1996): Unterrichtsmethoden. In: CD-ROM der Pädagogik, Ausgabe 1996, Schneider Verlag, Hohengehren, Deutschland.

Anderson, Lorin W.; Krathwohl, David R. u.a. (2001): A Taxonomy for Learning, Teaching, and Assessing: A Revision of Bloom's Taxonomy of Educational Objectives. Longman New York.

Bauer, Roland (1997): Schülergerechtes Lernen in der Sekundarstufe 1: Lernen an Stationen. Cornelsen Scriptor, Berlin.

Bergmann, Klaus (2000): Multiperspektivität: Geschichte selber denken. Wochenschau Verlag Schwalbach/Taunus.

Blankertz, Herwig (1975): Theorien und Modelle der Didaktik. Juventa Verlag München.

Bloom, Benjamin u.a. (Hrsg.) (1972): Taxonomie von Lernzielen im kognitiven Bereich. Beltz Verlag Weinheim u. Basel.

Bollnow, Otto Friedrich (1957): Existenzphilosphie und Pädagogik – Versuch über unstetige Formen der Erziehung. Kohlhammer Verlag, Stuttgart.

Bookmann, Hartmut (1992): Über einen Topos in den Mittelalter-Darstellungen der Schulbücher: Die Lehnspyramide. In: Geschichte in Wissenschaft und Unterricht 43. Jg. Heft 6; 361-372.

Bredella, Lothar (1987): Die Struktur schüleraktivierender Methoden – Überlegungen zum Entwurf einer prozeßorientierten Literaturdidaktik. In: Praxis des neusprachlichen Unterrichts; 34. Jg., S. 223-248.

Bremerich-Vos, Albert (2008): Benjamin Bloom (und andere) revisited. In: Bremerich-Vos, Albert; Granzer, Dietlinde & Köller, Olaf (Hrsg.): Lernstandsbestimmung im Fach Deutsch – Gute Aufgaben für den Unterricht. Beltz Verlag Weinheim und Basel, 29-49.

Brinkmann, Erika & Kuhle, Christa (1998): Richtig schreiben von Anfang an? Grundschulzeitschrift 12. Jg. (106), Heft 6; 8-13.

Brüning, Ludger & Saum, Tobias (2006): Erfolgreich Unterrichten durch Kooperatives Lernen. Strategien zur Schüleraktivierung. Neue Deutsche Schule Verlagsgesellschaft mbH, Essen.

Butzkamm, Wolfgang (2003): Aktivierungstechniken mit 100% Schülerbeteiligung. In: Fehrmann, Georg & Klein, Erwin (Hrsg.): Schüleraktivierung im Fremdsprachenunterricht. Romanischer Verlag Bonn.

Dewey, John (1963): "Erfahrung und Erziehung." In: Corell, W.: Reform des Erziehungsdenkens. Beltz Verlag Weinheim; 27-100.

Endres, Wolfgang (2007): Die Endres Lernmethodik: Lehrerbegleitmaterial, Folien und Kopiervorlagen zum Lernen lernen. Eine Materialsammlung für Lehrkräfte (5.-10. Klasse). Beltz Verlag Weinheim.

Engelbrecht, Alexander (2003): Kritik der Pädagogik Martin Wagenscheins. Eine Reflexion seines Beitrages zur Didaktik. Münster 2003.

Fend, Helmut (1976): Sozialisationseffekte der Schule. Beltz Verlag, Weinheim.

Frey, Karl (1982): Die Projektmethode. Beltz Verlag Weinheim.

Funk, Hermann (1993): Grammatik lernen lernen - autonomes Lernen im Grammatikunterricht. In: Harden, Theo & Marsh, Cliona: Wieviel Grammatik braucht der Mensch? Iudicium Verlag München, 138-157.

Gallin, Peter & Ruf, Urs (1999): Dialogisches Lernen in Sprache und Mathematik. Band 1: Austausch unter Ungleichen. Seelze-Velber: Kallmeyer Verlag.

Gonschorek, Gernot & Schneider, Susanne (2005): Einführung in die Schulpädagogik und die Unterrichtsplanung. Auer Verlag, Donauwörth (4. Aufl.).

Grawe, Klaus (2000): Psychologische Therapie. Göttingen; (2. Aufl.).

Grell, Jochen & Monika (1979): Unterrichtsrezepte. Urban & Schwarzenberg München.

Greving, Johannes & Paradies, Liane (1996): Unterrichts-Einstiege. Ein Studien- und Praxisbuch. Cornelsen Scriptor Berlin.

Gruschka, Andreas & Martin, Ellen (2007): WIDERWORTE – Die Klippert-Schule als Retterin in der Not? Frankfurter Rundschau, Erscheinungsdatum 25.07.2002 [http://www.uni-frankfurt.de/fb/fb04/forschung/klippert.html am 13.12.2007]

Hattie, John (2009): Visible Learning. A Synthesis of over 800 Meta-Analyses Relating to Achievement. Routledge London and New York. / Hattie, John (2013): "Lernen sichtbar machen". Überarbeitete deutschsprachige Ausgabe von Wolfgang Beywyl und Klaus Zierer. Schneider Verlag Hohengehren Baltmannsweiler 2013.

Hausmann, Gottfried (1959): Didaktik als Dramaturgie des Unterrichts; Quelle und Meyer Verlag Heidelberg.

Helmke, Andreas (2003). Unterrichtsqualität erfassen, bewerten, verbessern. Kallmeyer Verlag Seelze.

Helmke, Andreas (2009): Unterrichtsqualität und Lehrerprofessionalität. Klett-Kallmeyer Friedrich Verlag, Seelze.

Hennigsen, Jürgen (1974): Erfolgreich manipulieren. Methoden des Beybringens. Aloys Henn Verlag Ratingen.

Hepting, Roland (2004): Zeitgemäße Methodenkompetenz im Unterricht. Eine praxisnahe Einführung in neue Formen des Lehrens und Lernens. Mit Unterrichtsvideos auf CD-ROM. Klinkhardt. Bad Heilbrunn.

Herbart, Johann Friedrich (1903): Pädagogische Schriften. Band I. Beyer & Mann, Langensalza.

Hüne, Hans Martin (1996): Fragen und Fehler. In: Mühlhausen, Ulf (Hrsg.): "Die Schule – Das Verfügbare und das Unverfügbare. Eine wahldifferenzierte Festschrift zum 60. Geburtstag von Manfred Bönsch". Schriftenreihe Theorie und Praxis des Fachbereichs Erziehungswissenschaften 1, Band 63, Hannover; S. 69-82.

Janssen, Bernd (2004): Kreative Unterrichtsmethoden. Westermann. Braunschweig.

Joerger, Konrad (1980): Lern- und entwicklungspsychologische Voraussetzungen im Sachunterricht. In: Bunk, Hans Dieter (Hrsg.): Problemfeld Sachunterricht. Aloys Henn Verlag, Kastellaun, S. 20-33.

Kaiser, Hermann-Josef & Menck, Peter (1970): Methodik und Didaktik. Vorüberlegungen zu einer Ortsbestimmung pädagogischer Methodenlehren. In: Pädagogische Rundschau 1970, S. 665–676. (Neuabdruck in: Menck, Peter & Thoma, Gösta, (Hrg.): Unterrichtsmethode. Intuition, Reflexion, Organisation. München 1972, 145-157).

Kaiser, Hermann-Josef (1972): Erkenntnistheoretische Grundlagen pädagogischer Methodenbegriffe. In: Menck, Peter & Thoma, Gösta, (Hrg.): Unterrichtsmethode. Intuition, Reflexion, Organisation. München 1972, 129-144.

Kilpatrick, William Heart.(1918): The Project Method. dt. Die Projektmethode. Weimar 1935

Klafki, Wolfgang (1962): Didaktische Analyse als Kern der Unterrichtsvorbereitung. In: Roth, H. & Blumenthal, A. (Hrsg.): Didaktische Analyse. Grundlegende Aufsätze aus der Zeitschrift 'Die deutsche Schule'. Schroedel Verlag Hannover, S. 5-34 (Erstveröffentlichung 1959).

Klafki, Wolfgang (1977): Zum Verhältnis von Didaktik und Methodik. In: Klafki, Wolfgang; Otto, Gunther & Schulz, Wolfgang: Didaktik und Praxis. Beltz Verlag Weinheim, S. 13-40.

Klippert, Heinz (2006): Lehrerentlastung: Strategien zur wirksamen Arbeitserleichterung in Schule und Unterricht. Beltz Verlag Weinheim.

Kösel, Edmund (1997): Die Modellierung von Lernwelten. Ein Handbuch zur Subjektiven Didaktik. 3., unveränderte Auflage. Elztal-Dallau.

Krohn, Dieter; Neißer, Barbara & Walter, Nora (Hrsg.) (2000): Das Sokratische Gespräch im Unterricht. „Sokratisches Philosophieren" Schriftenreihe der Philosophisch-Politischen Akademie Band VII dipa Verlag, Frankfurt.

Mattes, Wolfgang (2002): Methoden für den Unterricht : 75 kompakte Übersichten für Lehrende und Lernende. Schöningh Verlag Paderborn.

Menzel, Wolfgang (2010): Grammatik Werkstatt: Theorie und Praxis eines prozessorientierten Grammatikunterrichts für die Primar- und Sekundarstufe. 4., Aufl. Kallmeyer Friedrich Verlag Seelze-Velber.

Meyer, Hilbert (2004a): Was sind Unterrichtsmethoden? In: PÄDAGOGIK Heft 1, 2004, S. 12-15.

Meyer, Hilbert (2004b): Was ist guter Unterricht. Scriptor Verlag Berlin.

Meyer, Hilbert (2005): Unterrichtsmethoden Band I und II. Cornelsen Verlag Berlin. (1. Auflage 1987).

Meyer, Hilbert (2007): „Leitfaden zur Unterrichtsvorbereitung". Cornelsen Scriptor Verlag Berlin, 2007 (komplett überarbeitete Auflage gegenüber der Fassung von 1980).

Miller, Georg A.; Galanter, Eugene & Pribram, Karl H. (1960, dt.1973): Strategien des Handelns – Pläne und Strukturen des Verhaltens. Stuttgart.

Mühlhausen, Ulf (2008): „Schüleraktivierung im Schulalltag – Band 2: Ungewöhnliche Unterrichtsmethoden in der Grundschule" (Begleit-DVD mit 10 HUB) Schneider Verlag Hohengehren, Baltmannsweiler.

Mühlhausen, Ulf (2011): „Schüleraktivierung im Schulalltag – Band 1: Ungewöhnliche Unterrichtsmethoden in der Sekundarstufe" (Begleit-DVD mit 10 HUB) Schneider Verlag Hohengehren, Baltmannsweiler (1. Auflage 2008).

Mühlhausen, Ulf (2013): "Gute Sicht auf Lernen? Anmerkungen zu 'Lernen sichtbar machen' von John Hattie". In: Zeitschrift „Seminar – Lehrerbildung und Schule" – Heft 2/2013, 169-174.

Mühlhausen, Ulf (2014): Über Unterrichtsqualität ins Gespräch kommen – Szenarien für eine Virtuelle Hospitation mit multimedialen Unterrichtsdokumenten und Eigenvideos. Schneider Verlag Hohengehren, Baltmannsweiler (2. Aufl.; Erstaufl. 2011).

Mühlhausen, Ulf & Wegner, Wolfgang (2015): „Erfolgreicher Unterrichten?! Eine erfahrungsfundierte Einführung in die Schulpädagogik.". (Begleit-DVD mit Videoszenen und Übungen zur Unterrichtsanalyse) Schneider Verlag Hohengehren, Baltmannsweiler (5.Aufl.; 1.Aufl. 2006).

Mühlhausen, Ulf (2015b): Die Schüler motivieren und kognitiv aktivieren. In: PÄDAGOGIK Heft 2/2015, 42-46.

Mühlhausen, Ulf (2016): „Abenteuer Unterricht – Wie Lehrer/innen mit überraschenden Unterrichtssituationen umgehen." Begleit-DVD mit 44 Videobeispielen und Unterrichtsdokumenten. Schneider Verlag Hohengehren Baltmannsweiler (3. Auflg.; 1. Auflage 2007).

Muth, Jakob (1962): Pädagogischer Takt - Monographie einer aktuellen Form erzieherischen und didaktischen Handelns. Quelle & Meyer Heidelberg.

Nelson, Leonard (1970): Gesammelte Schriften. Martin Klaußner Verlag, Fürth.

Neuweg, Georg (2007): Lob der Spontaneität – Oder: Wie viel Planung braucht der Mensch? Pädagogik Heft 10/2007; 34-37.

Raufuß, Dietmar (2008): Einführung in die Theorie des Unterrichts in konstruktivistischer Sicht. Bibliotheca academica; Reihe Pädagogik Band 7. Ergon Verlag Würzburg.

Reich, Kersten (1996): Systemisch-konstruktivistische Didaktik. In: Voß, Reinhard (Hg.): Die Schule neu erfinden. Luchterhand Verlag, Neuwied.

Reich, Kersten (2006): Konstruktivistische Didaktik : Lehr- und Studienbuch mit Methodenpool. Beltz Verlag Weinheim (3. Aufl.).

Reichen, Jürgen (1982): Lesen durch Schreiben. Lehrerkommentar. Sabe Verlag Zürich (später abgedruckt im Heinevetter Verlag Hamburg).

Rolff, Hans-Günter (2013): Die Hattie –Studie: Ein Rorschach-Test. In: PÄDAGOGIK 4/2013, 46-49.

Roth, Heinrich (1959): Pädagogische Psychologie des Lehrens und Lernes. Schroedel Verlag Hannover.

Schön, Donald A. (1983): The Reflective Practitioner – How professionals think in action. Reprinted 1995 by Ashgate Aldershot England.

Spinner, Kaspar H. (2005): Umgang mit Lyrik in der Sekundarstufe I. Schneider Verlag Hohengehren Baltmannsweiler (6.Aufl.; Erstaufl. 1984).

Stöcker, Karl (1960): Neuzeitliche Unterrichtsgestaltung – Methodische Führung und Wegweisung zu einer fruchtbaren Bildungsarbeit. Ehrenwirth Verlag München.

Schulz, Wolfgang (1965): Unterricht — Analyse und Planung. In: Heimann, P., Otto, G. & Schulz, W. (Hrsg.): Unterricht — Analyse und Planung. Schroedel Verlag Hannover, S. 13-47.

Singer, Wolf (2001): "Was kann ein Mensch wann lernen?" Vortrag anlässlich des ersten Werkstattgespräches der Initiative McKinsey bildet in der Deutschen Bibliothek, Frankfurt /Main am 12. Juni 2001

{ http://www.brain.mpg.de/fileadmin/user_upload/images/Research/ Emeriti/Singer/mckinsey.pdf am 13.4.2016 }

Spranger, Eduard (1962): Das Gesetz der ungewollten Nebenwirkungen in der Erziehung. Heidelberg: Quelle und Meyer Verlag.

Stöcker, Karl (1960): Neuzeitliche Unterrichtsgestaltung – Methodische Führung und Wegweisung zu einer fruchtbaren Bildungsarbeit. Ehrenwirth Verlag München.

van Manen, Max (1995): Herbart und der Takt im Unterricht. Zeitschrift für Pädagogik, Beiheft 33; 61-80.

Wagenschein, Martin (1992): Zum Problem des Genetischen Lehrens. In: Ders.: Verstehen lehren. Genetisch-sokratisch-exemplarisch. (10. Aufl.) Beltz Verlag, Weinheim/Basel.

Weinert, F. E. (2001): Vergleichende Leistungsmessung in Schulen – eine umstrittene Selbstverständlichkeit, in: Weinert, F. E. (Hrsg.): Leistungsmessungen in Schulen. Beltz Verlag, Weinheim und Basel; S. 17-31.

Wöhler, Karlheinz (Hrsg.) (1979): Didaktische Prinzipien – Begründung und praktische Bedeutung. Franz Ehrenwirth Verlag München.

# Anhang 1 *Hannoveraner Unterrichtsbilder (HUB)*: Übersicht - Stand 01/2017

HUB sind der Prototyp einer multimedialen Unterrichtsdokumentation im deutschsprachigen Raum und werden seit fast 20 Jahren in der Lehrerbildung genutzt. Das 1998 von Rolf Knitter auf Basis der Programmiersprache Visual-Basic entwickelte Menü zum Aufruf der Videos, Fotos, Audiodateien, Bilder und Texte hat in den letzten 18 Jahren acht Windows-Versionen (von Windows 95 bis Windows 10) überdauert — eine rekordverdächtige Zeit- und Versionsspanne. HUB wurden in den ersten Jahren auf CDs verbreitet, dann auf DVDs und sind seit dem Millennium im Intranet der Leibniz Universität Hannover verfügbar. Seit 2004 werden sie auf Begleit-DVDs zu sechs Büchern im Schneider Verlag Hohengehren und in vielen Zeitschriften veröffentlicht. Zur Zeit gibt es 59 HUB aus vielen Fächern und Klassenstufen.

Mit dem zu diesem Band veröffentlichten HUB wird Neuland betreten. In dem von Jan Mühlhausen überarbeiteten HUB-Konzept erfolgt der Aufruf der Unterrichtsdokumente online in einem Web-Browser. Die Videos liegen im derzeit aktuellsten mp4-Format vor.

| Nr. | Klassenstufe u. Schulform | Fach | Titel | Publ. |
|---|---|---|---|---|
| 1 | 3. GrS | fachübergr. | Projektwoche *Dinosaurier* | X |
| 2 | 3. GrS | Sachunt. | WEGBESCHREIBUNG | |
| 3 | 7. RS | Englisch | Grammatik | X |
| 4 | 1. GrS | übergreif. | Wochenplan | X |
| 5 | 10.Förd.S | Mathematik | Was ist ein Quadrat? | X |
| 6 | 3. GrS | Deutsch | Zusammengesetze Nomen / Danaergeschenk | |
| 7 | 8. KGS-Gy | Mathematik | Unterbrechungen | |
| 8 | 3. GrS | Deutsch | Koffer-Sketch | X |
| 9 | 2. GrS | Kunst | Osterschmuck | |
| 10 | 4. GrS | Sachunt. | Stromkreis-Experimente | X |

| | | | | |
|---|---|---|---|---|
| 11 | 4. GrS | Sachunt. | STROM-Leiter und Nicht-Leiter | X |
| 12 | 4. GrS | Sachunt. | ROBOTER | X |
| 13 | 4. GrS | fachübergr. | Lernen an Stationen ‚Leben in China' | |
| 14 | 1. GrS | Deutsch | Erstlesen/Erstschreiben: Vergl. zweier Konzepte | X |
| 15 | 5. OS | WUK | Leben in extremen Klimazonen - Eskimos | X |
| 16 | 8. KGS | übergreif. | Werkstattunterricht | X |
| 17 | 10. HS | Geschichte | II. Weltkrieg-Vorbereitung und Ursachen | |
| 18 | 8. HS | Biologie | Kurz-, Mittel- und Langzeitgedächtnis | |
| 19 | 4. GrS | Musik | Klangexperimente zum Stück ‚Das Aquarium' | X |
| 20 | 7. KGS-Gy | Deutsch | Was ist Freundschaft? | X |
| 21 | 1. GrS | Deutsch | Das Monster in Mamas Schrank | |
| 22 | 7. HS | GSW | Piranhas im tropischen Regenwald | |
| 23 | 4. GrS | Deut./Kunst | Entwerfen einer Homepage | X |
| 24 | 1. Kl GrS | Mathematik | Zwickmühle nach einem Rechenspiel | X |
| 25 | 1. Kl GrS | Deutsch | Wortpuzzle | |
| 26 | 3. Kl GrS | Mathematik | Umrechnen von Geldbeträgen | |
| 27 | 8. Kl Gym | Mathematik | Lineare Gleichungssysteme (II. Phase) [1] | X |
| 28 | 11.Kl Gym | Deutsch | Sachtextanalyse Essays (II. Phase) [1] | |
| 28b | 11.Kl Gym | Deutsch | Beratungsgespräch zu HUB 28 [1] | |
| 29 | 3. Kl GrS | Sachunt. | Stationenlernen 'Experimente mit Wasser' | X |
| 30 | 11. Kl IGS | Deutsch | Formanalyse von Gedichten | X |
| 31 | 6. Kl IGS | Kunst | Körpersprache symbolisieren n. Keith Haring | X |
| 32 | 4. Kl. GrS | Sachunt. | Experimente mit elektrischem Strom | X |
| 33 | 3. Kl. GrS | Sachunt. | Luft- und Wasserphänomene [3] | X |
| 34 | 9. Kl. Gy | Chemie | Redoxreaktionen - Eisen aus Eisenoxid? [1] | X |
| 35 | 4. Kl. GrS | Englisch | The Snowman - Frühenglisch [4] | X |
| 36 | 2. Kl. GrS | fachübergr. | Stationenlernen zum Thema Frühling [2] | X |
| 37 | 3. Kl. GrS | Sachunt. | Warum können Boote schwimmen? | X |
| 38 | 10. Kl. Gy | Geografie | ‚Costal features' Bilingualer Geografieunterricht [4] | X |
| 39 | 7. Kl. HS | Geschichte | Besiedlung Nordamerikas (mit Geschichtsatlas) | X |
| 40 | 8. Kl. IGS | Biologie | Wasserverbrauch von Pflanzen (Die Blattwaage) | X |
| 41 | 5. Kl. KGS | Deutsch | Ottos Mops – Ein Gedicht szenisch inszenieren | X |
| 42 | 8. Kl. IGS | Chemie | Rotkohl als Indikator für Säuren und Lauge | X |
| 43 | 5. Kl. RS | Deutsch | Lernen an Stationen - Grimmsche Märchen | X |
| 44 | 5. Kl IGS | Kunst | Blumendarstellung mit grafischen Elementen [5] | X |
| 45 | 4. Kl. GrS | Mathematik | Stationenlernen – Volumen berechen/umrechnen | X |

| 46 | 2.+3. Kl. | Sachunt. | Förderschule ‚Gesunde Ernährung' [6] | X |
|---|---|---|---|---|
| 47 | 5. Kl. Gy | Mathematik | Das Aufstellen und Lösen von Gleichungen [5] | X |
| 48 | 2. Kl. GrS | fachübergr. | Wochenplanarbeit in einer Inklusions-Klasse [6] | X |
| 49 | 4. Kl. GrS | Sachunt. | Regionen in Niedersachsen | X |

Veränderungen am HUB Konzept ab # HUB 50:
* Aufruf in einem aktuellen Web-Browser
* übersichtlicheres Menü;
* Videos im mp4-Format

| 50 | 5. Kl. Gy | Biologie | Skelett des Menschen [7] | X |
|---|---|---|---|---|
| 51 | 5. Kl. Gy | Geschichte | Gesellschaft im alten Ägypten [8] | X |
| 52 | 8.Kl. IGS | Mathematik | Beweis des Pythagoras-Satzes [9] | X |
| 53 | 6.Kl. IGS | Physik | 'Elektrospaß' - Bau eines Elektrospiels [10] | X |
| 54 | 5.Kl. IGS | Mathematik | Bruchrechnen [11] | **) |
| 55 | 5.Kl. IGS | Biologie | Keimversuche mit Bohnensamen - [12] | X |
| 56 | 6. Kl. Gy | Englisch | Steigerungsformen von Adjektiven [13] | X |
| 57 | 6.Kl. IGS | Biologie | Gelenke - inklusiver Biologieunterricht [14] | **) |
| 58 | 6.Kl. IGS | Biologie | Forschungsprojekt "Menschlicher Körper [14] | **) |
| 59 | 7.Kl. IGS | fachübergr. | "Monatsquiz" [15] | **) |

**) Veröffentlichung in Vorbereitung: "Inklusiver Unterricht im Schulalltag"

[1] in Zusammenarbeit mit Jochen Pabst, Studienseminar Hildesheim
[2] in Zusammenarbeit mit Dr. Wolfgang Wegner, Universität Hannover
[3] in Zusammenarbeit mit Dr. Alexander Engelbrecht, Freiburg
[4] in Zusammenarbeit mit Prof. Dr. Rita Kupetz, Universität Hannover
[5] in Zusammenarbeit mit Dr. Gerhard Kappe, Institut für Qualitätsentwicklung an Schulen in Schleswig-Holstein, Kronshagen
[6] in Zusammenarbeit mit Dr. Ina Rust, Universität Hannover
[7] in Zusammenarbeit mit Edda Bellmann, Hannover
[8] in Zusammenarbeit mit Marina Kruse, Hannover
[9] in Zusammenarbeit mit Benjamin Drechsler und Dr. Dirk Tönnies, Hannover
[10] in Zusammenarbeit mit Christina Hoffrogge (Hannover) und Jan Mühlhausen
[11] in Zusammenarbeit mit Cigdem Koc (Hannover) und Jan Mühlhausen
[12] in Zusammenarbeit mit Melanie Kaul (Hannover) und Jan Mühlhausen
[13] in Zusammenarbeit mit Anja Busche (Hannover) und Jan Mühlhausen
[14] in Zusammenarbeit mit Jan Mühlhausen
[15] in Zusammenarbeit mit Jan Mühlhausen - unter Mitarbeit von Frauke Ritzka

# Anhang 2  Publikationen mit HUB-Projekten (Stand 01/2017)

* Mühlhausen, Ulf & Pabst, Jochen: „**Reflexionsfähigkeit entwickeln und beurteilen**". In: „Seminar – Lehrerbildung und Schule" – Heft 3/2004 „Unterrichtsreflexion", 60-80:
  - 💻 HUB 34  9. Klasse Gymnasium Chemie „Redoxreaktionen - Wie erhält man aus Eisenoxid Eisen?"

* Mühlhausen, Ulf: „**Hannoveraner Unterrichtsbilder - Szenarien für eine multimedial gestützte, diskursive Unterrichtsreflexion**". In: Zeitschrift „Seminar – Lehrerbildung und Schule" – Heft 4/2004, 67-79:
  - 💻 HUB 35  4. Klasse Grundschule Frühenglisch *„The Snowman"*
  - 💻 HUB 38 10. Klasse Gymnasium Geografie „Costal features - Geografieunterricht auf Englisch"

* Mühlhausen, Ulf (Hrsg.): „**Unterrichten lernen mit Gespür** – Szenarien für eine multimedial gestützte Analyse und Reflexion von Unterricht." Schneider Verlag Hohengehren, Baltmannsweiler 2005 (3. Auflage 2011):
  - 💻 HUB 26  3. Klasse Grundschule Mathematik *„Umrechnen von Geldbeträgen"*
  - 💻 HUB 27  8. Klasse Gymnasium Mathematik *„Lineare Gleichungen"*
  - 💻 HUB 33  3. Klasse Grundschule Sachunterricht *„Luft- und Wasserphänomene"*
  - 💻 HUB 34  9. Klasse Gymnasium Chemie „Redoxreaktionen - Wie erhält man aus Eisenoxid Eisen?"
  - 💻 HUB 35  4. Klasse Grundschule; Frühenglisch *„The Snowman"*
  - 💻 HUB 38 10. Klasse Gymnasium; Geografie „Costal features - Geografieunterricht auf Englisch"

* Mühlhausen, Ulf: „**Virtueller Unterricht – Eine Brücke zwischen Unterrichtstheorie und Schulpraxis**". In: Zeitschrift „Seminar – Lehrerbildung und Schule" – Heft 4/2006:
  - 💻 HUB 39  7. Klasse Hauptschule Geschichte *„Besiedlung Nordamerikas"*

* Mühlhausen, Ulf: „**Schüleraktivierung im Schulalltag - Band 1: Ungewöhnliche Unterrichtsmethoden in der Sekundarstufe**" Schneider Verlag Hohengehren, Baltmannsweiler 2008 (2. Auflage 2011):
  - 💻 HUB 5  10. Klasse Förderschule Mathematik „*Was ist ein Quadrat?*"
  - 💻 HUB 15  5. Klasse Kooperative Gesamtschule Welt- und Umweltkunde „*Wie lebten Eskimos?*"
  - 💻 HUB 16  8. Klasse Kooperative Gesamtschule „*Werkstattunterricht*"
  - 💻 HUB 30  11. Klasse IGS Deutsch „*Formanalyse von Gedichten*"
  - 💻 HUB 31  6. Klasse IGS Kunst „*Körpersprache symbolisieren*"
  - 💻 HUB 40  8. Klasse IGS Biologie „*Wasserverbrauch von Pflanzen*"
  - 💻 HUB 41  5. Klasse Kooperative Gesamtschule Deutsch „*ottos mops – Ein Gedicht szenisch inszenieren*"
  - 💻 HUB 42  8. Klasse IGS Chemie „Rotkohlsaft als Indikator von Säuren und Laugen"
  - 💻 HUB 43  5. Klasse Realschule Deutsch „*Lernen an Stationen – Grimmsche Märchen*"

* Mühlhausen, Ulf: „**Schüleraktivierung im Schulalltag - Band 2: Ungewöhnliche Unterrichtsmethoden in der Grundschule**" Schneider Verlag Hohengehren, Baltmannsweiler 2008:
  - 💻 HUB 1  3. Klasse Grundschule „*Projektwoche Dinosaurier*"
  - 💻 HUB 4  1. Klasse Grundschule „*Der erste Wochenplan*"
  - 💻 HUB 10  4. Klasse Grundschule Sachunterricht „*Stromkreis-Experimente*"
  - 💻 HUB 11  4. Klasse Grundschule Sachunterricht „*Strom-Leiter und Nicht-Leiter*"
  - 💻 HUB 12  4. Klasse Grundschule Sachunterricht „*Roboterbau*"
  - 💻 HUB 14  1. Klasse Grundschule Deutsch „*Erstlesen/Erstschreiben - Vergleich zweier Konzepte*"
  - 💻 HUB 29  3. Klasse Grundschule Sachunterricht „*Stationenlernen - Experimente mit Wasser*"
  - 💻 HUB 32  4. Klasse Grundschule Sachunterricht „*Experimente mit elektrischem Strom*"
  - 💻 HUB 37  3. Klasse Grundschule Sachunterricht „*Warum können Boote schwimmen?*"
  - 💻 HUB 45  4. Klasse Grundschule Mathematik „*Stationenlernen - Volumenberechnung*"

* Mühlhausen, Ulf: „**Über Unterrichtsqualität ins Gespräch kommen - Virtuelle Hospitationen für die kollegiale Unterrichtsreflexion nutzen**" In: Bonsen, Martin (Hrsg.): „**Unterrichtsqualität sichern - Grundschule**". Ausgabe September 2008. Dr. Josef Raabe Verlag Berlin.
  - 💻 HUB 08  3. Klasse Deutsch *"Koffersketch"*
  - 💻 HUB 24  1. Klasse Mathematik *"Zwickmühle nach einem Rechenspiel"*
  - 💻 HUB 35  4. Klasse *„The Snowman - Frühenglisch in der Grundschule"*

* Mühlhausen, Ulf: „**Über Unterrichtsqualität ins Gespräch kommen - Virtuelle Hospitationen für die kollegiale Unterrichtsreflexion nutzen**" In: Bonsen, Martin (Hrsg.): „**Unterrichtsqualität sichern - Sekundarstufe**". Ausgabe September 2008. Dr. Josef Raabe Verlag Berlin.
  - 💻 HUB 39  8. Klasse Hauptschule *„Besiedlung Nordamerikas"*
  - 💻 HUB 41  5. Klasse Kooperative Gesamtschule *„ottos mops – Ein Gedicht szenisch inszenieren"*
  - 💻 HUB 44  5. Klasse Gymnasium Kunstunterricht *„Darstellung von Blumen mit grafischen Elementen"*

* Mühlhausen, Ulf: „**Lernen an Stationen - Was verspricht das Konzept, was kann es halten - Stationenlernen an realen Beispielen erleben und diskutieren**" In: Homeyer, Wulf (Hrsg.): „**Unterrichtsqualität sichern - Sekundarstufe**". Ausgabe 11/2008. Dr. Josef Raabe Verlag Berlin.
  - 💻 HUB 43  5. Klasse Realschule *„Lernen an Stationen - Grimmsche Märchen"*

* Mühlhausen, Ulf: „**Lernen an Stationen - Was verspricht das Konzept, was kann es halten - Stationenlernen an realen Beispielen erleben und diskutieren**" In: Homeyer, Wulf (Hrsg.): „**Unterrichtsqualität sichern - Grundschule**". (2009) Dr. Josef Raabe Verlag Berlin.
  - 💻 HUB 32  4. Klasse *„Stationenlernen – Experimente mit elektrischem Strom"*
  - 💻 HUB 36  2. Klasse *„Fachübergreifendes Lernen an Stationen zum Thema Frühling"*

* Mühlhausen, Ulf: „**Pro und Contra: Schülerexperimente im naturwissenschaftlichen Unterricht**" In: Homeyer, Wulf (Hrsg.): „Unterrichtsqualität sichern - Sekundarstufe". Ausgabe 11/ 2009. Dr. Josef Raabe Verlag Berlin.
  - 💻 HUB 42  8. IGS Chemie *„Rotkohlsaft als Indikator für Säuren und Laugen"*

* Mühlhausen, Ulf: „**Pro und Contra: Schülerexperimente im Sachunterricht**" In: Homeyer, Wulf (Hrsg.): „Unterrichtsqualität sichern - Grundschule". Ausgabe November 2009. Dr. Josef Raabe Verlag Berlin.
  - 💻 HUB 37  3. Klasse „*Warum schwimmen Boote*"

* Mühlhausen, Ulf: **Über Unterrichtsqualität ins Gespräch kommen - Szenarien für eine Virtuelle Hospitation mit multimedialen Unterrichtsdokumenten und Eigenvideos**. Schneider Verlag Hohengehren, Baltmannsweiler 2011 (2. Auflage 2014):
  - 💻 HUB 19  4. Klasse Musik „*Klangexperimente zum Stück Das Aquarium*"
  - 💻 HUB 20  7. KGS-Gymnasialzweig Deutsch  „*Was ist Freundschaft*
  - 💻 HUB 23  4. Klasse Deutsch / Kunst „*Entwerfen einer Homepage*"
  - 💻 HUB 31  11. Klasse IGS  Deutsch  „*Formanalyse von Gedichten*" {8S}
  - 💻 HUB 38  10. Klasse Gymnasium; Geografie „*Costal features - Geografieunterricht auf Englisch*"
  - 💻 HUB 39  7. Klasse Hauptschule Geschichte „*Besiedlung Nordamerikas*"
  - 💻 HUB 47  5. Klasse Gymnasium Mathematik  „*Das Aufstellen und Lösen von Gleichungen*"

* Mühlhausen, Ulf & Rust, Ina: **Empirische Unterrichtsanalyse mit ‚Fremdvideos' und ‚Eigenvideos' in der Lehrerausbildung am Beispiel "Förderunterricht - exklusiv oder inkludierend"**. In: Zeitschrift „Seminar – Lehrerbildung und Schule" – Heft 2/2013
  - 💻 HUB 46  2./3. Klasse Förderschule - Lernen Sachunterricht  „*Gesunde Ernährung*"
  - 💻 HUB 48  2. Klasse Grundschule „*Wochenplanarbeit in einer Inklusions-Klasse*"

* Mühlhausen, Ulf (unter Mitarbeit von Jan Mühlhausen): **Unterrichtsmethoden im Widerstreit** - Das Verhältnis zwischen aktiv-konstruktivem und rezipierendem Lernen in Didaktik und Unterricht. Schneider Verlag Hohengehren. Baltmannsweiler 2017.
  - 💻 HUB 50  5. Klasse Gymnasium  Biologie "*Skelett des Menschen*"
  - 💻 HUB 51  5. Klasse Gymnasium Geschichte "*Gesellschaft im alten Ägypten*"
  - 💻 HUB 52  9. Klasse IGS Mathematik  "*Beweis des Pythagoras-Satzes*"
  - 💻 HUB 53  6. Klasse IGS  Physik  "*Elektrospaß - Ein Elektrospiel bauen*"
  - 💻 HUB 55  5 .Klasse  IGS Biologie "*Keimversuche mit Bohnensamen*"
  - 💻 HUB 56  6. Klasse Gymnasium  Englisch  "*Steigerungsformen von Adjektiven*"

# Anhang 3  Veröffentlichte Videoszenen aus HUB-Projekten und anderen videografierten Unterrichtsvorhaben

* Mühlhausen, Ulf & Wegner, Wolfgang: **„Erfolgreicher Unterrichten?!** Eine erfahrungsfundierte Einführung in unterrichtliches Handeln.". (Begleit-DVD mit Videoszenen und videobasierte Online-Übungen zur Unterrichtsanalyse) Schneider Verlag Hohengehren, Baltmannsweiler 2006 (5. Auflage 2015).

* Mühlhausen Ulf: „**Abenteuer Unterricht - Wie Lehrer/innen mit überraschenden Unterrichtssituationen umgehen.**" Begleit-DVD mit 44 Videobeispielen und Unterrichtsdokumenten. Schneider Verlag Hohengehren Baltmannsweiler 2007 (3. Auflage 2016).

* Mühlhausen, Ulf: „**Unterrichtseinstiege und Stundenanfänge reflektieren und sinnvoll gestalten**" Begleit-DVD mit 11 Videoszenen. In: Homeyer, Wulf (Hrsg.): „Unterrichtsqualität sichern - Grundschule". (Ausgabe Mai 2009) Dr. Josef Raabe Verlag Berlin.

* Mühlhausen, Ulf: „**Unterrichtseinstiege und Stundenanfänge reflektieren und sinnvoll gestalten**" Begleit-DVD mit 14 Videoszenen. In: Homeyer, Wulf (Hrsg.): „Unterrichtsqualität sichern - Sekundarstufe". (Ausgabe Mai 2009) Dr. Josef Raabe Verlag Berlin.

* Mühlhausen, Ulf: „**Überraschungen sind Chancen!**" In: Homeyer, Wulf (Hrsg.): „Unterrichtsqualität sichern - Sekundarstufe". Ausgabe Mai 2010. Dr. Josef Raabe Verlag Berlin. (Begleit-DVD mit Videoszenen)

* Mühlhausen, Ulf: „**Überraschungen sind Chancen!**" In: Homeyer, Wulf (Hrsg.): „Unterrichtsqualität sichern - Grundschule". Ausgabe Mai 2010. Dr. Josef Raabe Verlag Berlin. (Begleit-DVD mit Videoszenen)

**Eine ständig aktualisierte Übersicht mit Kurzbeschreibungen zu allen Hannoveraner Unterrichtsbildern kann abgerufen werden unter**

http://hanub.de/publikationen/publiz_hub.pdf